高等职业教育新能源汽车类专业教材

新能源汽车
驱动电机及控制技术

山长军　曹元勋◎主　编
宋庆瑶　崔　健◎副主编
孙志刚◎主　审

人民交通出版社股份有限公司
北　京

内 容 提 要

本书是高等职业教育新能源汽车类专业教材。全书包括5个项目、12个工作任务,主要介绍了新能源汽车驱动电机、新能源汽车驱动电机控制系统、新能源汽车动力驱动单元、新能源汽车驱动电机冷却系统、新能源汽车能量管理系统。

本书可作为职业院校新能源汽车技术、新能源汽车检测与维修技术等专业的教学用书,也可作为新能源汽车维修专业培训用书和相关技术人员的参考书。

图书在版编目(CIP)数据

新能源汽车驱动电机及控制技术/山长军,曹元勋

主编.—北京:人民交通出版社股份有限公司,2023.10 (2025.1重印)

ISBN 978-7-114-18976-0

Ⅰ.①新⋯ Ⅱ.①山⋯ ②曹⋯ Ⅲ.①新能源—汽车

—驱动机构—控制系统—高等职业教育—教材 Ⅳ.

①U469.720.3

中国国家版本馆 CIP 数据核字(2023)第 170942 号

书　　名:**新能源汽车驱动电机及控制技术**
著 作 者:山长军　曹元勋
责任编辑:张一梅
责任校对:赵媛媛
责任印制:张　凯
出版发行:人民交通出版社股份有限公司
地　　址:(100011)北京市朝阳区安定门外外馆斜街 3 号
网　　址:http://www.ccpcl.com.cn
销售电话:(010)85285911
总 经 销:人民交通出版社股份有限公司发行部
经　　销:各地新华书店
印　　刷:北京市密东印刷有限公司
开　　本:787×1092　1/16
印　　张:12.25
字　　数:275 千
版　　次:2023 年 10 月　第 1 版
印　　次:2025 年 1 月　第 2 次印刷
书　　号:ISBN 978-7-114-18976-0
定　　价:38.00 元

(有印刷、装订质量问题的图书,由本公司负责调换)

编委会

主　任：

  戚文革(吉林电子信息职业技术学院)

副 主 任：

  齐方伟(吉林科技职业技术学院)

  孙志刚(吉林铁道职业技术学院)

委　　员(按姓氏笔画排序)：

  山长军(吉林工业职业技术学院)

  马书亮(吉林科技职业技术学院)

  朱立东(吉林铁道职业技术学院)

  李　刚(吉林科技职业技术学院)

  李富松(河北交通职业技术学院)

  张　鑫(江西交通职业技术学院)

  范真维(吉林电子信息职业技术学院)

  赵海宾(河北交通职业技术学院)

  钟颖强 (江西交通职业技术学院)

  曹元勋(吉林工业职业技术学院)

  董　括(吉林电子信息职业技术学院)

技术顾问：

  侯志宝(长春市康嘉教学设备有限公司)

随着新一轮科技革命和产业变革深入推进,汽车与能源、交通、信息通信等领域加速融合,汽车的电动化、网联化、智能化成为汽车产业发展的主流和趋势。为了对接汽车产业发展新趋势,满足新能源汽车领域高质量发展对高素质技术技能人才的需求,推动职业教育专业升级和数字化改造,提高人才培养质量,吉林电子信息职业技术学院、吉林工业职业技术学院、吉林铁道职业技术学院、吉林科技职业技术学院、江西交通职业技术学院共同编写了高等职业教育新能源汽车技术专业理实一体化教材。

本套教材编写深入贯彻落实党的二十大对教材建设与管理作出的新部署新要求,遵循知识和技能并重的改革方向,根据高等职业教育的特点以及高职高专院校学生的学习情况进行编写,具有以下特点:

(1)教材编写依据特定的工作任务,选取适度够用的理论知识,以学生的操作技能和职业素养培养为核心,围绕典型工作任务设计教学项目,突出知识的实用性、综合性和先进性。教材内容设置以学生为中心,由浅及深、循序渐进,每本教材均配有"任务工单",实现了理论实践一体化。

(2)教材融入了丰富的课程思政元素、党的二十大精神内容,选取国产汽车品牌进行讲解,培养学生的民族品牌意识,增强对民族品牌汽车的自信度,体现立德树人教育目标,实现思想政治教育与技术技能培养的有机统一。

(3)教材编写过程中广泛联系行业企业,深入了解行业企业对本专业人才的实际需求,由相关企业提供了配套的教学资源和技术支持,行业企业人员深度参与教材编写与开发。

(4)教材配套了丰富的教学资源,教材的知识点以二维码链接动画、视频资源,所有教材配有课件、习题及答案等,满足学生个性化学习的需求,提升教材使用体验。

《新能源汽车驱动电机及控制技术》围绕现场典型工作任务共设计5个教学项目,每个项目设计2~4个工作任务,在实施过程中以学生亲历完整工作过程为原则,使学生完成新能源汽车驱动电机、新能源汽车驱动电机控制系统、新能源汽车驱动电机冷却系统和新能源汽车能量管理系统等的认知、拆装和检测。本书注重培养学生在职业生涯中的专业能力、方法能力和社会能力。强化收集、分析和组织拆装和检测新能源汽车驱动电机相关工作所需信息的能力;强化依照检修标准作业,优化拆装和检测工作流程,协调配合工作的能力;强化工作中自我控制、自我管理及开展有效工作评价的能力;强化团队精神、职业道德、安全环保意识、质量和服务意识。本书语言精练、图文并茂,易学易懂易用;内容翔实,保持了拆装和检测驱动电机相关知识技能的完整性与系统性。

本书由吉林工业职业技术学院山长军、曹元勋任主编,宋庆瑶、崔健任副主编,吉林铁道职业技术学院孙志刚任主审。本书的编写分工为:山长军编写项目一并负责全书统稿;曹元勋编写项目三、项目四,并负责视频资源制作;宋庆瑶编写项目二及课程思政内容。崔健编写项目五、习题及任务工单。

作者在本书编写过程中查阅了大量书籍、文献和资料,引用了相关网络资源,广泛参考借鉴了国内外新能源汽车方面的研究成果,得到了长春康嘉教学设备有限公司和深圳霖汉科技发展有限公司的帮助和支持,在此一并向其表示感谢。

由于作者水平有限,书中难免有疏漏之处,敬请业内专家和广大读者批评指正。

作　者
2023 年 6 月

》目录

新能源汽车驱动电机

知识目标 ∎∎∎

(1)掌握驱动电机的作用;
(2)掌握常见驱动电机的特点;
(3)掌握驱动电机的类型;
(4)掌握常见类型驱动电机的结构;
(5)了解常见驱动电机的工作原理。

技能目标 ∎∎∎

(1)能够进行驱动电机总成的拆卸与安装;
(2)能够正确认识同步电机的铭牌、结构部件;
(3)能够正确认识异步电机的铭牌、结构部件;
(4)能够正确认识开关磁阻电机的结构部件;
(5)掌握常见驱动电机的拆装方法。

素质目标 ∎∎∎

(1)能够制订工作计划,独立完成工作学习任务;
(2)能够在工作过程中,与小组其他成员合作、交流并进行学习任务分工,具备团队合作和安全操作的意识;
(3)养成服从管理、规范作业的良好工作习惯;
(4)培养安全工作的习惯。

▶ **学时:20 学时**

任务 1　新能源汽车驱动电机的认知

任务描述

驱动电机也称为动力电机或驱动电动机,其在新能源汽车中具有驱动和发电的双重功能,即在正常行驶时,发挥电动机功能,将电能转化为机械能旋转,在减速和下坡滑行时,又被要求进行发电,将车轮的惯性动能转化成电能。本任务将介绍新能源汽车驱动电机的知识,并使学生掌握新能源汽车驱动电机总成的拆卸与安装方法。一辆新能源汽车的驱动电机发生故障,技术总监检查认为需要更换驱动电机总成,将此车交给你进行维修处理,你能完成这个任务吗?

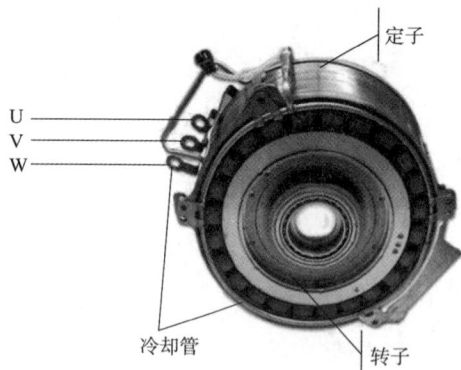

图 1-1　驱动电机的示意图
U-线电压;V-相电压;W-线电流

所示为驱动电机的示意图。

一、知识准备

(一)新能源汽车驱动电机的作用

驱动电机是一种将电能转化成动能,用来驱动其他装置的电气设备。驱动电机是纯电动汽车唯一的动力源,可向外输出转矩,驱动汽车前进或后退;同时,驱动电机也可以作为发电机发电,例如在整车陡坡下滑、高速滑行以及制动过程中,驱动电机将作为发电机将势能或动能转化为电能。图 1-1

驱动电机的作用是向整车提供驱动力,是新能源汽车驱动系统的核心部件之一,如图 1-2 所示。

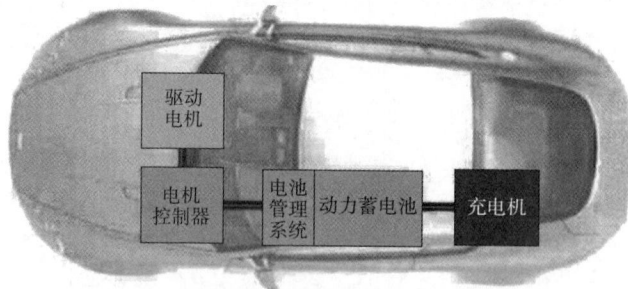

图 1-2　新能源汽车主要部件

驱动纯电动汽车和混合动力电动汽车的电机需要在各个转速下均能够产生转矩。图 1-3 所示为汽车用驱动电机的转矩与转速之间的关系,这种曲线称为转矩-转速曲线。汽车用驱动电机在中速以下时要求恒定功率输出,转矩与转速组合决定电机的运转情况,根据坡道起步、急加速、行驶区域、高速巡航等不同的行驶状态,会发生很大的变化。

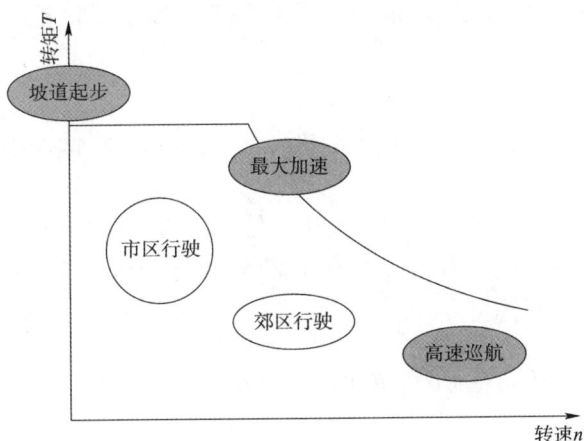

图 1-3 驱动电机转速与转矩要求

(二) 新能源汽车对驱动电机的性能要求

新能源汽车驱动电机需要在充分满足汽车运行功能的同时,还应满足行驶的舒适性、环境适应性等性能要求,以及对车辆一次充电续驶里程的要求。新能源汽车驱动电机具有比普通工业电机更为严格的技术规范和标准要求,其主要性能要求如下。

1. 体积小、功率密度大

为了充分利用有限的车载空间,减小车辆质量,降低运行中的能量消耗,应尽量减小驱动电机的体积和质量。电机可以采用铝合金外壳,各种控制装置和冷却系统等也要求尽可能轻量化和小型化。

2. 效率高、高效区广、重量轻

新能源汽车驱动电机的第二个性能要求就是效率高、高效区广、质量轻。续驶里程一直是新能源汽车的短板,而提升续驶里程的方法就是提升驱动电机的效率,保证每一度电都能发挥最大的用处。驱动电机的高效工况区要广,保证汽车在大部分工况下都是处于高效状态。减轻电机质量,也能间接降低整车的功耗,提升续驶里程。

3. 低速大转矩及转速范围宽的恒功率特性

即使没有变速器,电动机本身应能满足所需的转矩特性,以获得在起动、加速、行驶、减速、制动等各种运行工况下要求的功率和转矩。电机应具有自动调速功能,可以减轻驾驶员的操纵强度,提高驾驶的舒适性,并且能够达到与传统内燃机汽车同样的控制响应速度。

4. 高可靠性

在任何运行工况下都应具有高可靠性,以确保车辆的行驶安全。

5. 高电压

在允许的范围内尽可能采用高电压,可以减小电机的尺寸和控制器、导线等设备的尺寸,特别是可以降低逆变器的成本。

6. 安全性能

动力蓄电池组、驱动电机等强电部件的工作电压能达到300V以上，对电气系统和控制系统的安全性提出了更高的要求，新能源汽车驱动电机必须符合相关车辆电气控制的安全性能标准和规定。

7. 高转速

与低转速电机相比，高转速电机的体积和质量小，有利于降低整车装备的质量。

8. 使用寿命长

为降低新能源汽车的使用成本，驱动电机的使用寿命应和车辆保持一致，真正实现节能目标。同时，驱动电机还要求具有耐高温和耐潮性能、运行噪声低、结构简单、成本低、适合批量生产、使用及维护方便等特点。

（三）新能源汽车驱动电机的类型

1. 电机的类型

电机从很早以前就已经实用化，并且产品种类、形式也越来越丰富。按照电机电源供给进行分类，主要包括以下几种类型。

（1）直流电机。

直流电机是输出或输入为直流电能的旋转电机，它是能实现直流电能和机械能互相转换的电机。图1-4所示为直流电机基本结构示意图，它的固定部分（定子）上，装设了一对直流励磁的静止的主磁极N和S，在旋转部分（转子）上装设电枢铁芯。定子与转子之间有一气隙。在电枢铁芯上放置了由A和X两根导体连成的电枢线圈，线圈的首端和末端分别连到两个圆弧形的铜片上，此铜片称为换向片。换向片之间互相绝缘，由换向片构成的整体称为换向器。换向器固定在转轴上，换向片与转轴之间也互相绝缘。在换向片上放置着一对固定不动的电刷B1和B2，当电枢旋转时，电枢线圈通过换向片和电刷与外电路接通。

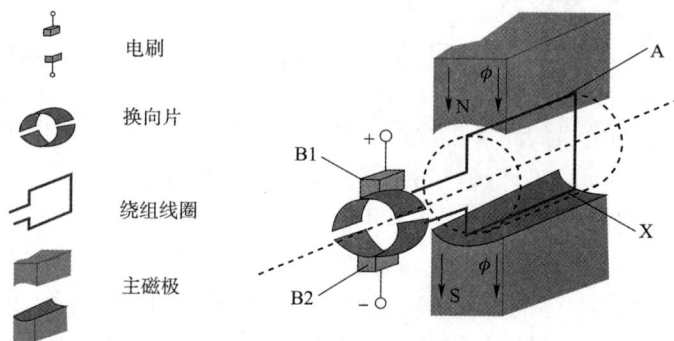

图1-4　直流电机基本结构示意图

（2）永磁同步电机。

同步电机是指转子转速与定子旋转磁场转速同步的电机，如图1-5所示。

永磁同步电机的转子为永磁体，转子磁体的N极、S极随着定子绕组旋转磁场磁极的移动而旋转。磁场产生磁通量，转子完成电能与机械能的转换。

永磁同步电机主要由定子、转子及端盖等部件组成。一般来说，永磁同步电机的最大特点是它的定子结构与普通的感应电机结构非常相似，主要区别在于转子的结构与其他电机转子结构不同。永磁同步电机与常用的异步电机的最大不同则是转子的独特结构，在转子上放有高质量的永磁体磁极。由于在转子上安放永磁体的位置有很多选择，所以永磁同步电机通常会被分为三大类：面贴式（SPM）、插入式以及内嵌式（IPM），如图 1-6 所示。

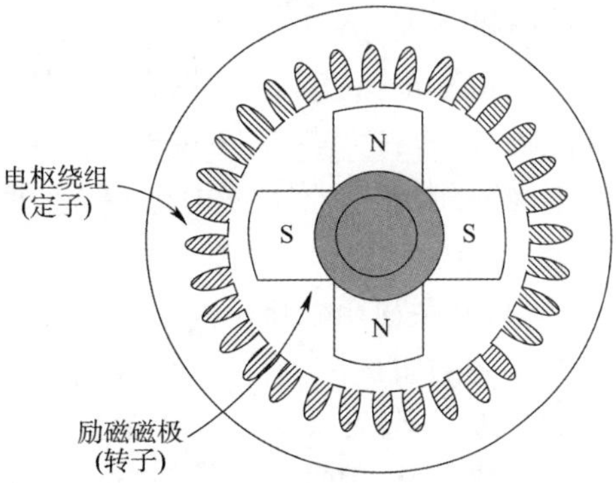

图 1-5 同步电机的结构示意图

a) 面贴式   b) 插入式   c) 内嵌式

图 1-6 永磁同步电机转子断面

用于汽车驱动的同步电机几乎都为旋转磁极式，转子使用永磁体。此外，同步电机开环控制容易产生脱离同步运转的情况，因此，需要对转子的磁极位置进行检测，根据磁极的变化改变定子三相电缆电流的供给。

由于永磁同步电机转子是永磁体励磁，随着转速的升高，电压会逐渐达到逆变器所能输出的电压极限。这时要想继续升高转速只有靠调节定子电流的大小和相位，增加直轴去磁电流来等效弱磁提高转速，电机的弱磁能力大小，主要与直轴电抗和反电动势大小有关，但永磁体串联在直轴磁路中，所以直轴磁路一般磁阻较大，弱磁能力较小，电机反电动势较大时，也会降低电机的最高转速。

（3）交流异步电机。

交流异步电机，又称"感应电动机"，即转子置于旋转磁场中，在旋转磁场的作用下，获得一个转动力矩，因而使转子转动。转子是可转动的导体，通常多呈鼠笼状，如图 1-7 所示。

图 1-7 异步电机

异步电机的笼形导体是将棒状的导体排布在圆周上，在端部通过圆环短路。异步电机的内侧为线槽，在其内部缠绕绕组，绕组由 U、V、W 三组构成三相分布绕组。图 1-8 所示为感应电机绕组。

三相分布绕组接通三相交流电流以后产生旋转磁场,通过磁场旋转移动,转子导体棒横穿磁场,根据右手法则,在转子内产生电动势,该电动势使得电流在转子导体内流动,再按照左手法则,由转子导体的电流与定子的励磁产生力,产生转矩。异步电机的主要特点是转子与定子磁场变化之间存在转速差。

(4)开关磁阻电机。

开关磁阻电机是一种新型调速电机,是继变频调速系统、无刷直流电机调速系统之后的最新一代调速系统。它的结构简单坚固、调速范围宽、系统可靠性高,完整系统主要由电机实体、控制系统两部分组成,控制系统内包含功率变换器、控制器和转子位置传感器。

目前,开关磁阻电机的应用和发展取得了明显的进步,主要应用于电动车驱动、通用工业、家用电器和纺织机械等领域,功率范围从 10W 到 5MW,最大转速高达 100000r/min。开关磁阻电机结构如图 1-9 所示。

图1-8 感应电机绕组   图1-9 开关磁阻电机结构

①开关磁阻电机主要优势如下:

电机的结构简单,转子上没有任何形式的绕组;定子上只有简单的集中绕组,端部较短,没有相间跨接线。因此,开关磁阻电机具有制造工序少、成本低、工作可靠、维修量小等特点。

开关磁阻电机的转矩与电流极性无关,只需要单向的电流激励,理论上功率变换电路中每相可以只用一个开关元件,且与电动机绕组串联,不会像 PWM(脉冲宽度调制)逆变器电源那样,存在两个开关元件直通的危险。因此,开关磁阻电机驱动系统线路简单,可靠性高,成本低于交流调速系统。

由于开关磁阻电机采用了独特的结构和控制方法,与感应电机相比,它在某些方面具有优势。开关磁阻电机系统的效率和功率密度在宽广的速度和负载范围内都可以维持在较高水平。

②开关磁阻电机的主要缺点如下:

转矩脉动大与噪声、振动大;从工作原理可知,开关磁阻电机转子上产生的转矩是由一系列脉冲转矩叠加而成的,这影响了开关磁阻电机性能。

2.常见新能源汽车的驱动电机

(1)特斯拉纯电动汽车驱动电机。

特斯拉纯电动汽车的驱动电机为自主研发的三相交流感应电机(图1-10),拥有优异的缠绕线性,能极大减少阻力和能量损耗。同时,相对整车而言,其电机体积非常小。

图1-10 特斯拉纯电动汽车驱动电机

通过高性能信号处理器将制动、加速、减速等需求转换为数字信号,控制转动变频器将电池组的直流电与交流电相互转换,以带动三相感应电机为汽车提供动力。

(2)北汽新能源驱动电机。

图1-11所示为北汽新能源E150EV的驱动电机。图1-12所示为E150EV的电机控制器。驱动电机控制方式如下:

驱动电机控制器将动力蓄电池提供的直流电转化为交流电,然后输出给电机;通过电机的正转实现整车加速、减速;通过电机的反转实现倒车。驱动电机控制器通过有效的控制策略,控制动力总成以最佳方式协调工作。

图1-11 北汽新能源E150EV驱动电机

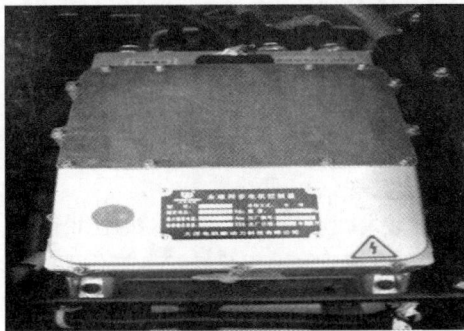

图1-12 E150EV驱动电机控制器

(3)比亚迪新能源汽车驱动电机。

比亚迪新能源汽车使用的驱动电机为交流无刷永磁同步电机,如图1-13所示,它具有高密度、小型轻量化、高效率、高可靠性、高耐久性、强适应性等优点。

驱动电机通过采集电机旋变信号进行工作。当车辆要行驶时,电机通过旋转变压器检测到电机的位置,位置信号通过控制器的处理,发送相关信号给控制器IGBT,逻辑信号控制IGBT开断,控制器输出近似正弦波交流电。

(4)荣威Ei5纯电动汽车驱动电机。

荣威Ei5纯电动汽车使用的驱动电机是永磁同步电机,如图1-14所示,电机总成采用水冷的方式进行冷却。

图1-13 比亚迪新能源汽车驱动电机

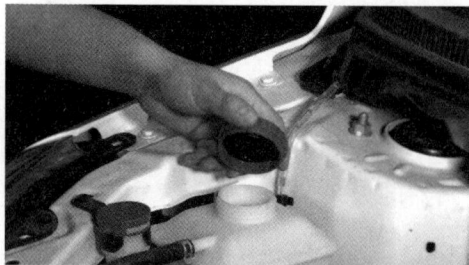

图 1-14　荣威 Ei5 纯电动汽车驱动电机

　　定子是由三相绕组构成的回路,三相绕组分别为 U、V、W,以 Y 形方式连接。Y 形连接方式的特点是每个回路都连接在同一个端点,车辆的高压电缆分别连接到电机的每个绕组上。

　　驱动/发电电机转子的两端都由轴承支撑,定子产生磁场,并推动转子实现顺时针或逆时针的转动。

二、任务实施

本操作任务主要是完成纯电动汽车驱动电机总成的拆卸和安装。

(一) 工作准备

以荣威 Ei5 纯电动汽车为例,实施准备如下。

(1)防护装备:防护用品一套(工作服、绝缘劳保鞋、护目镜、绝缘头盔、绝缘手套)。

(2)车辆、台架、总成:荣威 Ei5 纯电动汽车或其他纯电动汽车一辆。

(3)专用工具、设备:拆装专用工具。

(4)手工工具:新能源汽车维修组合工具。

(5)辅助材料:高压电维修警示牌和设备、绝缘地胶、二氧化碳类型灭火器、清洁剂。

图 1-15　取下水箱盖

(二) 实施步骤

1. 纯电动汽车驱动电机总成拆卸

1)拆卸蓄电池负极端子

(1)取出点火钥匙,取下水箱盖,如图 1-15 所示。

驱动电机总成
拆卸

(2)选用 10mm 扳手拆下蓄电池负极线固定螺栓,取下负极线,并对负极接头做好防护。

　　注意事项:①拆卸蓄电池负极前,必须确保点火开关处于关闭状态,并将车钥匙放在口袋。

②等待 15min 后再进行下一步操作。

③拆卸高压零部件前,必须做好防护措施。

④拆卸高压零件时,必须使用绝缘工具。

2)拆卸轮胎

(1)使用钳子,拆下左前轮 4 个轮毂螺栓保护帽,如图 1-16 所示。

(2)使用弯杆、直杆配合 21mm 套筒,拆松左前轮 4 颗固定螺栓。

(3)使用钳子,拆下右前轮 4 个轮毂螺栓保护帽。

(4)使用弯杆、直杆配合 21mm 套筒,拆松右前轮 4 颗固定螺栓。

(5)举升车辆至一定高度,使用直杆配合 21mm 套筒,拆下左、右前轮各 4 个固定螺栓,并拆下左、右前轮轮胎,如图 1-17 所示。

图 1-16 拆下左前轮 4 颗轮毂螺栓保护帽

3)齿轮油的排放

(1)使用 M10 内六角扳手拆下齿轮箱放油螺栓,如图 1-18 所示。

图 1-17 拆下左、右前轮轮胎   图 1-18 拆下齿轮箱放油螺栓

(2)排空齿轮箱油,如图 1-19 所示。

(3)用手安装齿轮箱放油螺栓。

(4)使用 M10 内六角扳手拧紧齿轮箱放油螺栓,标准拧紧力矩:12.5N·m。

(5)使用干净的抹布清洁齿轮箱油迹,如图 1-20 所示。

4)冷却液的排放

(1)拆下冷却液水箱放水螺栓,如图 1-21 所示。

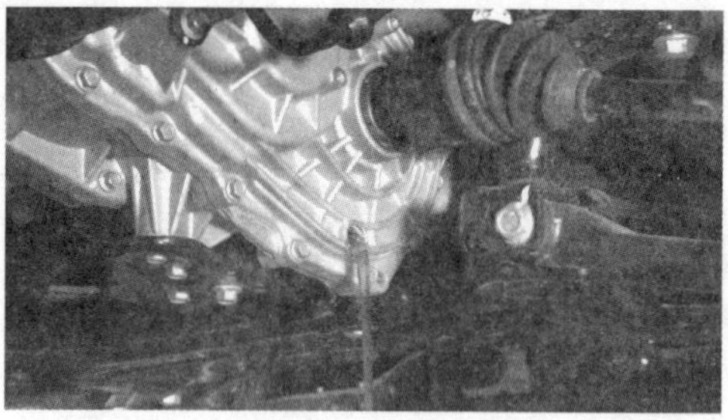

图 1-19　排空齿轮箱油

图 1-20　清洁齿轮箱油迹

（2）排空冷却液。

注意事项：排空冷却液前，必须确保冷却液温度已经降到60℃以下。

（3）拧紧水箱放水螺栓。

（4）使用干净抹布擦拭干净放水螺栓处。

（5）拆卸动力蓄电池低压控制线束插接器。

（6）拆卸动力蓄电池高压控制线束插接器。

5）拆卸左前半轴

（1）使用一字螺丝刀，解开半轴螺栓口，如图 1-22 所示。

图 1-21　拆下冷却液水箱放水螺栓

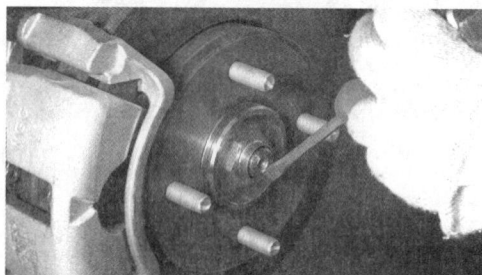

图 1-22　解开半轴螺栓口

（2）使用弯杆、直杆配合 32mm 套筒，拧松左前半轴固定螺栓，如图 1-23 所示。

（3）使用一字螺丝刀解开 ABS（防抱死制动系统）轮速传感器固定线束。

（4）使用快速扳手配合 10mm 套筒，拆下左前轮制动液管固定螺栓。

（5）使用弯杆、直杆配合 18mm 套筒，另一旁用 18mm 扳手卡住，拆下左前轮羊角 2 颗固定螺栓，如图 1-24 所示。

图 1-23　拧松左前半轴固定螺栓

图 1-24　拆下左前轮羊角 2 颗固定螺栓

（6）取出左前半轴固定螺栓。

（7）取出与羊角连接处的左前半轴花键。

（8）取出左前半轴总成，如图1-25所示。

（9）安装羊角，带上固定螺栓。

6）拆卸右前半轴

（1）使用一字螺丝刀，解开半轴螺栓口。

（2）使用弯杆配合32mm套筒，拆松右前半轴固定螺栓。

（3）使用一字螺丝刀解开ABS轮速传感器固定线束。

（4）使用快速扳手、直杆配合10mm套筒，拆下右前轮制动液管固定螺栓。

（5）使用弯杆、直杆配合18mm套筒，另一旁用18mm扳手卡住，拆下右前轮羊角2颗固定螺栓。

（6）取出右前半轴固定螺栓。

（7）取出右前半轴花键。

（8）取出右前半轴总成。

（9）安装羊角，带上固定螺栓，如图1-26所示。

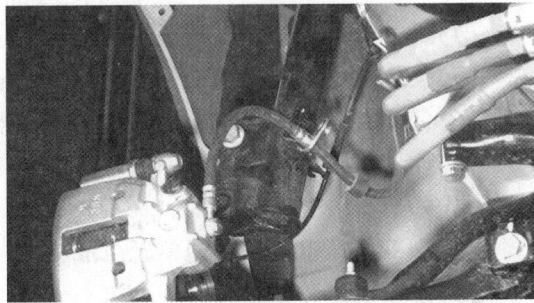

图1-25 取出左前半轴总成

图1-26 安装羊角并带上固定螺栓

7）拆卸驱动电机附属零件

（1）拆卸驱动电机低压线束插接器。

（2）使用一字螺丝刀解开驱动电机低压线束插接器固定卡口。

（3）使用鱼嘴钳脱开驱动电机散热出水管卡箍。

（4）拔下驱动电机散热出水管。

8）拆卸变速器后扭力支架

（1）选用弯杆、18mm套筒，拆下变速器后扭力支架1颗固定螺栓，如图1-27所示。

（2）选用弯杆、15mm套筒，拆下变速器后扭力支架2颗固定螺栓。

（3）选用弯杆、13mm套筒，拆下变速器后扭力支架2颗固定螺栓。

（4）取出变速器后扭力支架总成。

注意事项：在拆变速器后扭力支架总成时，应防止支架总成自由坠落发生意外，拆卸时，必须用手扶着变速器后扭力支架总成。

（5）将车辆降至一定高度。

9)拆卸电机控制器

(1)使用绝缘一字螺丝刀,拆下永磁同步电机控制器低压线束端口,并将低压接插件控制线束端口放在合适位置。

注意事项:在使用一字螺丝刀工具时,螺丝刀刀头需要包裹电工胶布进行作业。

(2)拆卸驱动电机插接器。

(3)取出驱动电机三相插接件线束插头,如图1-28所示。

图1-27 拆下变速器后扭力支架1颗固定螺栓

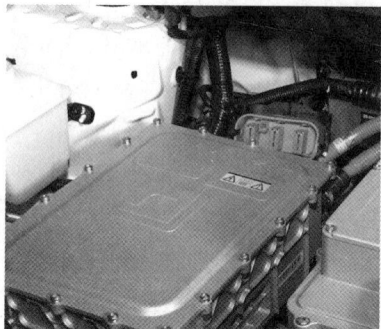

图1-28 取出驱动电机三相插接件线束插头

(4)拆卸驱动电机控制器正负极高压线缆。

(5)使用合适的工具拧松驱动电机控制器散热出水管卡箍,并拔出散热出水管。

(6)使用合适的工具拧松驱动电机控制器散热进水管卡箍,并拔出散热进水管。

(7)使用绝缘工具(选用棘轮扳手、接杆和6mm内六角套筒)拆下驱动电机控制器总成4颗固定螺栓,如图1-29所示。

(8)取下驱动电机控制器单元总成,并在干净、干燥的环境下存放。

(9)使用电工胶布包裹驱动电机三相插接件线束插头。

(10)使用电工胶布包裹永磁同步电机控制器高压线束正极端口和负极端口,如图1-30所示。

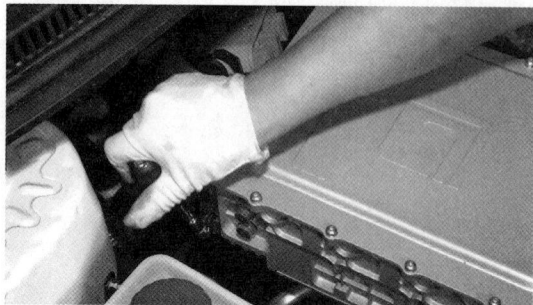

图1-29 拆下驱动电机控制器总成4颗固定螺栓

图1-30 使用电工胶布包裹高压线束正极端口和负极端口

10)拆卸电源分配单元(PDU)总成

(1)使用绝缘一字螺丝刀拆卸PDU的12V线束3个固定卡扣,如图1-31所示。

注意事项:在使用一字螺丝刀工具时,螺丝刀刀头需要包裹电工胶布进行作业。

（2）取下低压蓄电池正极端口防护盖。

（3）使用绝缘 13mm 扳手拧松 PDU 的 12V 线束固定螺栓。

（4）拆下低压蓄电池正极固定螺栓，如图 1-32 所示。

图 1-31　拆卸 PDU 的 12V 线束固定卡扣

图 1-32　拆下低压蓄电池
正极固定螺栓

（5）使用绝缘十字螺丝刀，拆下 PDU 低压搭铁线束固定螺栓。

（6）使用绝缘一字螺丝刀，拆卸低压接插件控制线束插接器，如图 1-33 所示。

（7）拆卸慢充高压线束插接器。

（8）拆卸空调高压线束插接器，如图 1-34 所示。

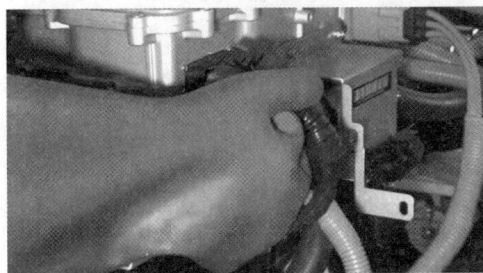

图 1-33　拆卸低压接插件控制线束插接器

图 1-34　拆卸空调高压线束插接器

（9）拆卸高压正温度系数（PTC）加热控制模块线束插接器，如图 1-35 所示。

图 1-35　拆卸高压 PTC 加热控制模块线束插接器

（10）使用绝缘工具（选用棘轮扳手、接杆和 T30 套筒）拆卸 PDU 动力蓄电池组高压线束固定螺栓，并取出动力蓄电池组高压线束。

（11）选用棘轮扳手、接杆和 T30 套筒拆卸 PDU 电机控制器高压线束固定螺栓，并取出电机控制器高压线。

(12)选用棘轮扳手、接杆和T30套筒拆卸快充高压线束固定螺栓(图1-36),并取出快速充电高压线束。

(13)使用电工胶布包裹快速充电高压线束插接器、空调泵高压线束插接器、永磁同步电机控制器高压线束插接器、动力蓄电池组高压线束插接器。

(14)使用电工胶布包裹PDU快充接头、PDU电动压缩机接头、PDU驱动电机控制器线缆接头、PDU动力蓄电池线缆头。

(15)使用鱼嘴钳脱开PDU进水管卡箍,并取下PDU进水管。

(16)使用鱼嘴钳脱开PDU出水管,并取下PDU出水管。

(17)选用棘轮扳手、接杆和13mm套筒拆卸4颗PDU总成固定螺栓。

(18)两名维修人员协作取下PDU总成,并在干净、干燥环境下存放。

11)拆卸低压蓄电池总成

(1)选用棘轮扳手、10mm套筒,拆卸低压蓄电池正极线束端口固定螺栓(图1-37),并取下正极线束。

图1-36 拆卸快充高压线束固定螺栓

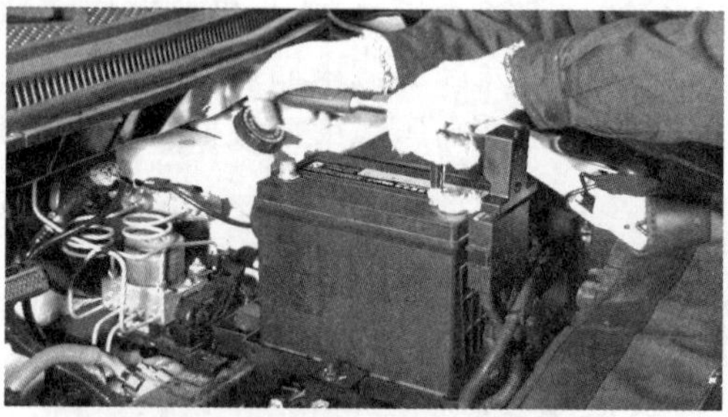

图1-37 拆卸快充高压线线束固定螺栓

(2)选用棘轮扳手、接杆和10mm套筒,拆卸低压蓄电池总成固定螺栓。

(3)取下固定压块和蓄电池总成。

(4)使用一字螺丝刀拆卸蓄电池正极12V线束两个固定卡扣。

(5)选用棘轮扳手、接杆和13mm套筒,拆卸低压蓄电池托架6颗固定螺栓,并取出电池托架。

12)拆卸托架总成

(1)使用一字螺丝刀拆卸低压线束10个固定卡扣。

(2)选用棘轮扳手、接杆和12mm套筒,拆卸托架总成4颗固定螺栓。

(3)两名维修人员协作取下托架总成。

(4)选用棘轮扳手、接杆和18mm套筒,拧松驱动电机机脚胶1颗固定螺栓,如图1-38所示。

(5)选用棘轮扳手、接杆和15mm套筒,拧松齿轮箱机脚胶2颗固定螺栓,如图1-39所示。

2. 纯电动汽车驱动电机总成安装

1)安装驱动电机总成

(1)将驱动电机总成安装到车架上。

图1-38 拧松驱动电机机脚胶固定螺栓

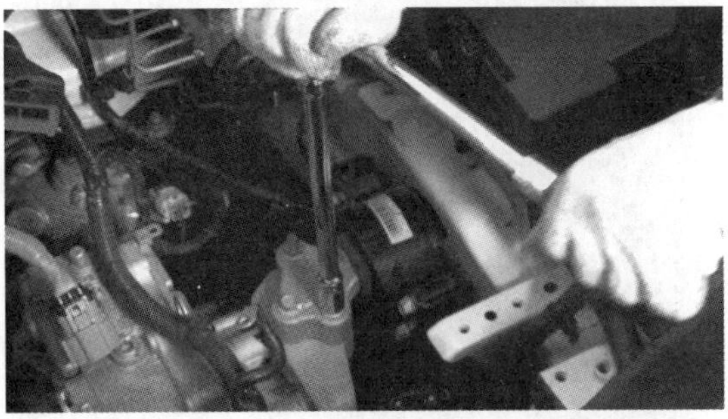

图1-39 拧松驱动电机机脚胶固定螺栓

（2）使用弯杆、直杆、15mm套筒安装齿轮箱机脚胶2颗固定螺栓，并紧固。标准拧紧力矩：(45±5)N·m。

（3）使用弯杆、直杆、13mm套筒安装齿轮箱机脚胶1颗固定螺栓，并紧固。标准拧紧力矩：30N·m。

（4）使用弯杆、直杆、18mm套筒安装驱动电机机脚胶1颗固定螺栓，并紧固。标准拧紧力矩：(65±5)N·m。

2）安装托架总成

（1）两名维修人员协作安装托架总成，如图1-40所示。

（2）使用棘轮扳手、接杆和12mm套筒安装4颗固定螺栓，并紧固。标准拧紧力矩：25N·m。

（3）安装低压线束固定卡扣。

3）安装辅助蓄电池总成

（1）安装辅助蓄电池托架，如图1-41所示。

图1-40 安装托架总成

图1-41 安装辅助蓄电池托架

（2）使用棘轮扳手、接杆和13mm套筒安装电池托架6颗固定螺栓，并紧固。标准拧紧力矩：15N·m。

（3）安装蓄电池总成。

（4）安装固定压块。

（5）使用棘轮扳手、接杆和10mm套筒安装固定螺栓，并紧固。标准拧紧力矩：15N·m。

（6）安装正极线。

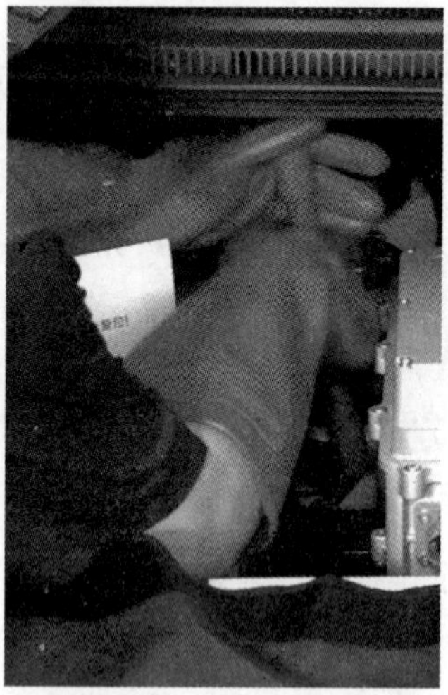

图1-42　安装PDU总成4颗固定螺栓

（7）使用棘轮扳手、10mm套筒安装低压蓄电池正极线束端口固定螺栓，并紧固。标准拧紧力矩：10N·m。

4）安装PDU总成

（1）两名维修人员协作将PDU总成安装到车上。

（2）选用接杆和13mm套筒安装PDU总成4颗固定螺栓，并紧固PDU总成4颗固定螺栓，如图1-42所示。标准拧紧力矩：20N·m。

（3）安装PDU总成出水管。

（4）使用鱼嘴钳安装卡箍，并确认安装到位。

（5）安装PDU总成进水管。

（6）使用鱼嘴钳安装卡箍，并确认安装到位。

（7）安装PDU慢充高压线插接器。

注意事项：在维修新能源汽车中，所有黄色高压线都有高压互锁装置，需互锁到位。

（8）安装低压接插件控制线束端口。

（9）安装PTC加热控制模块线束插接器。

（10）安装驱动电机控制器高压线缆。

（11）使用绝缘工具（接杆和T30套筒）安装电机控制器高压线接头固定螺栓，并紧固。标准拧紧力矩：6N·m。

（12）安装PDU动力蓄电池高压线缆。

（13）使用绝缘工具（接杆和T30套筒）安装动力蓄电池高压线缆固定螺栓，并紧固。标准拧紧力矩：6N·m。

（14）安装快速充电高压线线缆。

（15）使用绝缘工具（棘轮扳手、接杆和T30套筒）安装快速充电高压线线缆固定螺栓，并紧固。标准拧紧力矩：6N·m。

（16）安装电动压缩机高压线缆插接器。

（17）使用绝缘工具（绝缘十字螺丝刀工具）安装PDU总成低压搭铁线束固定螺栓，并紧固。标准拧紧力矩：5N·m。

（18）安装PDU的12V线束卡扣。

（19）使用绝缘工具（13mm开口扳手）安装PDU低压蓄电池正极线束固定螺栓，并紧固，如图1-43所示。标准拧紧力矩：6N·m。

（20）清除防护胶带。

5）安装驱动电机控制器总成

（1）选用绝缘工具（接杆和6mm内六角套筒）安装驱动电机控制器总成4颗固定螺栓。

（2）选用绝缘工具（棘扳手、接杆和6mm内六角套筒）紧固固定螺栓。标准拧紧力矩：15N·m。

（3）安装驱动电机控制器散热出水管,并使用合适的工具紧固驱动电机控制器散热出水管卡箍。标准拧紧力矩:4N·m。

（4）检查永磁同步电机控制器散热出水管是否安装到位。

（5）安装驱动电机控制器散热进水管,并使用合适的工具紧固驱动电机控制器散热进水管卡箍,如图1-44所示。标准拧紧力矩:4N·m。

图1-43 安装PDU低压蓄电池正极线束固定螺栓

图1-44 紧固驱动电机控制器散热进水管卡箍

（6）检查永磁同步电机控制器散热进水管是否安装到位。

（7）安装驱动电机控制器连接线束:将高压驱动电机模块线束互锁端口锁紧,并检查是否固定到位。

注意事项:在维修新能源汽车时,所有黄色高压线都有高压互锁装置,需互锁到位。

（8）安装驱动电机控制器正负极高压线束:将正极端口和负极端口互锁端口锁紧,并检查是否固定到位。

（9）安装永磁同步电机控制器低压线束端口,并安装到位。

（10）将汽车举升至一定高度。

6）安装左前半轴总成

（1）安装左前半轴,并确保到位。

（2）取下羊角固定螺栓,安装与羊角连接处的左前半轴花键。

（3）安装两颗羊角固定螺栓和螺母:选用棘轮扳手、梅花开口扳手、接杆、18mm套筒,预紧固定螺栓后使用定扭力扳手,拧紧固定螺栓。标准拧紧力矩:(60±5)N·m。

（4）安装ABS轮速传感器固定线束。

（5）安装左前轮制动液管固定螺栓:选用棘轮扳手、接杆、10mm套筒紧固固定螺栓。标准拧紧力矩:10N·m。

（6）安装左前半轴固定螺栓:选用弯杆、32mm套筒紧固固定螺栓。标准拧紧力矩:(120±5)N·m。

（7）使用一字螺丝刀,铆住半轴螺栓口。

7）安装右前半轴总成

（1）安装右前半轴,并确保到位。

（2）取下羊角固定螺栓,安装与羊角连接处的右前半轴花键。

（3）安装两颗羊角固定螺栓和螺母:选用棘轮扳手、梅花开口扳手、接杆、18mm套筒,预紧固定螺栓后使用定扭力扳手,拧紧固定螺栓。标准拧紧力矩:(60±5)N·m。

（4）安装 ABS 轮速传感器固定线束。

（5）安装右前轮制动液管固定螺栓:选用棘轮扳手、接杆、10mm 套筒紧固固定螺栓。标准拧紧力矩:10N·m。

（6）安装右前半轴固定螺栓:选用弯杆、32mm 套筒紧固固定螺栓。标准拧紧力矩:(120±5)N·m。

（7）使用一字螺丝刀,铆住半轴螺栓口。

8）安装变速器后扭力支架

（1）安装变速器后扭力支架总成。

（2）安装 5 颗固定螺栓:

①选用棘轮扳手、18mm 套筒,预紧变速器后扭力支架 1 颗固定螺栓后使用定扭力扳手拧紧。标准拧紧力矩:60N·m。

②选用棘轮扳手、15mm 套筒,预紧变速器后扭力支架 2 颗固定螺栓后使用定扭力扳手拧紧。标准拧紧力矩:45N·m。

③选用棘轮扳手、13mm 套筒,预紧变速器后扭力支架 2 颗固定螺栓后使用定扭力扳手拧紧。标准拧紧力矩:30N·m。

9）安装驱动电机附属零件

（1）安装驱动电机低压线束插接器固定卡口,如图 1-45 所示。

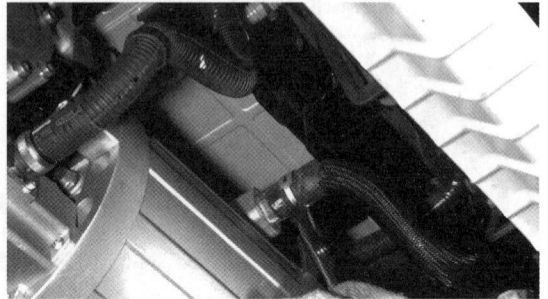

（2）安装驱动电机散热出水管。

（3）使用鱼嘴钳安装驱动电机散热出水管卡箍,如图 1-46 所示。

图 1-45　安装驱动电机低压线束插接器固定卡口　　图 1-46　安装驱动电机散热出水管卡箍

10）安装动力蓄电池高压线束插接器

（1）安装动力蓄电池高压线束插接器,并将动力蓄电池高压线束互锁端口锁紧,如图 1-47 所示。

注意事项:在维修新能源汽车中,所有黄色高压线都有高压互锁装置,须互锁到位。

（2）检查动力蓄电池高压线束是否插接到位。

（3）安装动力蓄电池低压控制线束,如图 1-48 所示。

（4）旋紧动力蓄电池低压控制线束插接器。

（5）检查动力蓄电池低压控制线束是否插接到位。

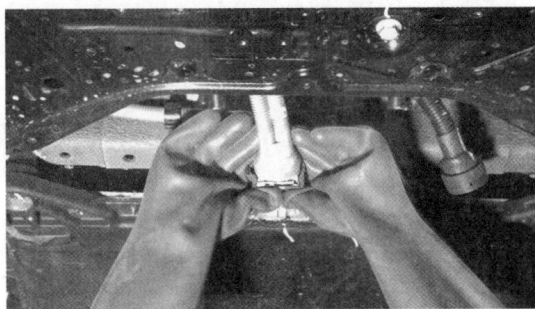

图1-47 安装动力蓄电池高压线束插接器

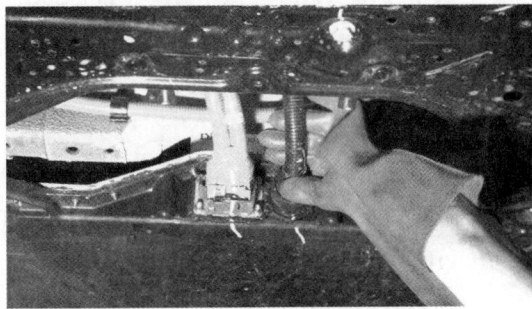

图1-48 安装动力蓄电池低压控制线束

11）齿轮箱油的加注

（1）使用 M10 内六角扳手拆下齿轮箱油液面螺栓。

（2）使用 M10 内六角扳手拆下齿轮箱加油螺栓。

（3）从齿轮箱加油螺栓口处加注齿轮箱油，如图1-49所示。

（4）待齿轮箱油从齿轮箱液面螺栓口处溢出，说明齿轮箱油已达到规定的容量。

（5）用手安装齿轮箱液面螺栓。

（6）使用 M10 内六角扳手工具紧固齿轮箱观察加油螺栓。标准拧紧力矩：12.5N·m。

（7）用手安装齿轮箱加注螺栓。

（8）使用 M10 内六角扳手工具紧固齿轮箱加注螺栓，如图1-50所示。标准拧紧力矩：12.5N·m。

图1-49 加注齿轮箱油

图1-50 紧固齿轮箱加注螺栓

12）安装轮胎

（1）安装右前轮胎至合适位置，如图1-51所示。

（2）安装右前轮4颗固定螺栓。

（3）使用弯杆配合21mm套筒，预紧右前轮4颗固定螺栓。

（4）安装左前轮胎至合适位置。

（5）安装左前轮4颗固定螺栓。

（6）使用弯杆配合21mm套筒，预紧左前轮4颗固定螺栓。

图1-51 安装右前轮胎至合适位置

（7）将车辆下降至一定高度。

（8）使用定扭力扳手、接杆、21mm 套筒，拧紧右前轮胎螺栓。标准拧紧力矩：60N·m。

（9）使用定扭力扳手、接杆、21mm 套筒，拧紧左前轮胎螺栓。标准拧紧力矩：60N·m。

13）冷却液的添加

（1）降下车辆，打开水箱冷却液加注盖。

（2）添加冷却液至 MAX 刻度线和 MIN 刻度线之间。

（3）拧紧水箱冷却液加注盖。

（4）打开点火开关，使冷却液进入循环状态。

3.7S 规范操作

根据7S❶规范执行。

任务2　永磁同步电机的结构认知

任务描述

在各类驱动电机中，永磁同步电机有着能量密度高、效率高、体积小、惯性低、响应快、控制精度高、转矩密度高、噪声低等优点，在电动汽车特别是高档电动汽车驱动方面具有很高的应用价值，已经受到国内外电动汽车界的高度重视，并已在我国得到普遍应用，是最具竞争力的电动汽车驱动电机之一。目前，永磁同步电机是在电动汽车上运用最多的一种驱动电机。了解永磁同步电机的组成结构、工作原理、电机特性及拆卸安装步骤至关重要。

一、知识准备

（一）永磁同步电机的类型

永磁同步电机是利用永磁体建立励磁磁场的同步电机，其定子产生旋转磁场，转子用永磁材料制成。同步电机实现能量转换需要一个直流磁场，产生这个磁场的直流电流称为电机的励磁电流。永磁同步电机的分类方式有很多，按工作主磁场方向的不同，可分为径向磁场式和轴向磁场式两种类型；按电枢绕组位置的不同，可分为内转子式（常规式）和外转子式两种类型；按转子上有无起动绕组，可分为无起动绕组的电机（一般用于变频器供电的场合，常称为调速永磁同步电机）和有起动绕组的电机（既可用于调速运行，又可在某一频率和电压下利用起动绕组所产生的异步转矩起动，常称为异步起动永磁同步电机）；按供电电流波形的不同，可分为矩形波永磁同步电机和正弦波永磁同步电机（简称永磁同步电机）；按励磁

❶　"7S"是整理（Seiri）、整顿（Seiton）、清扫（Seiso）、清洁（Seiketsu）、素养（Shitsuke）、安全（Safety）和速度/节约（Speed/Saving）这7个词的缩写。

电流的供给方式的不同,可分为他励电机和自励电机;按供电频率的不同,可分为永磁直流电机和永磁交流电机。

1. 永磁直流电机

永磁直流电机按照有无电刷可分为永磁无刷直流电机和永磁有刷直流电机。永磁直流电机是用永磁体建立磁场的一种直流电机。永磁直流电机广泛应用于各种便携式的电子设备或器具中,如录音机、VCD(影音光碟)机、电唱机、电动按摩器及各种玩具,也广泛应用于汽车、摩托车、干手器、电动自行车、蓄电池车、船舶、航空、机械等领域,在一些高精尖产品中也有广泛应用,如录像机、复印机、照相机、手机、精密机床、银行点钞机、捆钞机等。

1) 永磁无刷直流电机

永磁无刷直流电机是由一块或多块永磁体建立磁场的直流电机,其性能与恒定励磁电流的他励直流电机相似,可以由改变电枢电压来方便地进行调速。与他励式直流电机相比,永磁无刷直流电机具有体积小、效率高、结构简单、用铜量少等优点,是小功率直流电机的主要类型。

根据所用的永磁材料不同,永磁无刷直流电机分为铝镍钴永磁直流电机、铁氧体永磁直流电机和稀土永磁直流电机。铝镍钴永磁无刷直流电机需要消耗大量的贵重金属,价格较高,但对高温的适应性好,用于环境温度较高或对电机温度稳定性要求较高的场合。铁氧体永磁无刷直流电机价格低廉,且性能良好,广泛用于家用电器、汽车、玩具、电动工具等领域。用稀土永磁材料作磁极制成的稀土永磁无刷直流电机,体积小且性能更好,但价格昂贵,主要用于航天、计算机、井下仪器等。但近些年出现了新一代稀土永磁直流电机——钕铁硼永磁无刷直流电机,由于我国拥有世界钕矿资源80%以上的蕴藏量,因此在价格上具有得天独厚的优势,高性能钕铁硼永磁材料性价比大幅提升,使质优、价廉的钕铁硼永磁直流电机在产业化过程中得到了广泛的应用,同时也促进永磁无刷直流电机的性能与结构迅速提升。

2) 永磁有刷直流电机

有刷电机的定子上安装有固定的主磁极和电刷,转子上安装有电枢绕组和换向器。直流电源的电能通过电刷和换向器进入电枢绕组,产生电枢电流,电枢电流产生的磁场与主磁场相互作用产生电磁转矩,使电机旋转带动负载。由于电刷和换向器的存在,有刷电机的结构复杂,可靠性差,故障多,维护工作量大,寿命短,换向火花易产生电磁干扰。

2. 永磁交流电机

由于永磁交流电机没有电刷和集电环,因此也可称为永磁无刷电机。输入永磁同步交流电机的是交流正弦或者近似正弦波,采用连续转子位置反馈信号来控制换向;三相永磁同步交流电机具有定子三相分布的绕组和永磁转子,在磁路结构和绕组分布上保证反电动势波形为正弦波,为了进行磁场定向控制,输入定子的电压和电流也为正弦波。

(二) 永磁同步电机的结构和工作原理

1. 永磁同步电机的基本结构

永磁同步电机具有高效、高控制精度、高转矩密度、良好的转矩平稳性及低振动噪声的特点,在电动汽车驱动方面具有很高的应用价值,受到国内外电动汽车界的高度重视,是最具竞争力的电动汽车驱动电机系统之一。

永磁同步电机
结构与原理

永磁同步电机分为正弦波驱动电流的永磁同步电机和方波驱动电流的永磁同步电机。本书主要介绍以三相正弦波驱动的永磁同步电机。

永磁同步电机的结构示意图如图 1-52 所示,与传统电机一样,它主要由定子和转子两大部分构成。

1)永磁同步电机的定子

永磁同步电机的定子与普通电机基本相同,由电枢铁芯和电枢绕组构成,如图 1-53 所示。电枢铁芯一般采用 0.5mm 硅钢冲片叠压而成,对于具有高效率指标或频率较高的电机,为了减少铁耗,可以考虑使用 0.35mm 的低损耗冷轧无取向硅钢片。电枢绕组则普遍采用分布、短距绕组;对于极数较多的电机,则普遍采用分数槽绕组;需要进一步改善电动势波形时,也可以考虑采用正弦绕组或其他绕组。

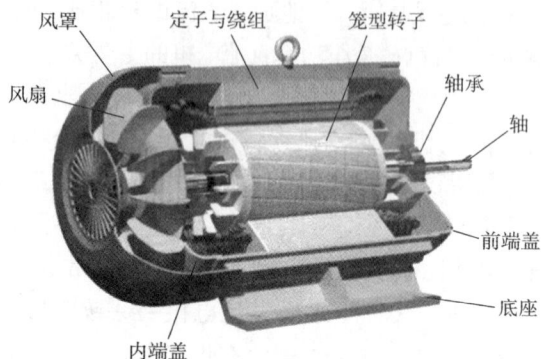

图 1-52　永磁同步电机的结构

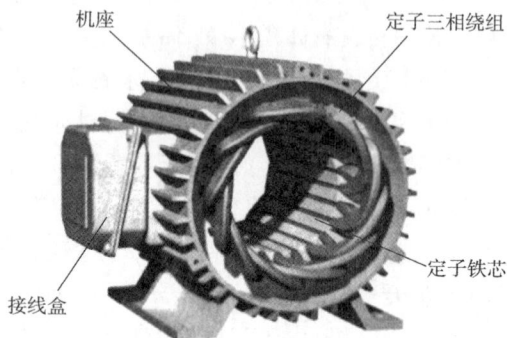

图 1-53　永磁同步电机的定子结构

2)永磁同步电机的转子

永磁同步电机的转子主要由永磁体、转子铁芯和转轴等构成,如图 1-54 所示。其中,永磁体主要采用铁氧体永磁和钕铁硼永磁材料;转子铁芯可根据磁极结构的不同,选用实心钢,或采用钢板或硅钢片冲制后叠压而成。

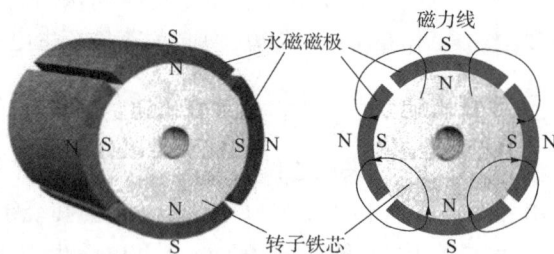

图 1-54　永磁同步电机的转子结构

与普通电机相比,永磁同步电机还必须装有转子永磁体位置检测器,用来检测磁极位置,并以此对电枢电流进行控制,达到对永磁同步电机驱动控制的目的。

按照永磁体在转子上位置的不同,永磁同步电机的磁路结构可分为表面式和内置式两种。表面式转子磁路结构中,永磁体通常呈瓦片形,并位于转子铁芯的外表面上,永磁体提供磁通的方向为径向。表面式转子磁路结构又分为凸出式和嵌入式两种。对采用稀土永磁材料的电机来说,由于永磁材料的相对回复磁导率接近1,所以表面凸出式转子在电磁性能上属于隐极转子结构;而嵌入式转子的相邻两永磁磁极间有着磁导率很大的铁磁材料,故在电磁性能上属于凸极转子结构。表面凸出式转子具有结构简单、制造成本较低、转动惯量小等优点,在矩形波永磁同步电机和恒功率运行范围不宽的正弦波永磁同步电机中得到了广泛应用。

（1）内置式永磁同步电机(SPM)。

内置式永磁同步电机按永磁体磁化方向可分为径向式、切向式和混合式,在有阻尼绕组情况下如图1-55所示。内置式永磁同步电机转子由于内部嵌入永磁体,导致转子机械结构上具有凸极特性。

a) 径向式   b) 切向式   c) 混合式

图1-55　内置式永磁同步电机转子结构示意图

按永磁体磁化方向与转子旋转方向的相互关系,内置式转子结构又可分为径向式、切向式、U形混合式和V形径向式,如图1-56所示。

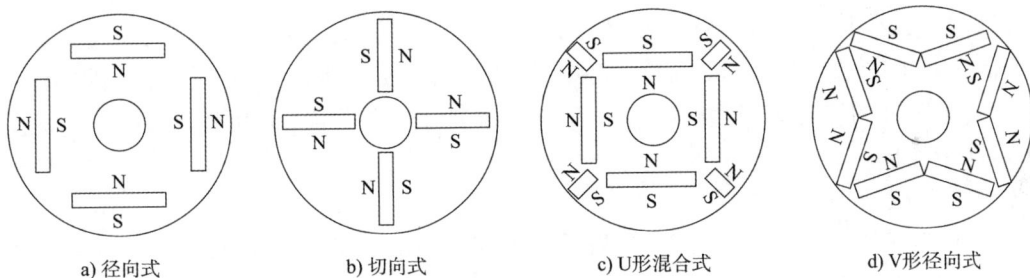

a) 径向式   b) 切向式   c) U形混合式   d) V形径向式

图1-56　内置式转子结构

径向式转子结构的永磁同步电机的磁钢或者放在磁通轴的非对称位置上,或者同时利用径向切向充磁的磁钢以产生高磁通密度。该结构的优点是漏磁系数小,转轴上不需采取隔磁措施,极弧系数易于控制,转子冲片机械强度高,安装永磁体后转子不易变形等。

切向式转子结构的转子有较大的惯性,漏磁系数较大,制造工艺和成本较径向式有所增加。其优点是一个极距下的磁通由相邻两个磁极并联提供,可得到更大的每极磁通。尤其当电机极数较多,径向式结构不能提供足够的每极磁通时,这种结构的优势就显得更为突出。此外,采用该结构的永磁同步电机磁阻转矩可占到总电磁转矩的40%,对提高电机的功率密度和扩展恒功率运行范围都是很有利的。

混合式结构集中了径向式和切向式的优点,但结构和制造工艺都比较复杂,制造成本也比较高。

（2）外置式永磁同步电机(IPM)。

外置式永磁同步电机根据永磁体是否嵌入转子铁芯中,可以分为面贴式和插入式两种,如图 1-57 所示。

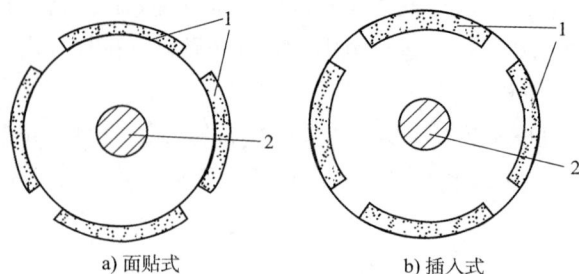

a) 面贴式　　　　　　b) 插入式

图 1-57　外置式永磁同步电机转子结构示意图

1-永磁体;2-转轴

面贴式永磁同步电机的转子永磁体一般为瓦片形,通过合成胶粘于转子铁芯表面。功率稍大的面贴式永磁同步电机中,永磁体与气隙之间可以通过无纬玻璃丝带加以捆绑保护,防止永磁体因转子高速转动而脱落。插入式永磁同步电机的永磁体嵌入转子铁芯中,两永磁体之间的铁芯成为铁磁介质突出的部分。在面贴式永磁同步电机中,由于永磁体的相对磁导率接近真空磁导率$(\mu = 1.0)$,等效气隙基本均匀,所以交直轴电感基本相等,是一种隐极式同步电机。插入式永磁同步电机交轴方向上的气隙比直轴的小,交轴的电感比直轴的大,是一种凸极式永磁同步电机。相对而言,由于永磁体的存在使得面贴式永磁同步电机定子和转子之间的有效气隙较大,因而定子的电感较小。

外置式永磁同步电机的结构比内置式永磁同步电机简单,且具有制造容易、成本低等优点,因而工业上应用较多。其中,面贴式永磁同步电机转子结构最为简单,与插入式相比,它提高了转子表面的平均磁密,可以得到更大的电磁转矩。现阶段,工业上应用最多的是面贴式永磁同步电机。

3)转子位置传感器

在永磁同步电动机中,通常转子位置传感器与电动机轴连在一起,用来随时测定转子磁极的位置,为电子换向提供正确的信息。但也有例外,像洗衣机用的 DD(直驱)电机,往往将霍尔传感器安装到定子上,永磁体安装在转子上,定子转子这里其实只是个相对的概念。

目前,永磁同步电机控制系统的位置传感器有很多种方式,如光电编码式、磁敏式和电磁式等,在控制精度要求相对较高的场合,采用正弦或余弦旋转变压器等位置传感器,但无论哪种测量方式,其本质都是用来测量转子位置信息的,只是安装的体积、方便程度、成本及可靠性要求不同而已。

4)逆变器

位置传感器将转子的位置信号电平反馈给控制芯片,控制芯片经过电流采样和数学变换,并根据反馈的位置信息经过闭环运算,重新按新的 PWM 占空比输出,来触发功率器件(IGBT 或 MOSFET),实际上逆变器是自控的,由自身运行来保证电机的转速和电流输入频率同步,并避免振荡和失步的发生。

2.永磁同步电机的工作原理

永磁同步电机的驱动电路如图 1-58 所示,定子绕组产生旋转磁场的机理与感应电机是相同的,其转子通过永久磁铁产生磁场,两个磁场相互作用产生转矩,定子绕组产生的旋转磁场,可看作一对旋转磁极吸引转子的磁极随其一起旋转。永磁同步电机带负载时,气隙磁场是永磁体磁动势和电枢磁动势共同建立的,电枢磁动势对气隙磁场有影响,电枢磁动势的基波对气隙磁场的影响称为电枢反应。

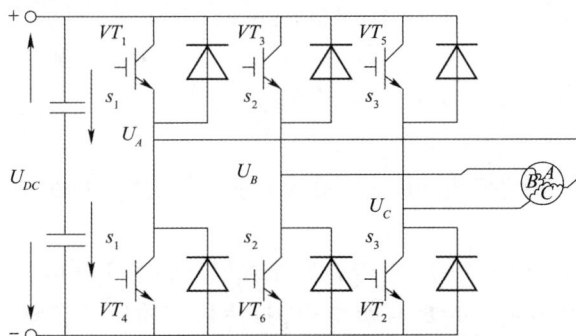

图 1-58 永磁同步电机驱动电路

永磁同步电机的工作原理如图 1-59 所示,图中 θ 为功率角,电机的转子是一个永磁体,N、S 极沿圆周方向交替排列,定子可以看作一个以速度 n_0 旋转的磁场。电机运行时,定子存在旋转磁动势,转子像磁针在旋转磁场中旋转一样,随着定子的旋转磁场同步旋转。

同步电动机转速可表示为:

$$n = n_0 = 60 f_s / P_n \tag{1-1}$$

式中: f_s——电源频率;

P_n——电机极对数。

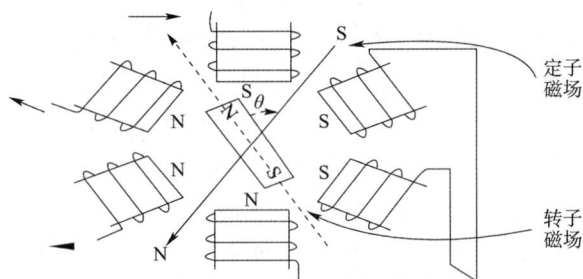

图 1-59 永磁同步电机工作原理

永磁同步电机的定子是三相对称绕组,三相正弦波电压在定子三相绕组中产生对称三相正弦波电流,并在气隙中产生旋转磁场。当外加负载转矩以后,转子磁场轴线将落后定子磁场轴线一个功率角,负载越大,功率角也越大,直到一个极限角度,电机停止运转。由此可见,同步电机在运行中,转速必须与频率严格成比例旋转,否则会失步停转。因此,同步电机的转速与旋转磁场同步,其静态误差为零。在负载扰动下,只是功率角变化,而不引起转速变化,它的响应时间是实时的。

3. 永磁同步电机的特点及应用

1)永磁同步电机的优点

(1)结构简单、运行可靠。用永磁体取代绕线式同步电机转子中的励磁绕组,从而省去了励磁线圈、集电环和电刷,以电子换相实现无刷运行。

(2)永磁同步电机的转速与电源频率间始终保持准确的同步关系,控制电源频率就能控制电机的转速。

(3)永磁同步电机具有较强的机械特性,对于因负载的变化而引起的电机转矩扰动具有较强的承受能力,瞬间最大转矩可以达到额定转矩的3倍以上,适合在负载转矩变化较大的工况下运行。

(4)永磁同步电机的转子为永久磁铁,无须励磁,因此,电机可以在很低的转速下保持同步运行,调速范围宽。

(5)永磁同步电机与异步电机相比,不需要励磁电流,因而功率因数高,定子电流和定子铜耗小,效率高。

(6)体积小、质量轻。近些年来,随着高性能永磁材料的不断应用,永磁同步电动机的功率密度得到很大提高,比起同容量的异步电机,其体积和质量都有较大的减小,使其适合应用在许多特殊场合。

(7)结构多样化、应用范围广。永磁同步电机由于转子结构的多样化,产生了许多特点和性能各异的电机品种,从工业到农业,从民用到国防,从日常生活到航空航天,从简单电动工具到高科技产品,其应用几乎无所不在。

2)永磁同步电机的缺点

由于永磁同步电机转子为永磁体,无法调节,必须通过加定子直轴去磁电流分量来削弱磁场,这会增大定子的电流,增加电机的铜耗。永磁同步电机的磁钢价格较高。

小 知 识

永磁同步电机体积小、质量轻、转动惯量小、功率密度高(可达1kW/kg),适合应用于电动汽车有限的空间;另外,其转矩惯量比大、过载能力强,尤其低转速时输出转矩大,适合电动汽车的起动加速。因此,永磁同步电机得到国内外电动汽车界的广泛重视,并在汽车行业得到了普遍应用,新能源汽车很多采用永磁同步电机驱动。比较典型的是在丰田普锐斯混联式混合动力电动汽车上的应用。

丰田普锐斯电机为交流永磁同步电机,采用钕磁铁(永久磁铁)转子。其特点是输出功率高、低速转矩特性好。THS Ⅱ 的500V最高电压使电机的输出功率比THS系统(最高电压为274V)提高了1.5倍,即从33kW提高到50kW,而电机的尺寸保持不变,它是目前世界上单位质量和体积输出功率最大的电机。在电机控制方面,中转速范围增加全新的过调制控制技术,保留原来的低速和高速控制方法,通过改进脉冲宽度调制方法,中转速范围的输出转矩比原来的最大值增加约30%。

丰田普锐斯发电机也采用交流永磁同步电机,向高功率电机提供充足的电能。电机高速旋转,以增大输出功率。采用增加转子强度等措施,将最大功率输出时的转速从6500r/min提高到10000r/min,高转速明显地提高了中转速范围的电力,改善了低转速范围的加速性能。此外,永磁同步电机还用作发动机的起动机。起动时,电机(起动机)驱动分配装置的太阳轮带动发动机旋转。

3）永磁同步电机的运行特性

永磁同步电机的运行特性主要包括机械特性和工作特性,永磁同步电机稳态正常运行时,转速始终保持同步不变,因此,其机械特性为平行于横轴的直线,调节电源频率来调节电机转速时,转速将严格地与频率成正比变化,如图 1-60 所示。

永磁同步电机的工作特性是指当电源电压恒定时,电动机的输入功率 P_1、电枢电流 I_a、效率 η、功率因数 $\cos\varphi$ 等随输出功率变化的关系,如图 1-61 所示。

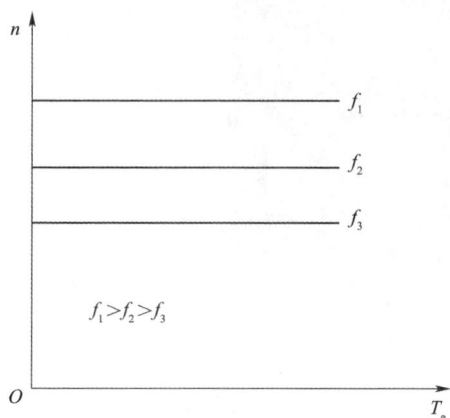

图 1-60　永磁同步电机的机械特性　　　图 1-61　永磁同步电机的工作特性

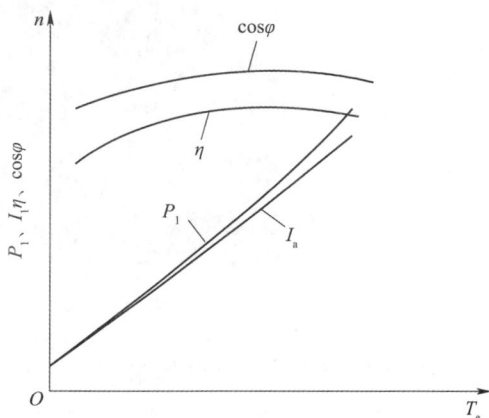

从图 1-61 可以看出,在正常工作范围内,永磁同步电动机的功率因数比较平稳,效率特性也能保持较高的水平。电机的输入功率和电枢电流近似与输出功率成正比。

4）永磁同步电机的应用

比亚迪 E6 是比亚迪自主研发的一款纯电动跨界型车,该车的长、宽、高尺寸分别为4554mm、1822mm、1630mm,轴距达到 2830mm。比亚迪 E6 采用了自主研发的铁电池,同时装配了终身免维护的永磁电机,E6 电机控制器如图 1-62 所示,电机最大功率达到 90kW,最大功率转速为 250r/min,最大转矩为 450N·m,最大续驶里程为 350km。

图 1-62　比亚迪 E6 电机控制器

宝马 i3 纯电动汽车是宝马公司的第一款综合了环保技术及功能性创新的量产纯电动

汽车,并荣获 2014 年度世界环保车型大奖和 2014 年度世界汽车设计大奖。该车采用后置后驱的布置形式,永磁同步电机位于后桥后方,最大输出功率为 125kW,最大输出转矩为 250N·m,搭载了一套 22kW·h 的锂离子电池,从 0 到 100km/h 的加速时间为 7.2s,最高车速为 150km/h,在一次充满电的情况下,续驶里程为 130～160km。宝马 i3 纯电动汽车电机如图 1-63 所示。

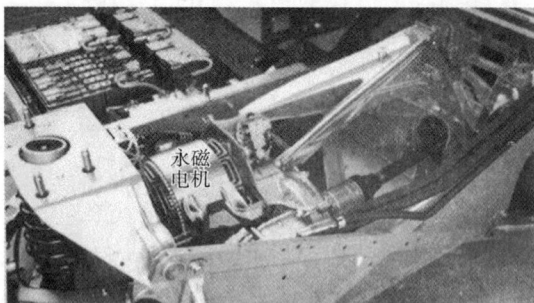

图 1-63　宝马 i3 纯电动汽车电机

(三)永磁同步电机的性能特点

永磁同步电机的功率因数大、效率高、功率密度大,是一种比较理想的驱动电机。但由于电磁结构中转子励磁不能随意改变,导致电机弱磁困难,调速特性不如直流电机。目前,永磁同步电机理论还不如直流电机和异步电机完善,还有许多问题需要进一步研究,主要有以下两个方面。

(1)电机效率。

永磁同步电机低速效率较低,如何通过设计降低低速损耗,减小低速额定电流是目前研究的热点之一。

(2)电机的弱磁能力。

永磁同步电机由于转子是永磁体励磁,随着转速的升高,电机电压会逐渐达到逆变器所能输出的电压极限。这时若想继续升高转速,只有靠调节定子电流的大小和相位、增加直轴去磁电流来等效弱磁提高转速。电机的弱磁能力大小主要与直轴电抗、反电动势大小有关,但永磁体串联在直轴磁路中,所以直轴磁路一般磁阻较大,弱磁能力较小,电机反电动势较大时,也会降低电机的最高转速。

由于永磁电机的转子上无绕组、无铜耗、磁通量小,在低负荷时铁损很小,因此,永磁电机具有较高的功率质量比,相比其他类型的电机有更高的效率、更大的输出转矩。转子电磁时间常数较小,电机的动态特性好,电机的极限转速和制动性能等都优于其他类型的电机。永磁电机的定子绕组是主要的发热源,其冷却系统相对比较简单。

由于永磁电机的磁场产生恒定的磁通量,随着电流的增加,电机的转矩与电流成正比增加,因此基本上拥有最大的转矩。随着电机转速的增加,电机功率也增加,同时电压也随之增加。在电动汽车上,一般要求电机输出功率保持恒功率,即电机输出功率不随转速增加而变化,这就要求在电机转速增加时,电压保持恒定。

一般电机可以用调节励磁电流来控制。但永磁电机磁场的磁通量调节比较困难,因此需要采用磁场控制技术来实现。这使永磁电机的控制系统变得更复杂,且增加了成本。

永磁材料在受到振动、高温和过载电流作用时,可能会使得永磁材料的导磁性能下降或发生退磁现象。这会降低永磁电机的性能,严重时还会损坏电机,在使用中必须严格控制其不发生过载。永磁电机在恒功率模式下,操纵较为复杂,永磁电机和三相异步电机同样需要一套复杂的控制系统,从而使得永磁电机控制系统的造价也很高。最新研制和开发的混合励磁永磁同步电机的控制性能得到很大的改进。

永磁同步电机的驱动特性如图 1-64 所示,可以看出永磁无刷同步电机的恒转矩区比较长,一直延伸到电机最高转速的 50% 处左右,这对提高汽车的低速动力性能有很大帮助,电机最高转速较高,能达到10000r/min。永磁无刷同步电机功率密度高、调速性能好、在宽转速范围内运行效率高(90% ~ 95%),是理想的电动汽车驱动电机之一。它的主要缺点是电机造价较高、永磁材料会有退磁效应、抗腐蚀性差,而且永磁材料磁场不可变,若想增大电机的功率,其体

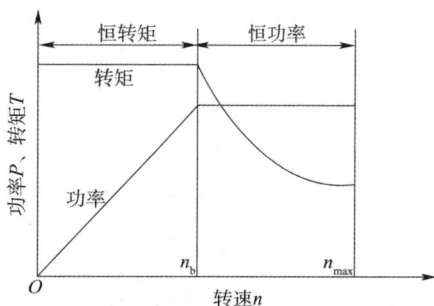

图 1-64 永磁同步电机的驱动特性

积会变得很大。随着稀土永磁材料的开发和应用,永磁无刷电机的性能有了很大的提高,是未来最有发展前景的驱动电机之一。

电动汽车运行于较宽的负载和转速范围及复杂的路况下,必须确保其在恶劣路面及气候、在大幅度变化的交通状况下整体性能优异、高效和可靠,因此,电动汽车的电机及其控制与传统的电机及其控制相比,必须满足如下特殊要求:

(1)高的短时功率、转矩密度和宽调速范围,低速(恒转矩区)运行应能够提供大转矩,以满足起动、爬坡等要求,能够提供高转速,以满足汽车高速行驶及超车的要求。

(2)在整个运行范围内具有高效率,目的是增加电动汽车一次充电的行驶距离。

(3)有较强的过载能力、快速的动态响应及良好的加速性能,目的是适应路面变化及频繁起动和减速制动等复杂运行工况。

(4)可靠性高、质量轻、体积小、成本合理。电动汽车的性能指标主要包括:静加速度、经济车速、最高车速、爬坡度、续驶里程。设计电动汽车用永磁同步电机,必须首先对电动汽车不同运行工况进行正确的受力分析及能量转换分析,以此确定驱动电机的性能指标。

二、任务实施

本操作任务主要是完成对永磁同步电机铭牌参数和结构的认知。

(一)工作准备

(1)防护装备:常规实训装备。

(2)车辆、台架、总成:荣威 Ei5 纯电动汽车驱动电机。

(二)实施步骤

荣威 Ei5 驱动电机系统是纯电动汽车三大核心部件之一,是汽车行驶的主要执行机构,其特性决定了汽车的主要性能指标,直接影响汽车动力性、经济性和用户的驾乘感受。

1.永磁同步电机铭牌参数认知

(1)驱动电机主要铭牌参数指标,如图 1-65 所示。

(2)驱动电机具有效率高、体积小、质量轻及可靠性高等优点。

(3)驱动电机是动力系统的重要执行机构,是电能与机械能转化的部件。

(4)驱动电机自身的运行状态等信息可以被采集到驱动电机控制器。

(5)驱动电机依靠内置传感器来提供电机的工作信息,这些传感器包括:旋转变压传感器、温度传感器。

2.永磁同步电机零部件认识

(1)定子,如图 1-66 所示。

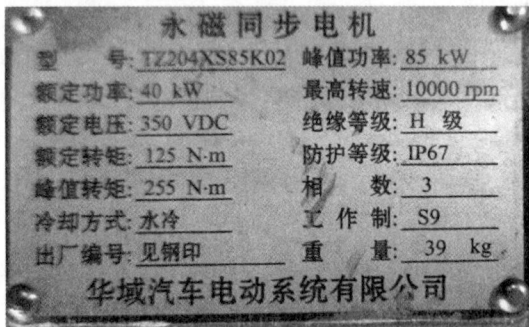

图 1-65 驱动电机铭牌

图 1-66 定子

(2)转子,如图 1-67 所示。

(3)低压连接器端子,如图 1-68 所示。

图 1-67 转子结构示意图

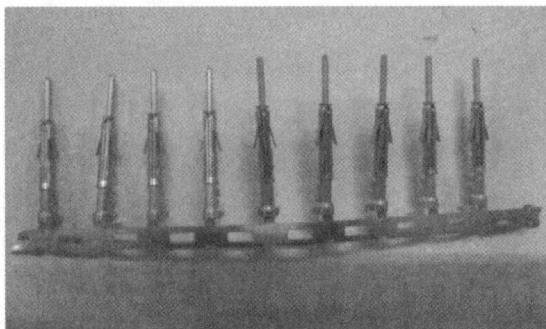

图 1-68 低压连接器端子

(4)支架组件,如图 1-69 所示。

(5)接线盒盖板 1,如图 1-70 所示。

(6)接线盒盖板 2,如图 1-71 所示。

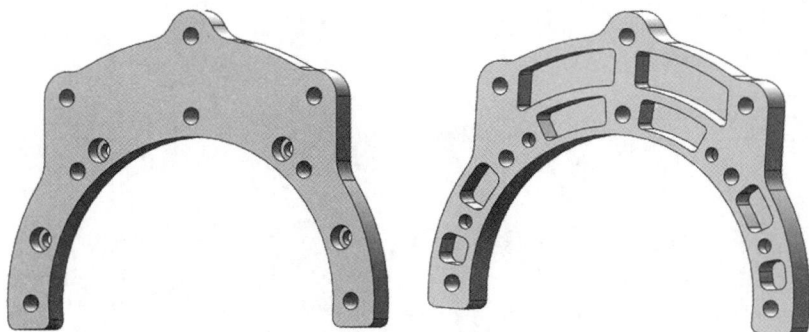

图 1-69 支架组件

图 1-70 接线盒盖板 1

图 1-71 接线盒盖板 2

（7）引出线组件 1，如图 1-72 所示。

（8）引出线组件 2，如图 1-73 所示。

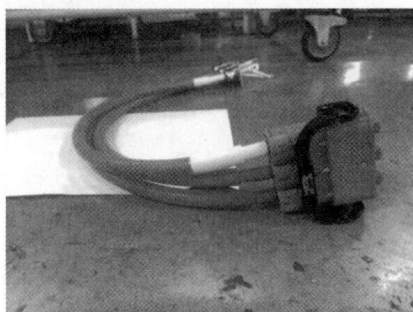

图 1-72 引出线组件 1

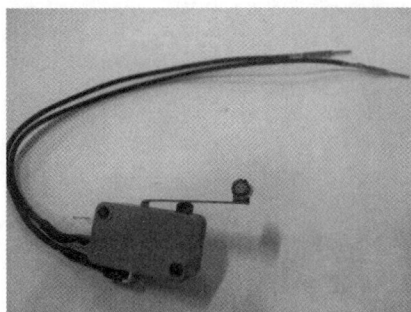

图 1-73 引出线组件 2

（9）接线板组件，如图 1-74 所示。

（10）接线盒，如图 1-75 所示。

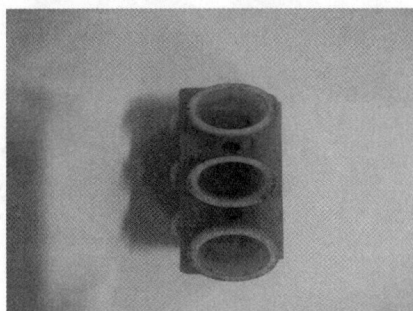

图 1-74 接线板组件

图 1-75 接线盒

（11）密封垫片，如图 1-76 所示。

（12）外接水嘴，如图 1-77 所示。

图 1-76　密封垫片

图 1-77　外接水嘴

（13）O 形密封圈 1，如图 1-78 所示。

（14）连接器，如图 1-79 所示。

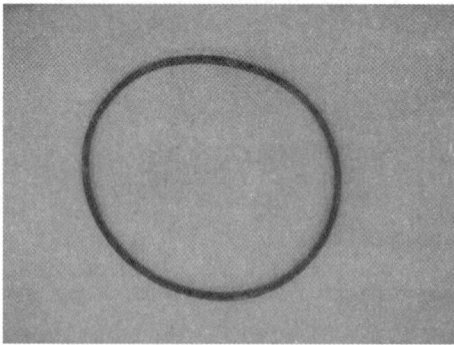

图 1-78　O 形密封圈 1

图 1-79　连接器

（15）接插件扳手锁扣，如图 1-80 所示。

（16）接插件锁扣，如图 1-81 所示。

图 1-80　接插件扳手锁扣

图 1-81　接插件锁扣

（17）O 形密封圈 2，如图 1-82 所示。

（18）低压插座,如图 1-83 所示。

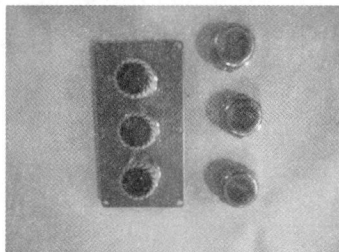

图 1-82　O 形密封圈 2

图 1-83　低压插座

任务 3　交流异步电机的结构认知

任务描述

交流异步电机又称交流感应电机,是由气隙旋转磁场与转子绕组感应电流相互作用产生电磁转矩,从而实现将电能转换为机械能的一种交流电机。异步电机成本低、可靠性好,交流异步电机是各类电机中应用最广、需求量最大的一种。你的主管让你向其他的机电维修技师介绍交流异步电机的拆装流程,你能完成这个任务吗?

一、知识准备

(一) 交流异步电机的基本结构

交流异步电机通常按转子结构和定子绕组相数进行分类。按转子结构来分,可分为笼形和绕线型;按定子绕组相数来分,则分为单相和三相。在新能源汽车中,笼形交流异步电机应用较为广泛,具有结构简单且坚固、制造成本低、维护方便等优点。

和所有旋转电机的结构一样,交流异步电机是由静止的定子和可以旋转的转子组成,定子和转子之间为气隙,交流异步电机的气隙一般为 0.5 ~ 2.0mm,气隙的大小对交流异步电机的性能有很大影响。笼形交流异步电机的基本结构如图 1-84所示。

图 1-84　笼形交流异步电机简图

1. 定子

定子是用来产生旋转磁场的部分,交流异步电机的定子主要由定子铁芯、定子绕组和机座三部分组成。

（1）定子铁芯。

定子铁芯主要是作为电动机主磁路的一部分，同时具有嵌放定子绕组的作用，为了降低铁损耗，定子铁芯一般由 0.35～0.50mm 厚、表面涂有绝缘漆的硅钢片叠压而成。在铁芯的内圆有均匀分布的槽，用以嵌放定子绕组。定子铁芯槽型分为三种：开口槽、半开口槽和半闭口槽。其中，开口槽用于大、中型容量的高压异步电机；半开口槽用于中型容量以下的异步电机；半闭口槽，用于小型容量的低压异步电机。

（2）定子绕组。

定子绕组是电机的电路部分，通入三相交流电，其作用是吸收电功率和产生旋转磁场。定子绕组由三个在空间上互隔 120° 对称排列、结构完全相同的绕组（每个绕组为一相）组成，根据需要连接成丫形或△形。

对于大、中型容量的高压异步电机，定子绕组常采用丫形接法，只有 3 根引出线，如图 1-85 所示。对中、小型容量的低压异步电机，通常把定子三相绕组的 6 根出线头都引出来，根据需要可接成 Y 形或△形。定子绕组用绝缘的铜（或铝）导线绕成，放在定子槽内。

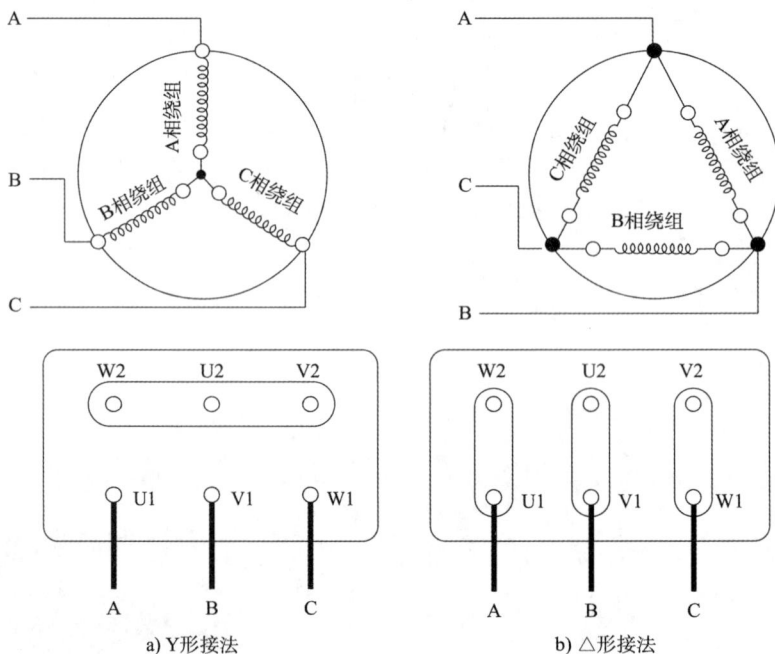

a) Y形接法　　　　　　　　　　b) △形接法

图 1-85　定子绕组接法

（3）机座。

机座主要用于固定定子铁芯和前、后端盖，支撑转子并起到防护和散热等作用，一般不作为工作磁路的组成部分。大多数机座采用铸铁铸造而成，大型容量的异步电机机座采用钢板焊接而成，微型异步电机机座多采用铸铝或塑料制成。根据电机的防护方式、冷却方式和安装方式的不同，机座的样式也不尽相同。

2. 转子

交流异步电机的转子包括转子铁芯和转子绕组。

（1）转子铁芯。

转子铁芯是电机磁路的一部分，它由 0.5mm 厚的硅钢片叠压而成。铁芯固定在转轴或转子支架上，整个转子的外表呈圆柱形。

（2）转子绕组。

转子绕组分为笼形和绕线形两类。

①笼形绕组。

笼形绕组是一个自己短路的绕组。在转子铁芯的每个槽里嵌放一根导体，在铁芯的两端用端环连接起来，形成一个短路的绕组。如果把转子铁芯拿掉，则可看出，笼形绕组剩下来的绕组形状像个松鼠笼子，因此又称鼠笼转子，如图 1-86 所示。其中，导条的材料用铜或铝制成。

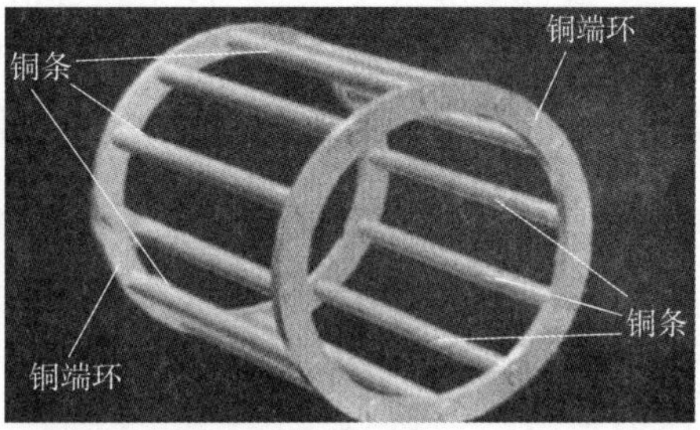

图 1-86 鼠笼转子

②绕线形绕组。

绕线形绕组的槽内嵌放用绝缘导线组成的三相绕组，一般都连接成丫形。转子绕组的 3 条引线分别接到 3 个集电环上，用一套电刷装引出来，就可以把外接电阻串联到转子绕组回路，以改善电机的起动性能或调节电机的转速。

与笼形转子相比较，绕线形转子结构复杂、价格较高，主要应用于起动电流小、起动转矩大或需平滑调速的场合。

（二）异步电机的工作原理

1.定子旋转磁场的产生

异步电机工作时，由定子、转子共同建立磁场，并与转子绕组的感应电流相互作用产生电磁力，从而形成电磁转矩。电磁转矩克服负载转矩输出机械能，因此异步电机实现了电能到机械能的能量转换。

异步电机能够正常工作必须满足两个基本条件：电机的定子、转子磁动势必须能合成并在气隙内建立旋转磁场；转子转速必须小于气隙旋转磁场的转速，并且两者保持一定的差值，以保证转子与旋转磁场之间存在相对运行。

气隙旋转磁场也就是主磁场，其旋转速度与电源频率的关系为：

$$n_1 = 60f/P \tag{1-2}$$

式中：n_1——同步转速，r/min；

f——定子电源频率，Hz；

P——定子绕组的磁极对数。

特别指出，异步电机的空载气隙磁场是由定子绕组的交流磁动势建立的。

给异步电机通入对称的三相交流电时，将会产生一个旋转的气隙磁场，其中通过气隙到达转子的磁场称为主磁场，只通过定子绕组就形成闭合回路，未能到达转子的磁场称为定子漏磁场。该旋转磁场会同时切割定、转子绕组，这样在两个绕组内会产生相应的感应电动势。由此可见，在这种情况下，整个气隙磁场全部是由定子绕组内的三相对称电流产生，因此,定子磁动势又称为励磁磁动势,定子电流也称为励磁电流。由于定子绕组的三相交流电是完全对称的,三相交流电与旋转磁场的对应关系如图 1-87 所示。图中 × 表示电流流入,·表示电流流出,用右手定则判断磁场方向。图 1-87a) 为 0 时刻磁场方向,此时磁场为上 N 下 S;图 1-87b) 为 $\omega t = 2/3\pi$(即 120°)时磁场方向,相对于图 1-87a) 磁场顺时针旋转了 120°;同理,图 1-87c) 所示为磁场顺时针旋转了 240°,图 1-87d) 所示为磁场旋转了一周,回到了 0 时刻的位置。

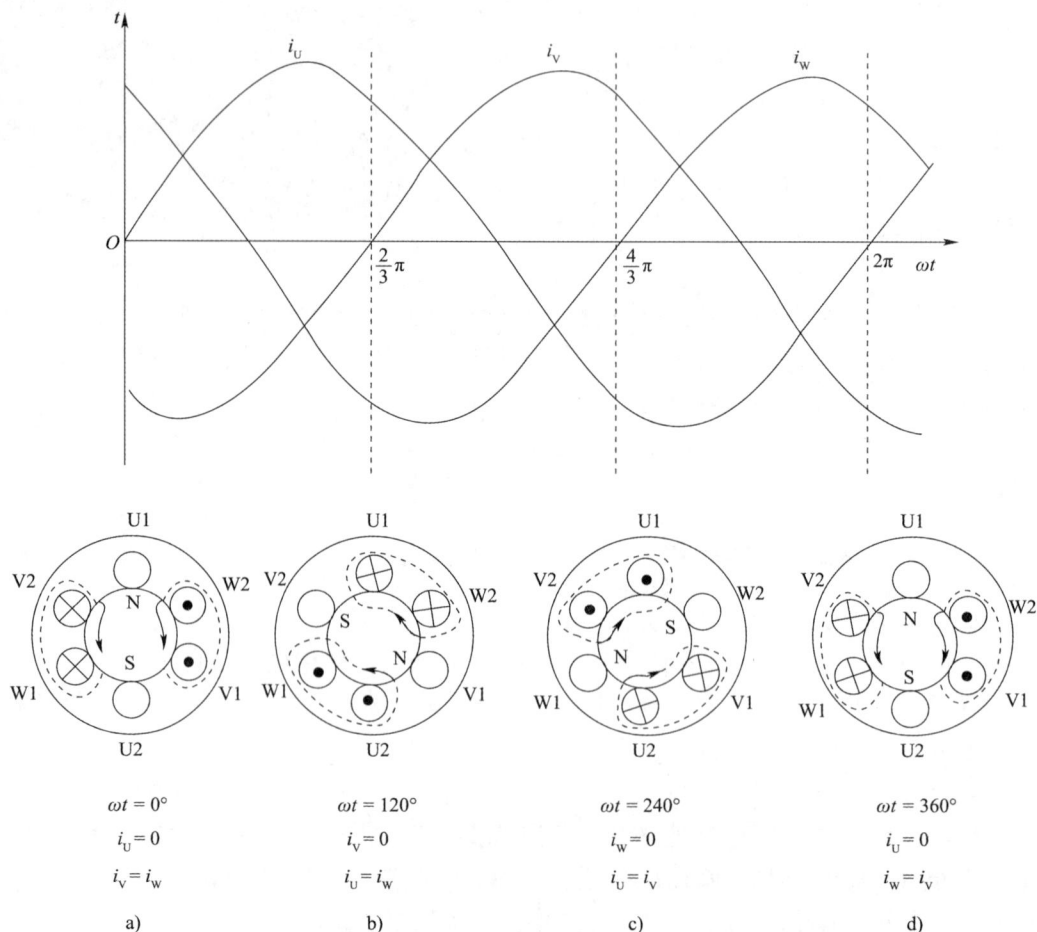

图 1-87　三相交流电与旋转磁场的对应关系

旋转磁场的转速与通入正弦交流电的频率有关,当通入 50Hz 频率交流电时,单极电机磁场转速为 3000r/min。当通入不同频率的交流电时,电机转速也不同,频率越高转速越快,频率越低转速也越慢,这也是电动汽车车速控制的基本原理。

定子所接三相电源中任意两相交换,则磁场反向旋转,具体分析与图 1-87 的分析过程相同,这满足了电动汽车倒车时的控制要求,省略了传统燃油汽车的齿轮换向机构,简化了系统结构,提高了系统可靠性。

2. 工作原理分析

异步电机定子绕组接通三相交流电源后,电机内便形成圆形旋转磁场,如图 1-88 中 n_1。

若转子不转,鼠笼转子导条(即转子绕组)与旋转磁场有相对运动,导条中有感应电动势,方向由右手定则确定。由于转子导条彼此在端部短路,于是导条中有电流,不考虑电动势与电流的相位差时,电流方向与电动势方向相同。这样,导条就在磁场中受力,用左手定则确定受力方向,由图 1-88 可知为顺时针旋转方向。

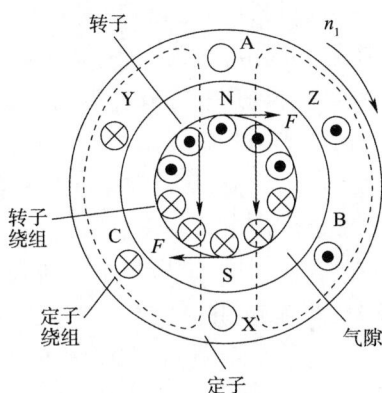

图 1-88 异步电机工作原理

转子受力,产生转矩,为电磁转矩,方向与旋转磁动势方向相同,转子便在该方向上旋转起来。转子旋转后,转速为 n,只要 $n < n_1$(n_1 为定子旋转磁场同步转速),转子导条与磁场仍有相对运动,产生与转子不转时相同方向的电动势、电流及受力,电磁转矩仍为顺时针方向,转子继续旋转,稳定运行。

由异步电机的工作原理可如,异步电机稳定运行时,转子转速 n 不能等于旋转场的同步转速 n_1,转差转速 $\Delta n = n_1 - n$,转差转速 Δn 与同步转速之比为异步电机的转差率,用 s 表示,即:

$$s = \Delta n / n_1 = n_1 - n / n_1 \tag{1-3}$$

转差率是异步电机的一个重要参数,正常运行时异步电机转子转速接近于同步转速 n_1,转差率一般为 0.01 ~ 0.05。

异步电机工作原理总结如下:

(1)均匀分布的定子绕组通入三相正弦交流电,在定子绕组中产生旋转磁场,即同步转速。

(2)旋转磁场切割转子绕组,在转子绕组中产生感应电动势和感应电流。

(3)转子感应电流仍处于定子绕组的旋转磁场当中,必定受到磁场力的作用,产生力矩使转子转动。

(4)电机转子转速始终小于定子同步转速,保证旋转磁场始终对转子绕组进行切割,转子上持续产生感应电流,转子绕组持续受到磁场力的作用,保证电机连续运转。

(三)异步电机的控制

交流异步电机控制系统的主要作用是为电机提供变压、变频电源,同时其电压和频率能够按照一定的控制策略进行调节,以使驱动系统具有良好的转矩-转速特性。交流异步电机的控制比直流电机要复杂得多,交流异步电机转速控制的基本方程为:

$$n = n_s(1 - s) = 60f(1 - s)/P \tag{1-4}$$

式中:n——电动机转子转速;

n_s——同步旋转磁场转速;

s——转差率;

P——磁极对数;

f——电源频率。

通过式(1-4)可知,改变 s、P 和 f 可以调节电机转速,因此可以将交流异步电机的基本调速方式相应分为三种:调压调速、变极调速和变频调速。改变异步电机输入电源的电压,从而进行调速的方式称为调压调速,是一种变转差率调速方式;改变异步电机的磁极对数,从而改变同步旋转磁场转速进行调速的方式称为变极调速,其转速阶跃变化;改变异步电机输入电源频率,从而改变同步磁场转速的调速方式称为变频调速,其转速可以均匀变化。对于交流异步电机调速控制,一般采用控制多种变量的方法。目前高级的控制策略和复杂的控制算法(如自适应控制、变结构控制和最优控制等)已经得以使用,具有快速响应、高效率和宽调速范围的优势。

为了实现交流异步电机的理想调速控制,许多新的控制方法被应用到异步电机驱动系统中,其中较为成功的是变压变频(VVVF)控制、矢量控制(FOC)、直接转矩控制(DTC)。传统的变压变频控制由于其动态模型的非线性不能使电机满足所要求的驱动性能,而矢量控制可以克服由于非线性带来的控制难度,能在线准确辨识出电机的参数,控制性能非常优越。目前随着微处理器性能的不断提高,国内外已经推出了多种型号的基于矢量控制的控制器,控制性能已基本满足汽车的动力性要求。

1. 交流异步电机的起动

将三相异步电机接入电源,电机由静止不动,到达至稳定转速,运行中间所经历的过程称为起动。在刚接入电源的一瞬间,电机转速 $n=0$,此时旋转磁场与转子之间相对运动速度最大。转子绕组中产生的感应电动势和感应电流最大,定子电流也最大,通常为额定电流的 $4\sim7$ 倍。如果电机不是频繁起动就不会有热量的积累,对电机本身没有多大的影响。

但是,过大的起动电流会对供电线路有一定的影响。因为过大的起动电流会在线路上产生较大的电压降,降低了电网供电的电压,使同一供电系统上的其他电气设备不能正常工作。如工作在同一电源的其他异步电机,由于电磁转矩与电压平方成正比,电压的降低会减小它们的转速,增大其电流,甚至会使电磁转矩小于负载转矩而造成电机意外停转。

另外在刚起动时,虽然起动电流大,但由于 $s=1$,转子感抗大,这使转子功率因数较小,所以起动转矩并不大,不能带动较大的负载起动。可见异步电机起动时存在着起动电流大起动转矩小的问题。因此常采用不同的起动方法来改善电机的起动性能。

(1)直接起动。

通过开关或接触器将电机直接接入电源的起动方法称为直接起动。这种起动方法简单、容易实现,但是否允许电机直接起动,取决于电机容量和供电电源容量之间的比例。

在以下几种情况下,一般可以采用直接起动的方法:若电机的电源是在具有独立变压器供电的情况下,对于不经常起动的三相异步电机,其功率不能超过电源容量的30%;对于频繁起动的异步电机,其功率不应超过电源容量的20%;如果没有独立变压器供电,异步电机直接起动时所产生的电压降不应超过额定电压的5%。

(2)降压起动。

对于不允许直接起动的电机,可以采用降压起动的方法,以减小起动电流。降压起动就是在起动时,降低加在定子绕组上的电压。待电机的转速接近额定值时,再将定子绕组的电压恢复到额定值,使电机进入正常运行状态。

由于三相异步电机的起动转矩与电源电压平方成正比,在降低起动电压限制起动电流的同时,也大大降低了起动转矩。因此降压起动的方法只适用于电机的轻载或空载起动。降压起动有星形—三角形(丫—△)转换降压起动、定子串自耦变压器降压起动和定子串电阻降压起动三种。

这样在起动时,就能将定子每相绕组上的电压降到正常工作电压的1/J3。显然这种方法只适用于6个接线端子均可用,且正常工作时定子绕组为三角形连接的三相异步电机。

(3)软起动。

软起动器以电子和可控硅为基础,是一种集电机软起动、软停车、轻载节能和多种保护功能于一体的新型电机控制装置。软起动器采用相反并联晶闸管作为调压器,将其接入电源和电动机定子之间。软起动有在线型和旁路型两种接线方式。在线型是指起动完毕,不需要交流接触器旁路,直接带电工作的方式,晶闸管长期在线运行,功耗太大会造成能源浪费、给电网带来高频谐波污染等。旁路型是为了延长起动器的使用寿命,使电网避免谐波污染,减少软起动器中的晶闸管发热损耗,在电机达到满速运行,用旁路交流接触器取代完成起动任务的软起动器。

(4)变频器起动。

变频器是把电压和频率固定不变的交流电变换为电压和频率可变的交流电的装置,主要由整流(交流变直流)、滤波、再次整流(直流变交流)、制动单元、驱动单元、监测单元、微处理单元等组成。整流器先将三相交流电变换为直流电,再由逆变器变换为频率和电压有效值可调的三相交流电,供给三相电机,使电机达到无级调速,具有较好的机械特性。

2.异步电机的调速

三相异步电机的调速方式有变频调速、变极调速和变转差率调速三种。

(1)变频调速。

变频调速是通过改变电机的电源频率进行调速。由于能连续改变电源频率f_1,所以速度的改变也是连续和平滑的。由异步电机的转速表达式可知,改变了定子电源频率f_1就可以改变旋转磁场的转速,从而改变电机的转速。

在忽略定子漏阻抗的情况下,异步电动机的感应电动势E_1近似等于电源电压U_1,即:

$$U_1 \approx E_1 = 4.44 f_1 N_1 \Phi K_1 \qquad (1\text{-}5)$$

式中:E_1——定子绕组的感应电动势有效值;

K_1——定子绕组的绕组系数,$K_1 < 1$;

N_1——定子每相绕组的匝数;

f_1——定子绕组感应电动势的频率,即电源的频率;

Φ——旋转磁场的主磁通。

由式(1-5)可知,若电源电压U_1不变,则磁通随频率而变。通常在设计电机时,为了充分利用铁芯材料,将磁通Φ的数值选择在接近饱和值上。因此,如果频率从额定值(工作频率为50Hz)往下调,磁通会增加,这将造成磁路过饱和,使励磁电流增加,铁芯过热,增加其损耗。如果频率从额定值往上调,会使磁通减小,造成电动机欠励磁,影响电机的输出转矩。为此,在调节电源频率f_1的同时要同步调节电源电压U_1的大小,以保持U_1/f_1值为恒定,从而维持磁通恒定不变。

但在实际应用中,由于受电机的额定电压值限制,在有的情况下不能保持 U_1/f_1 值为恒定,这样就出现了不同的变频调速控制方式。

异步电机变频调速的控制方式主要有保持 U_1/f_1 值恒定的恒转矩变频调速和恒功率变频调速。

①保持 U_1/f_1 值恒定的恒转矩变频调速是将频率 U_1 从额定值往下调(同时减小 U_1),由于频率减小,电机转速降低。在这种变频调速过程中,如果负载转矩不变,磁通又是恒定的,则转子电流不变,电机输出转矩也不变,故为恒转矩调速。这种保持磁恒定、输出转矩不变的变频调速机械特性如图 1-89a)所示。这种调速方法的机械特性较硬,即转速降较小,调速范围较宽,但低速性能较差。如果电源频率 f_1 能实现连续调节,就能实现无级变频调速。

②恒功率变频调速是将频率 f_1 从额定值向上调。由于一般不允许将电机的电源电压升高超过其额定值,因此在电源电压 U_1 不变的情况下,提高电源频率会使磁通 Φ 减小,输出转矩随之减小。对于恒功率负载,若电机转速升高,其输出转矩会减小,从而异步电机的电磁功率基本保持不变。这种恒功率变频调速方式的机械特性如图 1-89b)所示,它的机械特性较软,即转速降较大。这种调速方式也称为恒压弱磁变频调速。

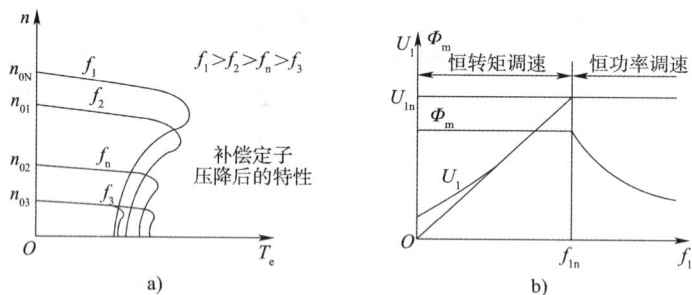

图 1-89 变频调速机械特性曲线

在实际应用中可根据不同负载采用不同的调速方式。通常恒转矩负载采用恒转矩调速方式,恒功率负载采用恒功率调速方式。

近年来,出现了一些新的控制方式,如矢量控制转矩和磁通直接控制等,可进一步改善变频调速器的调速性能,其详细介绍可查阅变频调速的相关资料。变频调速是一种理想的调速方式,既可实现连续调速,又能节能,但需要变频器,故成本较高。

(2)变极调速。

变极调速是通过改变异步电机定子旋转磁场的磁极对数来改变旋转磁场转速,从而改变电机的转速,来实现调速的。每当磁对数增加一倍,旋转磁场的转速就降低一半,转子转速也将降低一半,显然这种调速方法是有级调速。

改变异步电机的磁极对数是通过改变定子绕组的接线方式来实现的。现以四极变两极为例,说明变极调速原理。图 1-90 所示为一台四极三相异步电机定子 U 相绕组的接线图,图 1-91a)所示为 U 相绕组展开图,它是由两个等效集中线圈串联组成,连接顺序为 A_1—X_1—A_2—X_2,当 A_1—X_2 绕组有电流通过时,方向如图 1-90b)所示,根据右手定则,可以判断出定子旋转磁场有四个磁极,这时磁极对数 $P=2$。

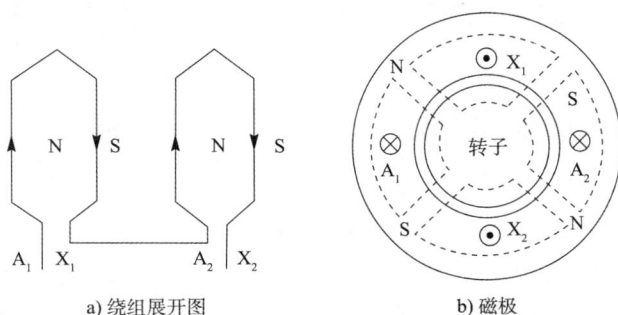

a) 绕组展开图　　　　　b) 磁极

图 1-90　变极调速 $P=2$

如将线圈连接顺序改为 A_1—X_1—X_2—A_2，如图 1-91a) 所示。当有电流通过绕组时，它产生的定子旋转磁场有两个磁极，如图 1-91b) 所示，这时磁极对数 $P=1$。

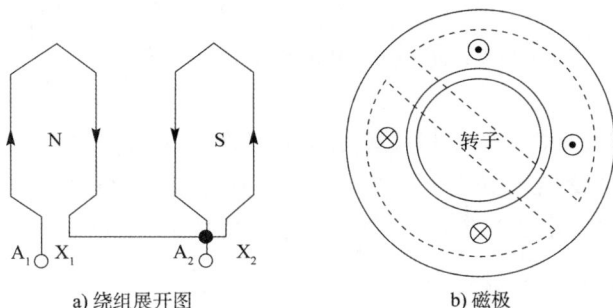

a) 绕组展开图　　　　　b) 磁极

图 1-91　变极调速 $P=1$

由以上可以看出，如果改变电机定子绕组中部分绕组的电流方向，则电机的磁极对数会成倍变化，从而使旋转磁场转速及转子转速也成倍变化。

通常，普通电机的极对数是不能改变的，为了达到变极调速的目的，人们研制出了可实现变极调速的电机，称为变极电机。这种电机调速方式简单、容易实现，但不能对转速实现连续调节。

（3）变转差率调速。

这种调速方式是在绕线型异步电动机的转子绕组中串联接入电阻，通过改变转差率实现调速。变转差率调速机械特性如图 1-92 所示。

变转差率调速原理是：设电机在额定转速下运行，

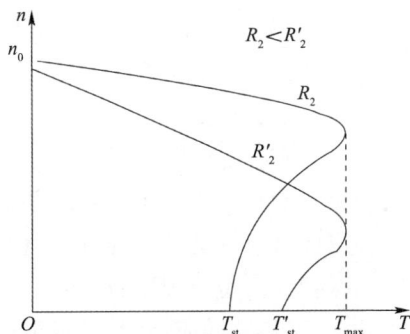

图 1-92　变转差率调速机械特性曲线

在增大转子电阻的瞬间转子电流减小，使电机输出的电磁转矩小于负载转矩，这将引起电机转速下降。转速下降则转差率增大，从而使转子中的感应电动势增大，转子电流和电磁转矩回升。直到电磁转矩与负载转矩重新相等，电机稳定运行。这种调速方法使转差率改变，故称为变转差率调速。

这种调速方法的特点是：旋转磁场转速不变，但其改变了机械特性运行段斜率，转子串入的电阻越大斜率越大（机械特性越软），随着负载转矩的增加，转速下降就越快，但最大转矩不变。这种调速方法设备简单,可实现连续调速,但在调速电阻上增加了能量损耗。

(四)异步电机工作特性分析

异步电机的工作特性是指在额定电压及额定频率下,电机的主要物理量(转差率、转矩、电流、效率、功率因数等)随输出功率变化的关系曲线。

1. 转差率特性

随着负载功率的增加,转子电流增大,故转差率随输出功率的增大而增大。

2. 转矩特性

转速的变换范围很小,从空载到满载,转速略有下降,异步电机转矩曲线为一个上翘的曲线(近似直线)。

3. 电流特性

空载时电流很小,随着负载电流增大,电机的输入电流增大。

4. 效率特性

铜耗随着负载的变化而变化(与负载电流的二次方正比),铁耗和机械损耗近似不变。效率曲线有最大值,可变损耗等于不变损耗时,电机达到最大效率。异步电机额定效率在74%~94%,最大效率发生在0.7~1.0倍的额定功率处。

(五)异步电机的特点及应用

交流异步电机具有以下性能特点。

(1)小型轻量化。

(2)易实现转速超过10000r/min的高速旋转。

(3)高转速低转矩运行效率高。

(4)低速时有高转矩输出,以及具有较宽的速度调节范围。

(5)高可靠性。

(6)制造成本低。

交流异步电机成本低且可靠性高,即使逆变器损坏,发生短路时也不会产生反电动势,不会出现紧急制动的可能性,因此广泛应用于大型高速的电动汽车上。三相笼形异步电机的功率容量覆盖面很广,从零点几瓦到几千瓦,可以采用强制风冷或液体冷却方式,冷却自由度高,对环境适应性强,并且能够实现能量回收,与相同功率的直流电机相比,效率较高,质量要减少一半左右。为了更好地满足以上要求,各大厂商均对交流异步电机进行了研究开发。一般情况下将其作为新能源汽车专用的电机。由于安装条件是受限制的,而且要求小型轻量化,因而电机在10000r/min以上高速运转时,大多采用一级齿轮减速器实现减速。此外由于振动等恶劣的工作环境,电机在低转速下需要高转矩,并且要求在较宽的速度范围内具有恒功率输出特性,所以新能源汽车用交流异步电机与一般工业用电机不同,在设计上采用了各种新技术、新方法。出于对工作环境的考虑,驱动电机大多采用全封闭式结构,为了框架、底座的轻量化,采用压铸铝的方式制造,也有采用将定子铁芯裸露在外表的无框架结构,而且为了实现小型轻量化,冷却方式大多采用水冷式。由于高速运转时频率升高,引起铁损坏增大,因此希望减少电动机的极数,一般采用2极或4极,但采用2极时,线端部的接线变长,故采用4极的情况更多些。此外,为了减少铁损坏,交流异步电机普遍采用了具有良好导磁性的电磁钢板。

交流异步电机由于成本低、坚固耐用、速度范围宽等特点,适合用于新能源汽车,目前采用交流异步电机驱动系统的车辆主要有美国通用公司的 EV-1 型电动汽车,福特公司生产的电动汽车以及特斯拉电动汽车等。

二、任务实施

本操作任务主要是完成对异步电机的拆装。

(一)工作准备

(1)准备好拆卸工具,特别是拆卸对轮的拉拔器、套筒等专用工具。

(2)布置检修现场。

(3)了解待拆电机结构及故障情况。

(4)拆卸时做好相关标记:

①标出电源线在接线盒中的相序。

②标出机座在基础上的位置,整理并记录好机座垫片。

③拆卸端盖、轴承、轴承盖时,记录好哪些属于负荷端,哪些属于非负荷端。

(5)拆除电源线和保护搭铁线,测定并记录绕组对地绝缘电阻。

(6)把电机拆离基础,运至检修现场。

(二)实施步骤

1. 电机大修时检查项目

(1)检查电机各部件有无机械损伤,若有,则应作相应修复。

(2)解体电机,将所有油泥、污垢清理干净。

(3)检查定子绕组表面是否变色,漆皮是否有裂纹,绑线垫块是否松动。

(4)检查定子、转子铁芯有无磨损和变形,通风道有无异物,槽楔有无松动或损坏。

(5)检查转子端环、风扇有无变形、松动裂纹。

(6)使用外径千分尺和内径千分尺分别测量轴承室、轴颈,对比文件包内标准是否合格。

2. 交流异步电机的拆卸

(1)对轮的拆卸,如图1-93所示。

(2)端盖的拆卸,如图1-94所示。

(3)抽出转子。

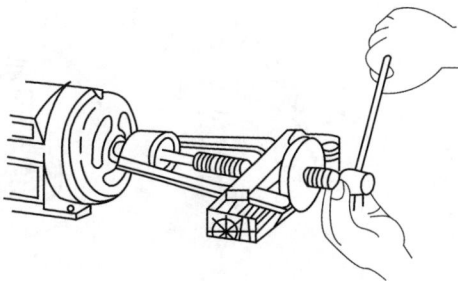

图 1-93 对轮的拆卸

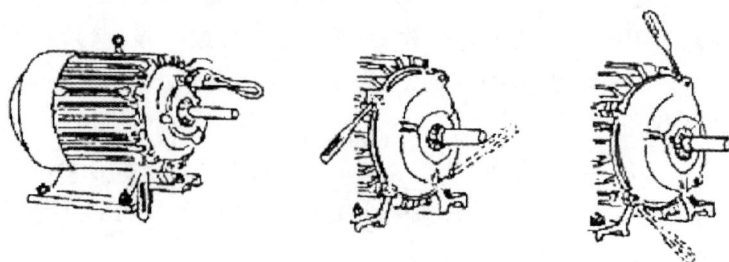

图 1-94　端盖的拆卸

（4）拆卸轴承，如图 1-95 所示。

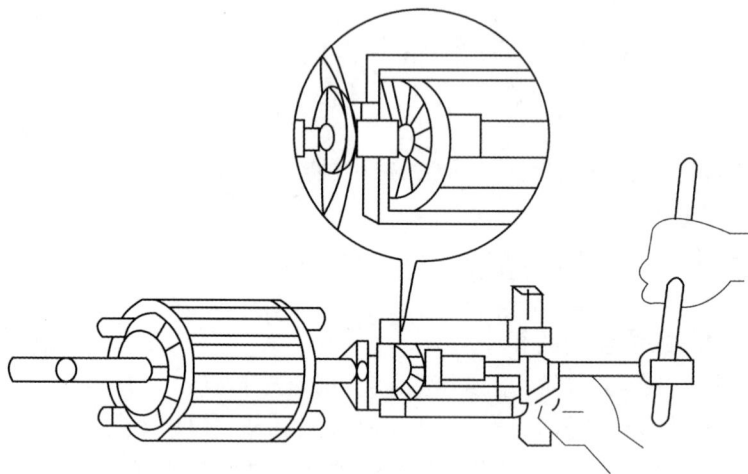

图 1-95　轴承的拆卸

3. 电机的装配

（1）轴承安装前工作。

①装配前应先检查轴承滚动件是否转动灵活，转动时有无异响、表面有无锈迹。

②应将轴承内防锈油清洗干净，并防止有异物遗留在轴承内。

（2）轴承的安装。

①对于轴伸在 50mm 以下的轴承可以使用直接安装方法，如使用铜棒敲击轴承内套将轴承砸入，或使用专用的安装工具，如图 1-96 所示。

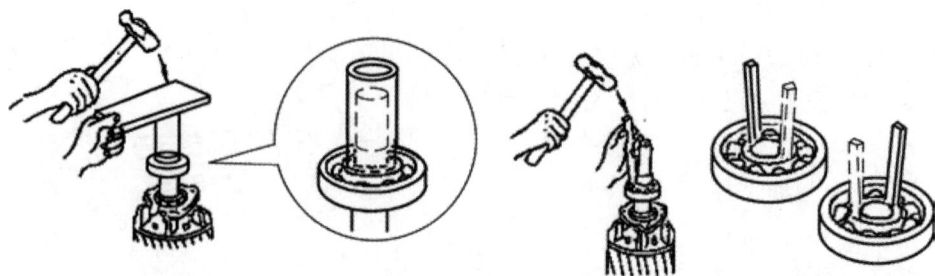

图 1-96　轴承的安装步骤图

②轴伸在 50mm 以上的轴承可以使用加热法,包括专业的轴承加热器或电烤箱等,但温度必须控制在 100℃ 以下,防止轴承过火。

③轴承安装完毕必须检查是否安装到位,且不能立即转动轴承,防止将滚珠磨坏。

（3）后端盖的装配。

①按拆卸前所作的记号,转轴短的一端是后端。后端盖的凸耳外沿有固定风叶外罩的螺钉孔。装配时将转子竖直放置,将后端盖轴承座孔对准轴承外圈套,然后一边使端盖沿轴转动,一边用木榔头敲打端盖的中央部分。如果用铁锤,被敲打面必须垫上木板,直到端盖到位为止,然后套上后轴承外盖,旋紧轴承盖紧固螺钉。

②按拆卸所作的标记,将转子放入定子内腔中,合上后端盖。按对角交替的顺序拧紧后端盖紧固螺钉。注意边拧螺钉,边用木榔头在端盖靠近中央部分均匀敲打,直至到位。

（4）前端盖的装配。

将前轴内盖与前轴承按规定加好润滑油,参照后端盖的装配方法将前端盖装配到位。装配时先用螺钉旋具清除机座和端盖止口上的杂物,然后装入端盖,按对角顺序上紧螺栓,装配步骤如图 1-97 所示。

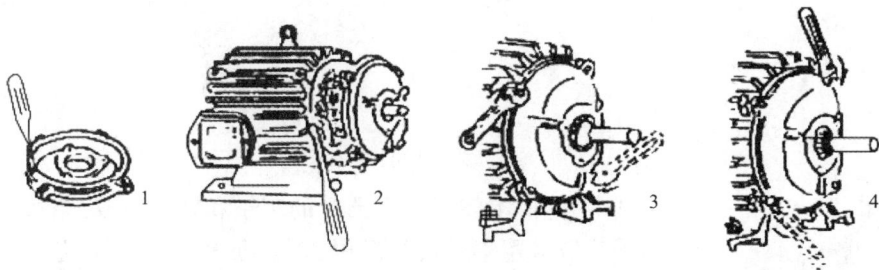

图 1-97　前端盖的装配步骤图

任务4　开关磁阻电机的结构认知

任务描述

开关磁阻电机（Switched Reluctance Motor）具有结构简单、坚固、成本低、工作可靠、控制灵活、运行效率高、适于高速与恶劣环境运行等优点,由其构成的开关磁阻传动系统（Switched Reluctance Drive, SRD）具有交、直流传动系统所没有的优点,因此,世界各国对 SRD 接受和感兴趣的程度呈逐年上升趋势,现已形成了理论研究与实际应用并重的发展态势。SRD 融开关磁阻电机、功率变换器、控制器与位置检测器为一体,其性能改善不能一味地依靠优化开关磁阻电机与功率变换器设计,而必须借助先进控制策略的手段,从 20 世纪 80 年代开关磁阻电机问世至今,在开关磁阻电机控制方面已涌现出大量先进的控制思想,并取得了很多实用的成果。

一、知识准备

(一) 开关磁阻电机结构及工作原理

1. 开关磁阻电机的结构

开关磁阻电机是一种新型电机,由电机本体、机座、前端盖、后盖、风扇、轴承、连接盒等组成,如图 1-98 所示。

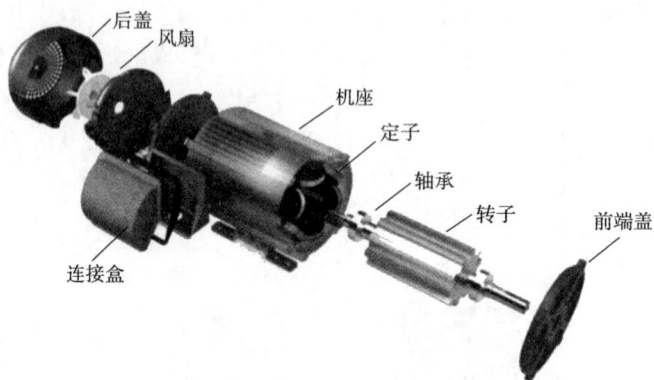

图 1-98 开关磁阻电机结构图

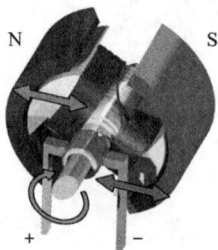

图 1-99 开关磁阻电机一相
绕组结构示意图

其中,电机本体是由双凸极的定子和转子组成,单边励磁,即只有定子凸极采用集中绕组励磁,而转子凸极上既无绕组,也无永磁体;定子、转子的凸极均由普通的硅钢片叠压而成。定子绕组径向相对的两个绕组串联成一个两级磁极,称为"一相",其结构如图 1-99 所示。

目前应用较多的是三相 6/4 极结构和四相 8/6 极结构。开关磁阻电机定子、转子结构如图 1-100 所示,开关磁阻电机实物如图 1-101 所示。

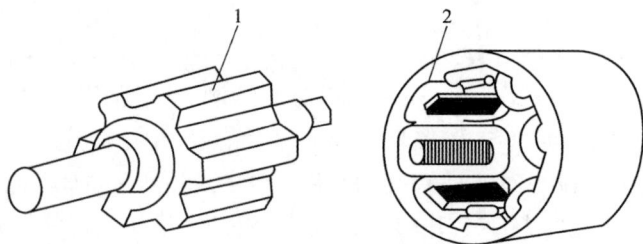

图 1-100 开关磁阻电机的定子和转子结构
1-转子;2-定子

三相 6/4 极开关磁阻电机表示电机定子有 6 个凸极、转子有 4 个凸极,在定子相对称的两个凸极上的集中绕组互相串联,构成一相,其中,相数 = 定子凸极数/2。

转子上没有绕组,定子上有 6 个凸极的开关磁阻电机称为三相开关磁阻电动机,定子上有 8 个凸极的开关磁阻电机称为四相开关磁阻电动机。

开关磁阻电机可以设计成多种不同的相数结构,且定子、转子的极数有多种不同的搭配,可以设计成单相、两相、三相、四相及多相等不同相数结构,低于三相的开关磁阻电机一般没有自起动能力。开关磁阻电机相数越多,步进角越小,运转越平稳,有利于减小转

图 1-101　开关磁阻电机实物图

矩脉动,但会导致结构复杂,以致主开关器件增多和成本增加。低于三相的开关磁阻电机通常没有自起动能力。目前应用较多的是三相、四相和五相结构。

2. 开关磁阻电机控制系统的结构

开关磁阻电机的控制系统可以分为三部分,主要由功率变换器、控制器和转子位置传感器组成。每个部分所起到的作用都是不一样的,因此所发挥的效果也有所不同。

(1)功率变换器。

开关磁阻电机的励磁绕组,无论通过正向电流或反向电流,其转矩方向不变,每相只需要一个容量较小的功率开关管,功率变换器电路较简单,不会出现直通故障,可靠性好,易于实现系统的软启动和四象限运行,具有较强的再生制动能力。成本较异步电机的逆变器控制系统要低。

(2)控制器。

控制器由微处理器、数字逻辑电路等元件组成。微处理器根据驾驶员输入的命令,同时对位置检测器、电流检测器所反馈的电机转子位置,进行分析、处理,并在瞬间做出决策,发出一系列执行命令,来控制开关磁阻电机适应电动汽车不同条件下运行。控制器性能好坏和调节的灵活性,取决于微处理器的软件和硬件的性能配合关系。

(3)转子位置传感器。

开关磁阻电机需要高精度的位置检测器,来为控制系统提供电机转子的位置、转速和电流的变化信号,并要求有较高的开关频率以降低它的噪声。

3. 开关磁阻电机工作原理

开关磁阻电机的工作原理与永磁同步电机工作原理类似。但是,开关磁阻电机工作过程并不是基于两个相互作用的磁场,而是只有一个磁场,就像磁铁与铁之间的作用一样,当用磁铁靠近铁时,两者之间会产生吸引力。开关磁阻电机的转子就是用一块精炼的钢材制作而成的,定子是用线圈绕组制成的电磁铁,当定子以正确的顺序打开和关闭时,转子就会转动,即定子按顺序打开和关闭从而使得转子旋转,这也是开关磁阻电机命名的原因。以上就是开关磁阻电机的基本工作原理,与其他类型的电机相比,开关磁阻电机的工作原理更加简单。

以 12/8 极三相开关磁阻电机为例,图 1-102 所示为该电机的横切面和一相电路的原理示意图,S1、S2 是电子开关,VD1、VD2 是二极管,US 是直流电源。它的定子和转子为双凸极结构,极数互不相等,定子绕组可根据需要采用串联、并联或串并联结合的形式在相应的极上得到径向磁场,转子由硅钢片叠片构成、无绕组,转子带有位置检测器以提供转子位置信号,使定子绕组按一定的顺序通断,保持电机的连续运行。电机磁阻随着转子磁极与定子磁极的中心线对准或错开而变化,因为电感与磁阻成反比,当转子磁极在定子磁极中心线位置时,相绕组电感最大,当转子极间中心线对准定子磁极中心线时,相绕组电感最小。

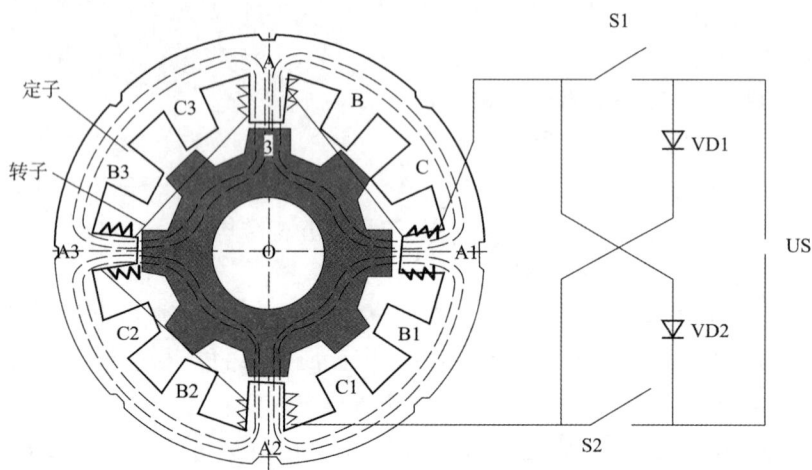

图 1-102　12/8 极三相开关磁阻电机原理示意图

当定子 A 相磁极轴线 OA 与转子磁极轴线 Oa 不重合时,如图 1-103 所示,开关 S1、S2 闭合,A 相绕组通电,电机内建立起以 OA 为轴线的径向磁场,磁通通过定子轭、定子极、气隙、转子、转子轭等处闭合。通过气隙的磁力线是弯曲的,此时磁路的磁导小于定、转子磁极轴线重合时的磁导,因此,转子将受到气隙中弯曲磁力线切向磁拉力产生的转矩作用,使转子逆时针方向转动,转子磁极的轴线 Oa 向定子 A 相磁极轴线 OA 趋近。

当 OA 和 Oa 轴线重合时,如 12/8 极三相开关磁阻电机原理示意图,转子已达到平衡位置,即当 A 相定、转子极对极时,切向磁位力消失,转子不再转动。此时断开 A 相开关 S1、S2,闭合 B 相开关,建立以 B 相定子磁极为轴线的磁场,电机内磁场沿顺时针方向转过 30°,转子在磁场磁拉力的作用下继续沿着逆时针方向转过 15°,转子磁极的轴线 Ob 向定子 B 相磁极轴线 OB 趋近,如图 1-104 所示。依此类推,定子绕组 A—B—C 三相轮流通电一次,转子逆时针转动了一个转子极距 δ_r,对于三相 12/8 极开关磁电机,$\delta_r = 360°/8 = 45°$。

可见,连续不断地按 A—B—C—A 的顺序分别给定子各相绕组通电,电机内磁场轴线沿A—B—C—A 的方向不断移动,转子将沿 A—C—B—A 的方向逆时针旋转。如果按 A—C—B—A 的顺序给定子各相绕组轮流通电,则磁场沿着 A—C—B—A 的方向转动,转子则沿与之相反的 A—B—C—A 方向顺时针旋转。

开关磁阻电机的运行遵循"磁阻最小原则",即磁通总是沿磁阻最小的路径闭合。当定子的某相绕组通电时,所产生的磁场由于磁力线扭曲而产生切向磁拉力,迫使相近的转子凸极即导磁体旋转到其轴线与该定子极轴线对齐的位置,即磁阻最小位置。

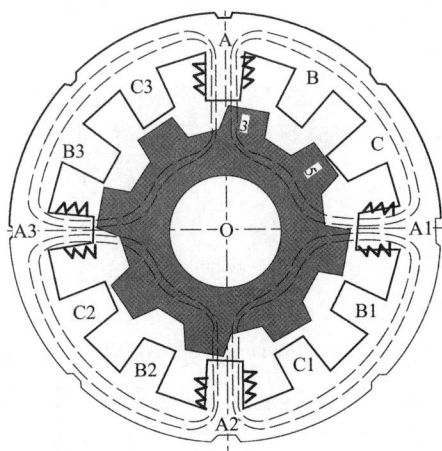

图 1-103　控制原理图 1　　　　　图 1-104　控制原理图 2

综上所述,可以得出以下结论:开关磁阻电机的转动方向总是逆着磁场轴线的移动方向,改变开关磁阻电机定子绕组的通电顺序,就可以改变电机的转动方向;而改变通电相电流的方向,并不影响转子转动的方向。

(二) 开关磁阻电机运行特性

开关磁阻电机的驱动系统多采用计算机控制。在电机速度小于或等于 ω_b(第一转折点转速)时,通常采用电流或电压斩波控制方式,用调节相绕组中的电流大小来控制电机转矩和进行过电流保护控制,实现恒转矩运转。在电机速度大于 ω_b 并且小于或等于 ω_{sc}(第二转折点转速)时,采用角度位置控制方式,电机转矩随转速增加而下降,电机功率保持不变,实现恒功率运转。在电机速度大于 ω_{sc} 时,由于可控制条件都超过了极限,转矩不再随转速的一次方下降,开关磁阻电机改变串励特性运行,电机转矩随转速的增加而下降。开关磁阻电机的运行特性如图 1-105 所示。

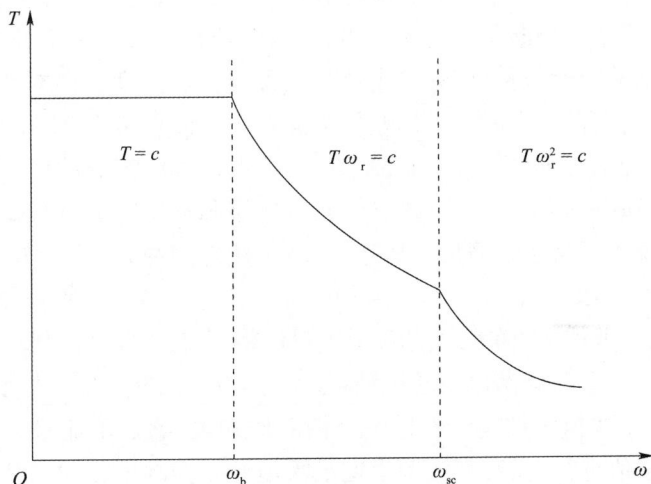

图 1-105　开关磁阻电机运行特性

（三）开关磁阻电机控制技术

开关磁阻电机的可控参数为定子绕组电压、开通角与关断角，开关磁阻电机的控制就是如何合理改变这些控制参数以达到运行要求。根据改变控制参数的方式不同，开关磁阻电机有三种控制模式：角度位置控制（Angular Position Control，APC）、电流斩波控制（Current Chopping Control，CCC）与电压斩波控制（Voltage Chopping Control，VCC）。其中，APC 是电压保持不变，通过改变开通角和关断角调节电机转速，适于电机较高速区，但是对于每一个由转速与转矩确定的运行点，开通角与关断角有多种组合，每一种组合对应不同的性能，具体操作较复杂，且很难得到满意的性能。CCC 一般应用于电机低速区，是为限制电流超过功率开关元件和电机允许的最大电流而采取的方法，CCC 实际上是调节电压的有效利用值，与 APC 类似，它也可以随转速、负载要求调节开关角。VCC 是在固定的开关角条件下，通过调节绕组电压控制电机转速，它分直流侧 PWM 斩波调压、相开关斩波调压与无斩波调压，而无斩波调压通过调节整流电压，以响应电机转速要求，在整个速度范围内只有一个运行模式，即单脉冲方式。

开关磁阻电机的运行不是单纯的发电或者电动的过程，而是将两者有机结合在一起的控制过程，即它同时也包含了能量回馈的过程。

1. 角度位置控制（APC）

APC 是电压保持不变，而对开通角和关断角的控制，通过对它们的控制来改变电流波形以及电流波形与绕组电感波形的相对位置。在 APC 中，如果改变开通角，而它通常处于低电感区，则可以改变电流的波形宽度、电流波形的峰值和有效值大小，从而改变电流波形与电感波形的相对位置，这样就会对输出转矩产生很大的影响。改变关断角一般不影响电流峰值，但会影响电流波形宽度以及与电感曲线的相对位置，电流有效值也随之变化，因此关断角同样会对电机的转矩产生影响，只是其影响程度没有开通角那么大。在具体实现过程中，一般情况下采用固定关断角、改变开通角的控制模式。与此同时，固定关断角的选取也很重要，需要保证绕组电感开始下降时，相绕组电流尽快衰减到零。对应于每个由转速与转矩确定的运行点，开通角与关断角会有多种组合，因此选择的过程中要考虑电磁功率、效率、转矩脉动及电流有效值等运行指标，来确定相应的最优控制角度。在本系统的控制中，要遵循一个原则，即在电机制动运行时，应使电流波形位于电感波形的下降段；而在电机电动运行时，应使电流波形的主要部分位于电感波形的上升段。角度控制的优点是，转矩调节范围大；可允许多相同时通电，以增加电机输出转矩，且转矩脉动小；可实现效率最优控制或转矩最优控制。但角度位置控制法不适用于低速运行，一般应用在高速运行时。

2. 电流斩波控制（CCC）

在 CCC 方式中，一般使电机的开通角和关断角保持不变，主要靠控制斩波电流限值的大小来调节电流的峰值，从而起到调节电机转矩和转速的目的。它的实现形式可以有以下两种：

（1）限制电流上下幅值的控制。即在一个控制周期内，给定电流最大值和最小值，使相电流与设定的上下限值进行比较，当大于设定最大值时则控制该相功率开关元件关断，而当相电流降低到设定最小值时，功率开关管重新开通，如此反复，其斩波的波形如图 1-106 所示。这种方式,由于一个周期内电感变化率不同,因此斩波频率疏密不均,在电感变化率大的区间,电流上升快,斩波频率一般很高,开关损耗大,优点是转矩脉动小。

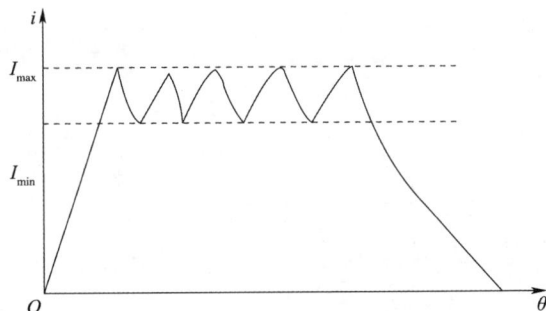

图 1-106　设定电流上下限幅值的电流斩波

(2)电流上限和关断时间恒定。与上一种方法的区别是,当相电流大于电流斩波上限值时,就将功率开关元件关断一段固定的时间后再开通。而重新导通的触发条件不是电流的下限而是定时,在每一个控制周期内,关断时间恒定,但电流下降多少取决于绕组电感量、电感变化率、转速等因素,因此电流下限并不一致。关断时间过长,相电流脉动大,易发生"过斩";关断时间过短,斩波频率又会较高,功率开关元件开关损耗会增大。应该根据电机运行的不同状况来选择关断时间。

电流斩波控制适用于低速和制动运行,可限制电流峰值的增长,并起到良好有效的调节作用,而且转矩也比较平稳,电机转矩脉动一般也比采用其他控制方式时要明显减小。

3.电压斩波控制(VCC)

这种控制方式与前两种控制方式不同,它不是实时地调整开通角和关断角,而是某相绕组导通阶段,在主开关的控制信号中加入 PWM 信号,通过调节占空比来调节绕组端电压的大小,从而改变相电流值。具体方法是在固定开通角和关断角的情况下,用 PWM 信号来调制主开关器件相控信号,通过调节 PWM 信号的占空比,以调节加在主开关管上驱动信号波形的占空比,从而改变相绕组上的平均电压,进而改变输出转矩。电压斩波控制是通过PWM 的方式调节相绕组的平均电压值,间接调节和限制过大的绕组电流,适合于转速调节系统,抗负荷扰动的动态响应快。这种控制实现容易,且成本较低;其缺点在于导通角度始终固定,功率元件开关频率高、开关损耗大,不能精确地控制相电流。

实际上在开关磁阻电机双向控制系统中,采用的是后两种控制方法。具体的发电/电动状态控制策略,如图 1-107 所示。

开关磁阻电机的动作过程可分为发电过程和电动过程,分别对应于电动汽车的制动、滑行以及正常行驶过程,将电动汽车制动、滑行时的能量回收到储能装置中,即能量的再生回馈。发电状态和电动状态是通过软件来实现切换的。在整个发电回馈过程中,由于开关磁阻电机本体结构特殊,其定子绕组既是励磁绕组又是电枢绕组,故其励磁与续流(发电)过程必须采用周期性分时控制。开关磁阻电机的励磁过程是可控的,但续流(发电)过程不可控,因而采用电流斩波控制来调节励磁阶段的励磁电流大小,从而实现对发电过程的控制。而电动过程采用电压斩波控制,以调节电枢平均电压,从而实现对转矩和转速的调节。

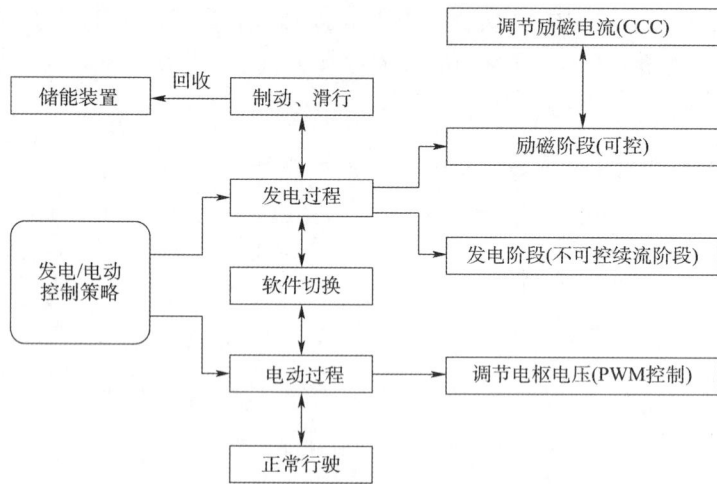

图 1-107　发电/电动状态控制策略

开关磁阻电机双向控制系统,主要目标是实现开关磁阻电机的双向运行,着重点在于发电/电动状态下的最优控制,以及开关磁阻电机的能量回馈。不但要让开关磁阻电机在电动状态下获得优越的调速性能,更要保证其在发电状态下的能量回馈。

开关磁阻电机性能的改善必须依靠先进的控制策略,必须考虑开关磁阻电机的非线性及参数时变特性,但这势必增加系统的复杂性。

在实际应用中,应当根据性能要求采用与之相适应的控制策略,这也体现了开关磁阻电机控制灵活的一面。开关磁阻电机发展到今天,在控制策略方面虽已取得了很多非常有用的成果,但是仍然很不完善,依然存在许多问题待解决,而且尚未形成完善的开关磁阻电机控制理论。

(四) 开关磁阻电机的特点

与当前广泛应用的交流电机相比,开关磁阻电机驱动系统在设计成本、运行效率、调速性能、可靠性和放热性能等方面具有一定的优势。进行综合分析比较,开关磁阻电机主要有以下几方面特点:

(1)开关磁阻电机结构简单、紧凑,适于在高速、高温环境下运行。开关磁阻电机为凸极结构,转子上没有绕组或永磁体,转动惯量小,易于加、减速,特别适用于高速旋转的工作环境。定子绕组为集中绕组,制造简单,且端部短而紧凑,易于冷却。因此,开关磁阻电机适用于工作条件恶劣(高温)甚至强振动的环境,并且维护简单,具有良好的环境适应能力。

(2)功率转换器结构简单,容错能力强。由于转矩与励磁绕组电流方向无关,因此可以减少功率转换器的开关器件个数,系统可以短相工作,容错能力强。系统中的每个功率开关器件均直接与绕组串联,避免了直通短路的危险。因此,功率电路的保护电路可以简化,提高了系统的可靠性。

(3)可控参数多,调速性能好。开关磁阻电机驱动系统参数主要有开通角、关断角、相电流幅值和相绕组电压,可控参数多,控制较为灵活,可以采用多种控制方式使电机运行于最佳状态,而且可以在不增加辅助开关器件的情况下,实现电机四象限运行。

(4)起动转矩大,调速范围宽。开关磁阻电机起动转矩较大,并且可以在较宽速度范围内实现恒功率运行,适用于频繁起停及正反方向的交替运行。

(5)效率高、功耗小。开关磁阻电机转子不存在绕组,降低了电机的铜损耗,并且能在很宽的功率和转速范围内都保持高效率。

二、任务实施

(一)工作准备

(1)防护装备:常规实训装备。

(2)车辆、台架、总成:开关磁阻电机。

(二)实施步骤

1. 开关磁阻电机铭牌识别

开关磁阻电机铭牌主要参数指标,如图 1-108 所示。

2. 开关磁阻电机结构的认知

(1)定子,如图 1-109 所示。

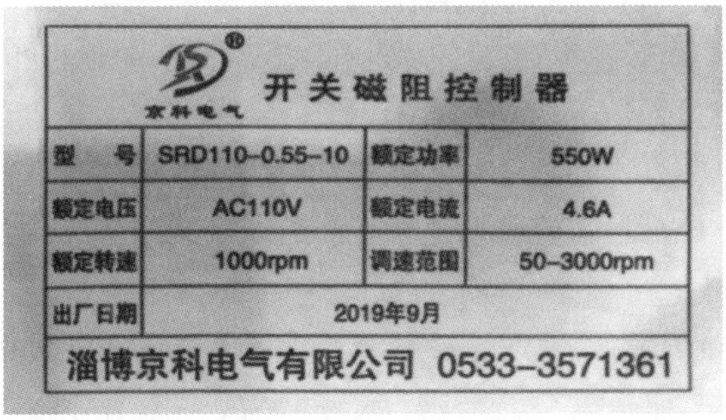

京科电气 开关磁阻控制器

型号	SRD110-0.55-10	额定功率	550W
额定电压	AC110V	额定电流	4.6A
额定转速	1000rpm	调速范围	50-3000rpm
出厂日期	2019年9月		

淄博京科电气有限公司 0533-3571361

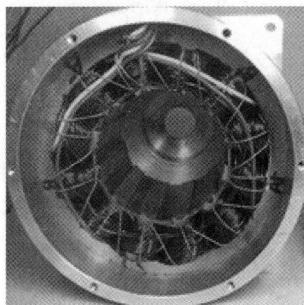

图 1-108　开关磁阻电机铭牌

图 1-109　开关磁阻电机定子

(2)转子,如图 1-110 所示。

(3)端盖,如图 1-111 所示。

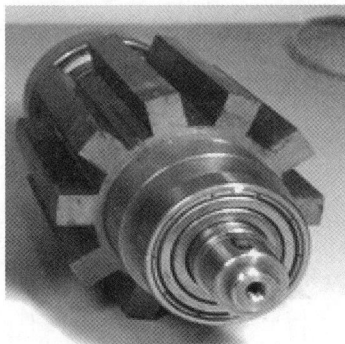

图 1-110　开关磁阻电机转子

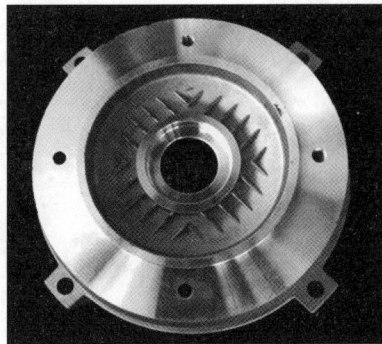

图 1-111　开关磁阻电机端盖

习题

一、填空题

1. 驱动电机是一种将_____转化成动能,用来驱动其他装置的电气设备。

2. 驱动电机按照电机电源供给进行分类,可以分为_____、_____、_____、_____。

二、判断题

1. 驱动电机对于新能源汽车来说就像人的心脏一样重要,它负责给整车提供驱动的力量,是新能源汽车驱动系统的核心部件之一。 ( )

2. 由于新能源汽车的整车空间有限,因此第一要求驱动电机的结构紧凑、尺寸要小。 ( )

3. 拆卸蓄电池负极前,必须确保点火开关处于关闭状态,并将车钥匙放在口袋,等待30min后方可进行下一步操作。 ( )

4. 在维修新能源汽车中,所有黄色高压线都有高压互锁装置,需互锁到位。 ( )

三、选择题

1. (单选)( )是纯电动汽车的唯一动力源,可向外输出转矩,驱动汽车前进后退,同时也可以作为发电机发电。

   A. 动力蓄电池　　　B. 变速器　　　C. 压缩机　　　D. 驱动电机

2. (多选)属于新能源汽车驱动电机特点的是( )。

   A. 体积小　　　B. 功率密度大　　　C. 质量大　　　D. 可靠性好

3. (单选)( )是输出或输入为直流电能的旋转电机,它是能实现直流电能和机械能互相转换的电机。

   A. 直流电机　　　B. 交流异步电机　　　C. 磁阻电机　　　D. 永磁同步电机

4. (单选)( ),又称"感应电机",即转子置于旋转磁场中,在旋转磁场的作用下,获得一个转动力矩,因而转子转动。转子是可转动的导体,通常多呈鼠笼状。

   A. 直流电机　　　B. 交流异步电机　　　C. 永磁同步电机　　　D. 磁阻电机

5. (单选)关于纯电动汽车驱动电机的拆卸,第一步要做( )。

   A. 冷却液的排放　　　　　　　B. 拆卸轮胎

   C. 齿轮油的排放　　　　　　　D. 拆卸蓄电池负极端子

新能源汽车驱动电机控制系统

知识目标 ▪▫▪

（1）了解新能源汽车驱动电机控制系统的结构及功能；

（2）熟悉驱动电机控制系统高压电路的组成；

（3）了解驱动电机控制系统的基本原理；

（4）能够解释驱动电机控制系统在驱动、零转矩控制、再生制动状态下的控制电路及原理。

技能目标 ▪▫▪

（1）能够正确认识驱动电机控制系统的结构部件；

（2）能够对驱动电机控制器进行检测。

素质目标 ▪▫▪

（1）能够制订工作计划,独立完成工作学习任务；

（2）能够在工作过程中,与小组其他成员合作、交流并进行学习任务分工,具备团队合作和安全操作的意识；

（3）养成服从管理、规范作业的良好工作习惯；

（4）培养安全工作的习惯。

▶ 学时：12 学时

任务1 驱动电机控制系统的认知

任务描述

新能源汽车驱动电机控制系统（控制器）是纯电动汽车和混合动力电动汽车的核心部

件,它担负着采集车辆运行工况,计算车辆需要的动力及输出方式,合理利用动力蓄电池存储能量任务。驱动电机控制系统的特性决定了车辆的主要性能指标,直接影响车辆动力性、经济性和用户驾乘感受。

一、知识准备

(一)驱动电机控制系统的结构及特点

1.驱动电机控制系统组成及功用

驱动电机管理模块(控制器),通常简称 MCU,主要用于管理和控制驱动电机的运转速度、方向以及将驱动电机作为逆变电机发电。MCU 的功能类似于传统汽车的发动机控制模块。

目前在纯电动汽车上使用的驱动电机管理模块主要有两种类型:一种是仅用于控制驱动电机的,即 MCU;另一种是更具有集成控制功能的驱动电机管理模块,如图 2-1 所示,即集成了 MCU 与 DC-DC 转换器功能,这类的驱动电机管理模块也被称为 PCU。

图 2-1　驱动电机管理模块

DC-DC 转换器是直流-直流的电压变换器,用于将动力蓄电池或逆变器产生的电能转换成 12V 低压电能,给 12V 蓄电池充电和车身电器设备供电。

DC-DC 工作原理

将 MCU 与 DC-DC 转换器集成化是目前纯电动汽车与混合动力电动汽车驱动电机管理模块发展的一个趋势,集成度更高的系统既节省了成本,也利于系统之间信息的共享与车辆部件的布置设计。

驱动电机控制系统是电动汽车三大核心总成之一,是车辆行驶的主要执行机构,其特性决定车辆的主要性能指标,直接影响车辆动力性、经济性和用户驾乘感受。

驱动电机控制系统由动力总成(驱动电机 DM)、高压配电设备、驱动电机控制器(MCU)、高低压线束和相关传感器等组成,如图 2-2 所示。整车控制器(VCU)根据驾驶员意图发出各种指令,驱动电机控制器响应并反馈,实时调整驱动电机输出,以实现整车的怠速、前行、倒车、停车、能量回收以及驻车等功能。电机控制器另一个重要功能是通信和保护,实时进行状态和故障检测,保护驱动电机系统和整车安全可正常运行。

驱动电机传感器原理

驱动电机控制器主要功能包括:
①怠速控制(缓行);
②控制驱动电机正转(前进);
③控制驱动电机反转(倒车);
④能量回收(交流转换直流);
⑤驻车(防溜车)。

如图 2-3 所示的驱动电机控制器是电机系统的控制中心,又称智能功率模块,以 IGBT(绝缘栅双极型晶体管)模块为核心,辅以驱动集成电路、主控集成电路,对所有的输入信号进行处理,并将驱动电机控制系统运行状态的信息通过网络发送给整车控制器。驱动电机控制器内含故障诊断电路,当诊断出异常时,它将会激活一个错误代码,发送给整车控制器,同时也会存储该故障码和数据。使用以下传感器来提供驱动电机系统的工作信息,包括:电流传感器,用以检测驱动电机工作的实际电流(包括母线电流、三相交流电流);电压传感器,用以检测供给驱动电机控制器工作的实际电压(包括动力蓄电池电压、12V 蓄电池电压),温度传感器,用以检测驱动电机控制系统的工作温度(包括 IGBT 模块温度、电机控制器板载温度)。

图 2-2　驱动电机控制系统结构

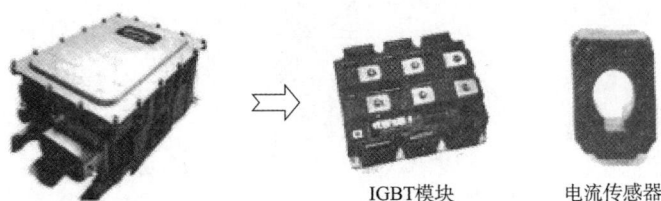

IGBT模块　　　电流传感器

图 2-3　北汽 EV200 驱动电机控制器的组成

驱动电机控制器的主要参数由技术指标和技术参数组成(表 2-1)。技术指标包括输入电压、工作电压范围、控制电源(通常为 9 ~ 12V)、标称容量、防护等级、尺寸等。驱动电机控制器主要由接口电路、控制主板、IGBT 模块(驱动)、超级电容、放电电阻、电流感应器、壳体水道等组成,如图 2-4 所示。

驱动电机控制器的主要参数　　　　　　　　　　　　　　　　表 2-1

技术指标	参数	技术指标	参数
直流输入电压	336V	标称容量	85KvA
工作电压范围	265 ~ 410V	质量	9kg
控制电源	12V	防护等级	IP67
控制器电源电压范围	9 ~ 16V	尺寸(长×宽×高)	403mm×249mm×140mm

图2-4　电机控制器铭牌

（1）控制主板。

控制主板与整车控制器通信，监测直流母线电流，控制 IGBT 模块工作状态，监控高压线束的绝缘和工作连接情况并反馈。IGBT 模块的温度信号、旋变传感器信号经过处理反馈给电机控制单元。

（2）超级电容和放电电阻。

超级电容是一种以电场形式储存能量的无源器件。在需要电机起动的时候，电容能够把储存的能量释出至电路。接通高压电路时给电容充电，在电机起动时保持电压的稳定，放电电阻如图2-5 所示。断开高压电路时，通过电阻给电容放电，放电电阻通常和电容器并联，电源波动时，电容器会随之充放电。当控制器带动的电机或其他感性负载停机时，可采用能耗制动的方式来实现，就是把停止后电机的动能和线圈里面的磁能都通过一个其他耗能元件消耗掉，从而实现快速停车。当供电停止后，控制器的逆变电路就反向导通，把这些剩余电能反馈到变频器的直流母线上来，母线上的电压会因此而升高，当升高到一定值的时候，电阻就投入运行，使这部分电能通过电阻发热的方式消耗掉，同时维持母线上的电压保持一个正常值。放电电路故障，有可能会导致高压断电。等效电路如图2-6 所示。

图2-5　放电电阻

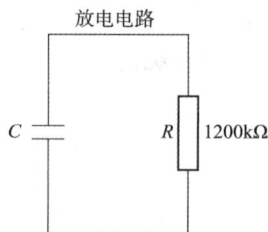

图2-6　等效电路

电枢铁芯既是主磁路的组成部分，又是电枢绕组支撑部分，电枢绕组嵌放在电枢铁芯的槽内。为减少电枢铁芯内的涡流耗损，铁芯一般用厚 0.5mm 且冲有齿、槽的型号为 DR530 或 DR510 的硅钢片叠压夹紧而成，大型直流电机的电枢铁芯冲片先压装在转子支架上，然后再将支架固定在轴上。为改善通风，冲片可沿轴向分成几段，以构成径向通风道。

（3）IGBT 模块。

IGBT 简称绝缘栅双极型晶体管，它是由双极型三极管和绝缘栅型场效应管组成的复合全控型电压驱动式功率半导体器件，兼有 MOSFET（金属-氧化物半导体场效应晶体管）的高输入阻抗和 GTR（电力晶体管）的低导通压降两方面的优点。GTR 饱和压降低，载流密度大，但驱动电流较大；MOSFET 驱动功率很小，开关速度快，但导通压降大，载流密度小。IGBT 综合了以上两种器件的优点，驱动功率小而饱和压降低。是驱动电机控制器电压变换与传输的核心器件。

（4）旋变传感器。

旋变传感器又称旋转变压器，主要用以检测电机转子位置，控制器编码后可以获知电机转速（图2-7）。传感器线圈固定在壳体上，信号齿圈固定在转子上。传感器线圈由励磁、正弦、余弦三组线图组成。

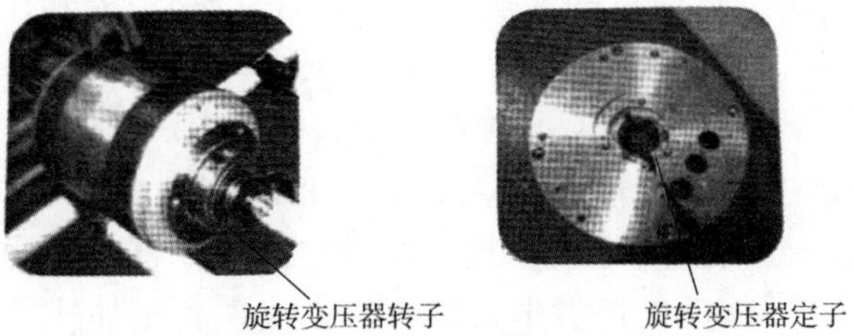

旋转变压器转子　　　　旋转变压器定子

图2-7　旋变传感器

驱动电机系统工作必须满足以下条件：

①高压电源输入正常（一般绝缘性能大于20MΩ）。

②低压12V电源供电正常（电压范围9~16V）。

③与整车控制器通信正常。

④电容放电正常。

⑤旋变传感器信号正常。

⑥三相交流输出电路正常，电机及电机控制器温度正常，开盖保持开关信号正常。

2. 驱动电机控制系统高压电路

通常纯电动汽车整车共分为5段高压线束，如图2-8所示为原理图。

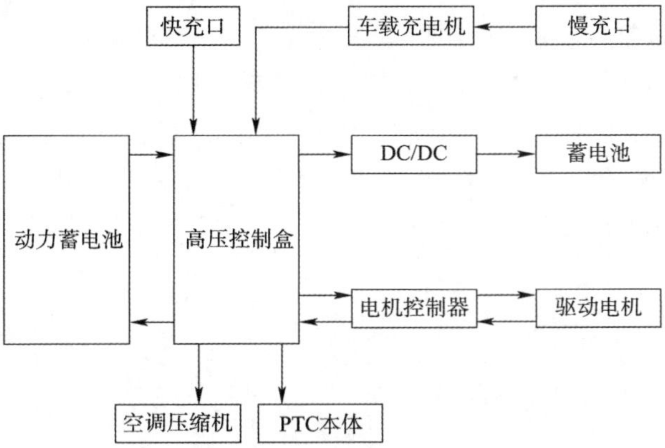

图2-8　整车高压电路

（1）动力蓄电池高压电缆：连接动力蓄电池到高压盒之间的线缆。

（2）电机控制器电缆：连接高压盒到电机控制器之间的线缆。

（3）快充线束：连接快充口到高压盒之间的线束。

（4）慢充线束：连接慢充口到车载充电机之间的线束。

（5）高压附件线束（高压线束总成）：连接高压盒到DC/DC、车载充电机、空调压缩机、空调PTC之间的线束。

(二)驱动电机控制器的工作原理

1.驱动电机控制器结构

驱动电机控制器结构 驱动电机控制器包括功率电路、驱动与保护电路、控制电路三大部分，其中功率电路主要功用是进行能量的变换，驱动与保护电路主要功用是实现对功率模块的驱动控制与故障保护，控制电路主要功用是实现电机的转矩和转速控制与整车通信等功能。

在驱动电机控制系统中，驱动电机的输出动作主要是靠控制单元给定命令执行，即控制器输出命令。控制器主要是将输入的直流电逆变成电压、频率可调的三相交流电（直流电机是直流电），供给配套的驱动电机使用。驱动电机控制器将动力蓄电池提供的直流电转化为交流电，然后输出给电机，通过电机的正转来实现整车加速、减速，通过电机的反转来实现倒车。其通过有效的控制策略，控制动力总成以最佳方式协调工作，如图 2-9 所示。

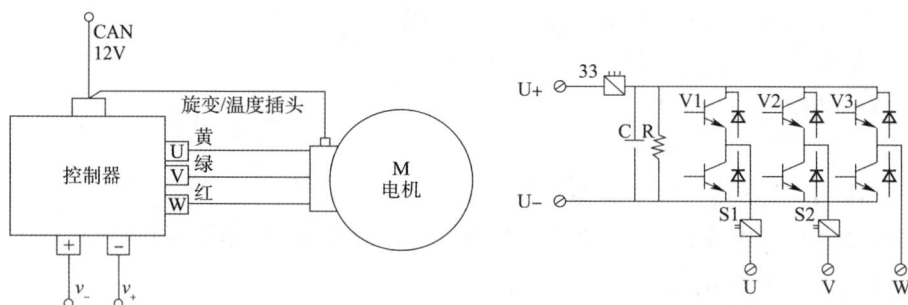

图 2-9　驱动电机控制器控制原理图

旋转变压器（简称旋变）是一种输出电压随转子转角变化的信号元件。当励磁绕组以一定频率的交流电压励磁时，输出绕组的电压幅值与转子转角成正、余弦函数关系，这种旋转变压器又称为正余弦旋转变压器。如图 2-10 所示，旋转变压器在运动伺服控制系统中，用于角度位置的传感和测量。永磁交流电机的位置传感器，原来是以光学编码器居多，但这些年来，却迅速地被旋转变压器代替。

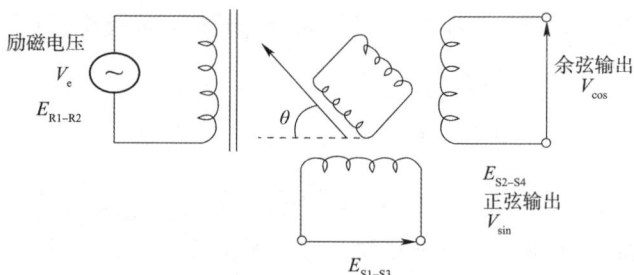

图 2-10　旋转传感器

2.电力电子器件在驱动电机控制系统的应用

电子技术在新能源汽车的应用主要体现在电力电子器件和变流器技术两个方面。电力电子器件的性能与可靠性直接关系到新能源汽车的安全运行，变流器技术直接影响新能源汽车的能量变换与运行效率,对于电动汽车运行至关重要。电力电子器件品种繁多,分类方法多种多样。通常按开关控制性能分为以下几种。

不控型器件:这是无控制端口的二端器件,如功率二极管,不具备可控开关性能。

半控型器件:这是有控制端口的三端器件,但其控制端在器件导通后即失去控制能力,无关断能力,关断器件必须借助外部条件。晶闸管及其大部分派生器件均属这一类。

全控型器件:这也是有控制端口的三端器件,但其控制端具有控制器件导通和关断的双重功能,故称自关断器件。如 GTO、GTR、IGBT 等第二代器件均属这一类。

目前常用的电力电子器件主要有门极关断晶闸管(GTO)、大功率晶体管(BJT)、功率场效应晶体管(MOSFET)、绝缘栅双极晶体管(IGBT)、MOS 控制晶闸管(MCT)。从新能源汽车应用实践看,MOSFET、IGBT 和 MCT 具有一定的竞争性,而 GTO 的开关频率难以超过 3kHz,关断增益较小,需要专门的关断电路,不适合用在新能源汽车的功率变换器上。本节着重介绍几种在新能源汽车中可广泛应用的器件。

1)功率二极管

功率二极管自 20 世纪 50 年代初期就获得应用。虽然是不可控器件,但其结构和原理简单,工作可靠,直到现在功率二极管仍然大量应用于许多电气设备中。特别是快速恢复二极管和肖特基二极管,在中、高频整流和逆变中,仍具有不可替代的位置。

功率二极管的基本结构和工作原理与信息电子电路中的二极管相同,都是以半导体 PN 结为基础的。功率二极管实际上是由一个面积较大的 PN 结和两端引线以及封装组成的,图 2-11 给出了功率二极管的外形、结构和电气图形符号。从外形看,功率二极管早期主要有螺栓型和平板型两种封装,现都已采用模块化封装。

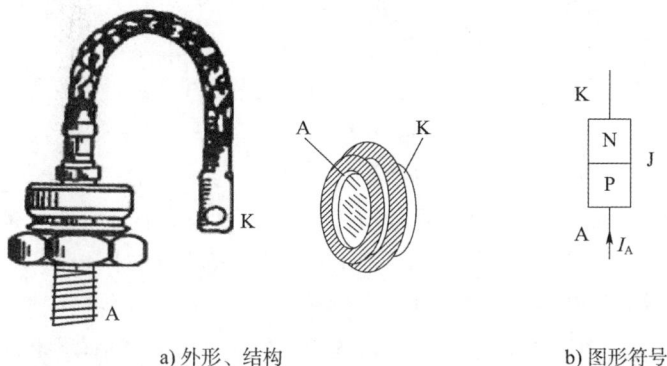

a) 外形、结构 b) 图形符号

图 2-11 功率二极管

(1)功率二极管的基本特性。

①静态特性。

功率二极管的静态特性主要指其伏安特性,如图 2-12 所示。当功率二极管承受的正向电压达到一定值(门槛电压 U_{TO}),正向电流 I_A 才开始明显增加,处于稳定导通状态。与正向电流 I_A 对应的功率二极管两端的电压 U_A 即为其正向导通压降。当功率二极管承受反向电压 U_B 时,只有少子引起的微小而数量恒定的反向漏电流。

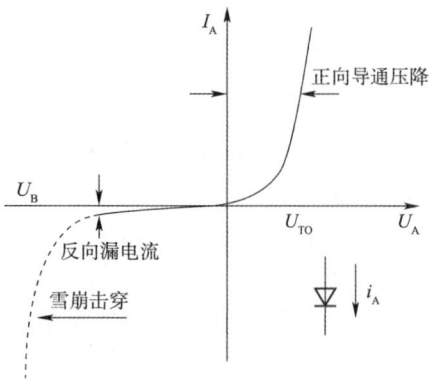

图 2-12　功率二极管的静态特征

②动态特性。

因为结电容的存在，功率二极管在零偏置（外加电压为零）、正向偏置和反向偏置三种状态之间转换的时候，必然经历一个过渡过程。在这些过渡过程中，PN 结的区域需要一定时间来调整其带电状态，因而其电压-电流特性不能用前面的伏安特性来描述，而是随时间变化的，这就是功率二极管的动态特性，并且往往专指反映通态和断态之间转换过程的开关特性。这个概念虽然由功率二极管引出，但可以推广至其他各种电力电子器件。

图 2-13 给出了功率二极管由正向偏置转换为反向偏置时动态过程的波形。当原处于正向导通状态的功率二极管的外加电压突然从正向变为反向时，该功率二极管并不能立即关断，而是经过一段短暂的时间才能重新获得反向阻断能力，进入截止状态。在关断之前有较大的反向电流出现，并伴随有明显的反向电压过冲。这是因为正向导通时在 PN 结两侧储存的大量少子需要被清除掉以达到反向偏置稳态的缘故。设 t_F 时刻外加电压突然由正向变为反向，正向电流在此反向电压的作用下开始下降，下降速率由反向电压的大小和电路中的电感决定，而管压降由于电导调制效应基本变化不大，直至正向电流为零的时刻 t_0。此时功率二极管由于在 PN 结两侧（特别是多掺杂 N 区）储存有大量少子而并没有恢复反向阻断能力，这些少子在外加反向电压的作用下被抽取出功率二极管，因而形成较大的反向电流。当空间电荷区附近储存的少子即将被抽尽时，管压将变为负极性，于是开始抽取离空间电荷区较远的浓度较低的少子。因而在管压降极性改变后不久的 t_1 时刻反向电流从其最大值 I_{RP} 开始下降，空间电荷区开始迅速展宽，功率二极管开始重新恢复对反向电压的阻断能力。在 t_1 时刻以后由于反向电流迅速下降，在外电路电感的作用下会在功率二极管两端产生比外加反向电压大得多的反向电压过冲 U_{RP}。在电流变化率接近于零的 t_2 时刻（有的标准定为电流降至 25% I_{RP} 的时刻），功率二极管两端承受的反向电压才降至外电压的大小，功率二极管完全恢复对反向电压的阻断能力，图中阴影部分为反向恢复电荷 Q_{rr}。时间 $t_d = t_1 - t_0$ 被称为延迟时间，$t_f = t_2 - t_1$ 被称为电流下降时间，而时间 $t_{rr} = t_d + t_f$ 被称为功率三极管的反向恢复时间。下降时间与延迟时间的比值 t_f/t_d 被称为恢复系数，用 S_r 标记。S_r 越大，则表示恢复特性越软，实际上就是反向电流下降时间相对较长，因而在同样的外电路条件下造成的反向电压过冲 U_{RP} 较小。

图 2-14 给出了功率二极管由零偏置转换为正向偏置时动态过程的波形。可以看出，在这一动态过程中，功率二极管的正向压降也会先出现一个过冲 U_{FP}，经过一段时间才趋于接近态压降的某个值（如 2V）。这一动态过程时间被称为正向恢复时间 t_{fr}。出现电压过冲的原因是：电导调制效应起作用所需的大量少子需要一定时间来储存，在达到稳态导通之前的管压降较大。

正向电流的上升会因器件自身的电感而产生较大的压降。电流上升速率越大，U_{FP} 越高。当功率二极管由反向偏置转换为正向偏置时，除上述时间外，势垒电容电荷的调整也需要较多时间来完成。

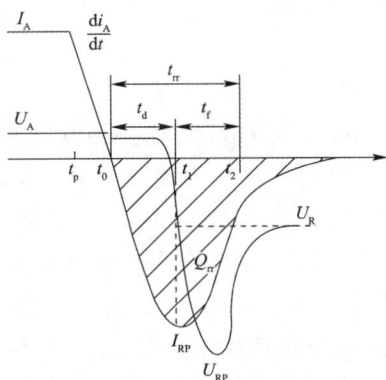

图 2-13　正向偏置转换为反向偏置波形

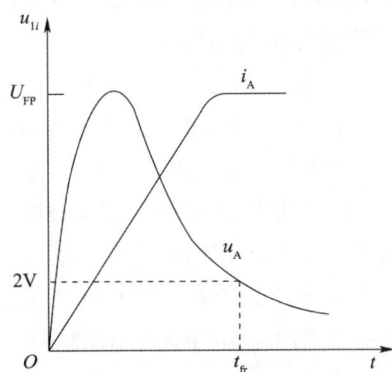

图 2-14　零偏置转换为正向偏置波形

（2）功率二极管的主要参数。

①正向平均电流。

正向平均电流是指功率二极管长期运行时,在指定的管壳温度(简称壳温,用 T_C 表示)和散热条件下,其允许流过的最大工频正弦半波电流的平均值。在此电流下,因管子的正向压降引起的损耗造成的结温升高不会超过所允许的最高工作结温,这也是标称其规定的电流参数。可以看出,正向平均电流是按照电流的发热效应来定义的,因此在使用时应按照工作中实际波形的电流与正向平均电流所造成的发热效应相等,即有效值相等的原则来选取功率二极管的电流定额,并应留有一定的余量。通过对正弦半波电流的换算可知,正向平均电流 $I_{A(AV)}$ 对应的有效值为 $1.57I_{A(AV)}$。不过,应注意的是,当用在频率较高的场合时,功率二极管的发热原因除了正向电流造成的通态损耗外,其开关损耗往往也不能忽略。当采用反向漏电流较大的功率二极管时,其断态损耗造成的发热效应也不小。在选择功率二极管的正向电流定额时,这些都应加以考虑。

②正向压降 U_A。

正向压降是指功率二极管在指定温度下,流过某一指定的稳态正向电流时对应的正向压降。有时候,功率二极管参数表中也给出在指定温度下流过某一瞬态正向大电流时功率二极管的最大瞬时正向压降。

③反向重复峰值电压 U_{RRM}。

反向重复峰值电压是指对功率二极管所能重复施加的反向最高峰值电压,通常是其雪崩击穿带电压 U_B 的 2/3。使用时,往往按照电路中功率二极管可能承受的反向最高峰电压的 2 倍来选定此项参数。

④最高工作结温 T_{JM}。

结温是指管芯 PN 结的平均温度,用 T_J 表示。最高工作结温是指在 PN 结不损坏的前提下所能承受的最高平均温度,用 T_{JM} 表示。T_{JM} 通常在 $125 \sim 175℃$。

⑤浪涌电流 I_{FSM}。

浪涌电流是指功率二极管所能承受的最大的连续一个或几个周期的过电流。由于功率二极管导通之后的特性与关断时刻的特性都与晶闸管类似,因此其承受电压和电流的计算方法与晶闸管是相同的,在晶闸管的介绍中将加以详细说明。

2)绝缘栅双极晶体管(IGBT)

(1)IGBT 的工作原理。

绝缘栅双极晶体管(Insulated Gate Bipolar Transistor,IGBT),是一种发展很快、应用很广的复合型电力电子器件。目前系列化的产品电流等级为 10～3300A,电压等级为 600～6500V,试制品电压等级已达 8000V,工作频率为 10～30kHz。IGBT 的主要缺点是通态压降较大,但最近几年研制的新型 IGBT,通态压降明显下降。在新能源汽车应用领域,IGBT 电压等级通常为 600V 或 1200V,电流等级为 400～900A,少数达到 1200A 及以上。电动汽车中需要用到大量的 IGBT,IGBT 是电动汽车控制系统中的核心器件之一,是动力系统的重要组成部分。IGBT 主要应用于以下两个子系统中,分别是:电机控制系统,大功率直流/交流(DC/AC)逆变后驱动汽车电机;车载空调控制系统,小功率直流/交流(DC/AC)逆交,使用电流较小的 IGBT 元件。

IGBT 的层状结构如图 2-15 所示,其相当于一个由场效应管 MOSFET 驱动的厚基区 GTR,简化的等效电路如图 2-16a)所示,其中 VT_1 是 N 沟道型 MOSFET,VT_2 是 PNP 型 GTR,R_{dr} 是厚基区 GTR 的基区内电阻。这种结构称为 N-IGBT,即 N 沟道型的 IGBT,应用得较多。若用 P 沟道型 MOSFET 作为控制器件构成 IGBT,则称为 P-IGBT 型器件。IGBT 的开通和关断受栅极控制,N 沟道型 IGBT 的栅极上加正偏置并且数值上大于开启电压时,IGBT 内的 MOSFET 漏极与源极之间感应产生一条 N 型导电沟道,使 MOSFET 开通,从而使 IGBT 导通。反之,如在 N 沟道型 IGBT 上加反偏置,它内部的 MOSFET 漏、源极间不能感生导电沟道,IGBT 就截止。由此可知,IGBT 的控制原理与 MOSFET 基本相同。所以 IGBT 是以 MOSFET 为驱动器件、GTR 为主导器件的达林顿电路结构器件。一般的 IGBT 模块中,还封装了反并联的快速二极管,以适应逆变电路的需要,因此没有反向阻断能力。

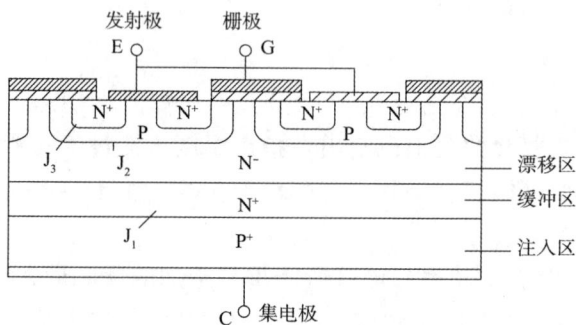

图 2-15　IGBT 层状结构

IGBT 的图形符号如图 2-16b)所示,图中漏极 D 用集电极 C 表示,源极 S 用发射极 E 表示,漏极电流 I_D 改用集电极电流表示。对于 P-IGBT 型器件,图形符号中的箭头方向相反。图 2-16c)是具有寄生晶体管 NPN 的实际等效电路。

(2)IBGT 的基本特性。

①伏安特性。

伏安特性即输出特性,N-IGBT 的伏安特性如图 2-17a)所示。由图可知,IGBT 的伏安特性与 GTR 的伏安特性基本相似,不同之处是控制参数是栅极 G 与发射极 E 之间的电压 U_{GE},而不是基极电流。伏安特性的纵坐标为集电极电流 I_C,横坐标是集电极与发射极电压 U_{GE}。在一定的栅极电压下,随着 I_C 加大,通态电压 U_{GE} 加大,但加大栅极电压 U_{GE},在一定的 I_C 下可减小 U_{GE},即可以减少 IGBT 的通态损耗。IGBT 的伏安特性分:(Ⅰ)截止区、(Ⅱ)放大区或线性区、(Ⅲ)饱和区。截止区即正向阻断区,是由于慢电压没有达到 IGBT 的开启电压 $U_{GE(th)}$。放大区输出电流受栅射电压的控制,U_{GE} 越高、I_C 越大,两者有线性关系。在饱和区因 U_{GE} 太小,U_{GE} 失去线性控制作用。

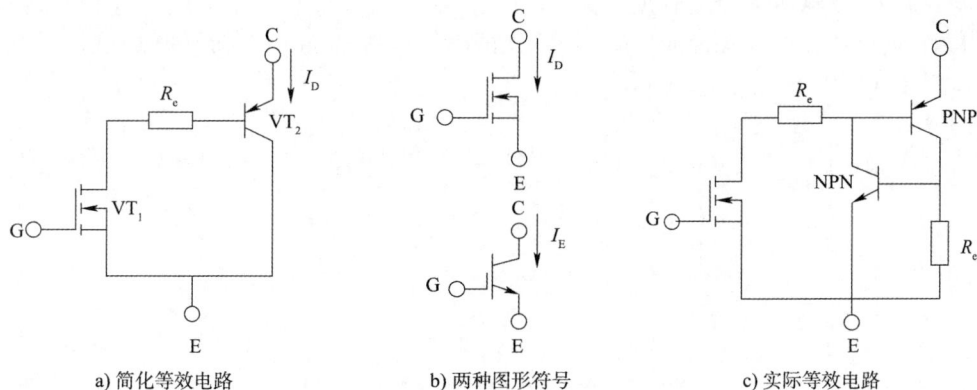

a) 简化等效电路　　　　　　b) 两种图形符号　　　　　　c) 实际等效电路

图 2-16　IGBT 的等效电路及图形符号

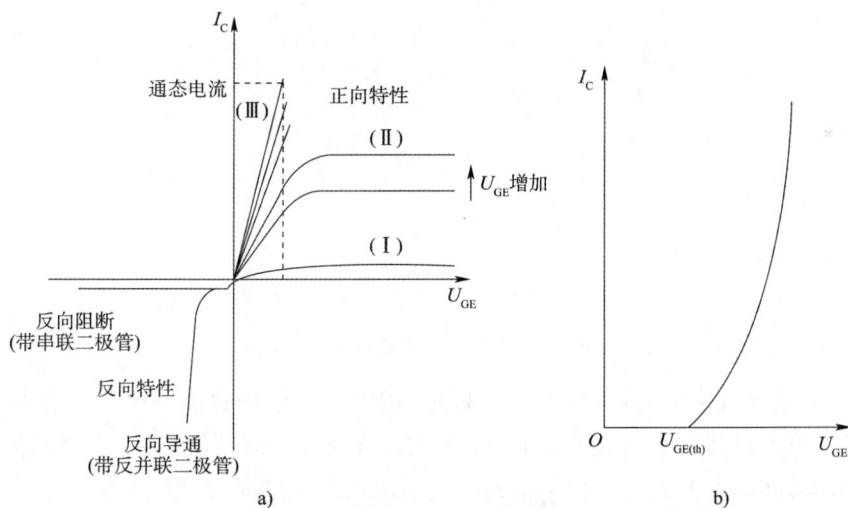

a)　　　　　　　　　　　　　　b)

图 2-17　IGBT 的伏安特性和转移特性

　　由于结构上的原因,IGBT 的反向阻断电压只能达到数十伏的水平。目前模块化封装的 IGBT 都装有反并联功率二极管,成为逆导型器件。

　　②转移特性。

　　如在图 2-17b)横坐标上作一条垂直线(即保持 U_{GE} 为恒值)与各条伏安特性相交,可获得转移特性。这是集电极电流与栅极电压 U_{GE} 之间的关系曲线。它与 MOSFET 的转移特性相同,当栅射电压 U_{GE} 小于开启电压 $U_{GE(th)}$ 时,IGBT 处于关断状态。在 IGBT 导通后的大部分集电极电流范围内,I_C 与 U_{GE} 呈线性关系。最高栅射电压受最大集电极电流的限制,其最佳值一般取 15V 左右。在 IGBT 关断时,为了保证可靠关断,实际应用中在栅极加一定的负偏压,通常为 $-10 \sim -5V$。

③动态特性。

图 2-18 所示是 IGBT 的开通和关断过程波形,U_{GE} 是作为控制信号的栅极电压波形,I_C 是集电极电流波形。这些波形与 MOSFET 开通时的波形相似。IGBT 在开通过程中,大部分时间是作为 MOSFET 来运行的,只有在电压 U_{GE} 下降过程的后期,PNP 晶体管才由放大区转到饱和区,因此 t_{fv2} 段电压下降过程变缓,只有在 t_{fv2} 结束时,IGBT 才完全进入饱和开通状态。此时,IGBT 仍存在一个饱和导通压降 $U_{GE(on)}$。IGBT 的开通时间由开通延迟时间 $t_{d(on)}$ 和电流上升时间 t_r 组成,通常为 $0.2 \sim 0.5\mu s$。

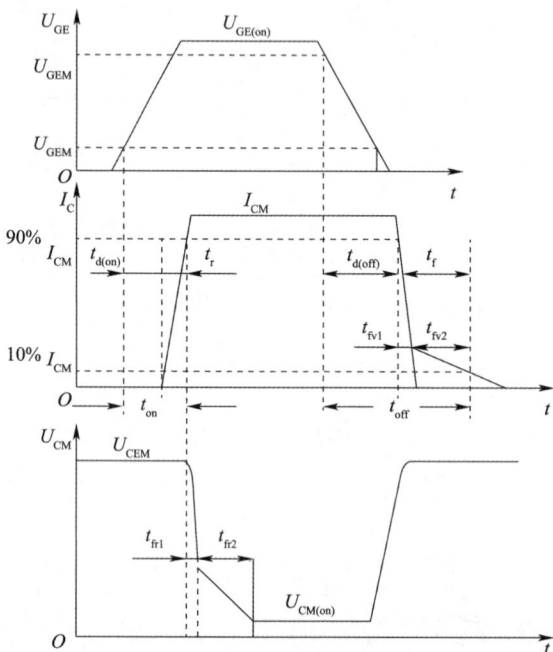

图 2-18 IGBT 开通和断开电压电流

在 IGBT 关断过程中,因为 MOSFET 关断后,PNP 晶体管中存储的电荷难以迅速消除,这段时间内 MOSFET 已经关断,IGBT 又无反向电压,造成 I_C 下降缓慢,这个下降时间称为拖尾时间 t_{f2}。关断时间由关断延迟时间 $t_{d(off)}$ 和电流下降时间 t_f 组成,为 $1 \sim 2\mu s$。

(3)IGBT 的主要参数。

除了前面提到的各种参数之外,IGBT 的主要参数还包括以下几个:

①最高集电极-发射极电压(U_{GEM})。

最高集电极-发射极电压由内部的 PNP 型晶体管的击穿电压确定,为了避免 PN 结击穿,IGBT 两端的电压绝对不能超过这个额定电压值。

②最高栅极发射极电压(U_{GEM})。

栅极电压受极氧化层的厚度和特性限制。虽然栅极的绝缘击穿电压约为 80V,但是,为了保证可靠工作并且限制故障状态下的电流,栅极电压应该限制在 20V 以内。

③最大集电极电流(I_{CM})。

最大集电极电流包括直流电流 I_C、I_{ms} 和脉宽最大电流 I_{CP},该电流值与结温有关,随结温的升高面下降。有的厂家的标称数据为结温 25℃ ,部分厂家是按照结温 85℃ 来标称的,选择器件时应注意不同厂家之间的差异。

④最大集电极功耗(P_{CM})。

IGBT 的最大集电极功耗 P_{CM} 为正常工作温度下所允许的最大功耗。表 2-2 介绍了应用于新能源汽车 650V/800A IGBT 的主要特性,其中 U_{GE} 是集电极-发射极电压,I_C 是集电极额定直流电流,I_{CM} 是集电极最大重复峰值电流。这种 IGBT 具有最优开关特性,它能在 1μs 内开通和关断。

650V/800A IGBT 的主要特性 表 2-2

额定最大值	U_{GE}	I_C	I_{CM}	P_{CM}
	650V	800A	1600A(1ms 时)	1500W
开关特性	$T_{d(on)}$	t_r	$T_{d(off)}$	T_f
	0.13μs	0.10μs	0.58μs	0.11μs
饱和电压	当 $I_C = 800A$ 时 $I_{CEsat} = 1.4V$			
器件型号:FS800R07A2E3(Infineon)				

(4)IGBT 的擎住效应。

由于 IGBT 结构上的原因,内部存在一只 NPN 型寄生晶体管。当集电极电流大于规定的临界值 I_{CM} 时,该寄生晶体管因有过高的正偏置被触发导通,使 PNP 管也饱和导通,导致 IGBT 的栅极失去控制作用,这种现象称为擎住效应。

IGBT 发生擎住效应后,集电极电流增大,造成过高的功耗,导致器件损坏。这种集电极电流超过 I_{CM} 引起的擎住效应称为静态擎住效应。

在 IGBT 关断的动态过程中,若 dU_{GE}/dt 过大,同样会引起上述寄生晶闸管的开通,使 IGBT 栅极失控,形成动态擎住效应。

擎住效应曾经是限制 IGBT 电流容量的主要因素之一,现已得到很好的解决。

(5)IGBT 的安全工作区。

IGBT 开通时的正向偏置安全工作区 FBSOA 由电流、电压和功耗三条边界极限包围而成。最大集电极电流 I_{CM} 是按避免擎住效应而由厂方确定的,最高集电极-发射极电压 U_{GEM} 是由 IGBT 中 PNP 晶体管的击穿电压规定的,最高功耗则由最高允许结温所规定。如流过直流电流、发热严重,因而安全工作区变窄;若为脉冲电流,导电时间短,工作区变宽,脉冲越窄,工作区越宽。在应用 IGBT 的时候要注意的是,IGBT 有较大的极间电容,使 IGBT 的输入端显示出较强的容性特点,在输入脉冲作用下,将出现充放电现象。

3)MOS 门极关断晶闸管(MCT)

MOS 门极关断晶闸管(MCT)是晶闸管和 MOSFET 组合而成的复合器件,它的主导元件是 SCR,控制元件是 MOSFET。MCT 具有 SCR 和 MOSFET 的共同优点,是一种理想的电力电子开关器件。目前,MCT 的产品正在系列化,其电压等级为 500 ~ 1000V,电流容量为 50 ~ 100A。由于 MCT 在当前的电力电子器件中评价最高,它在未来的新能源汽车驱动系统中具有良好的应用前景。

(1) MOS 门极关断晶闸管的结构。

MCT 将 MOSFET 的高输入阻抗、低驱动功率与快速的开关速度和 SCR 的高电压、大电流特性结合在一起。MCT 的典型结构如图 2-19 所示,它是在 SCR 结构中集成了一对 MOSFET,通过 MOSFET 来控制 SCR 的导通和关断。使 MCT 导通的 P 沟道型 MOSFET 称为 ON-FET,使其关断的 N 沟道型 MOSFET 称为 OFF-FET。

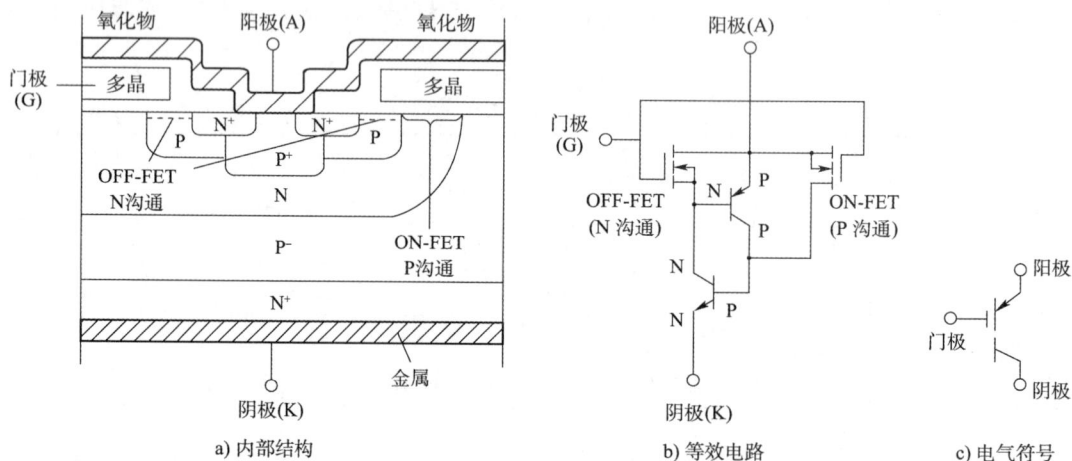

图 2-19 MCT 单细胞剖面,等效电路及图形符号

(2) MCT 的工作原理。

在结构上 MCT 需要用双门极控制,这一点与 SCR 和 GTO 不同,门极信号以阳极为基准而不是以阴极为基准。当门极相对于阳极加负脉冲电压时,ON-FET 导通,它的漏极电流使 PNP 晶体管导通。NPN 晶体管又使 PNP 晶体管导通并且形成正反馈触发过程,这与 SCR 和 GTO 的导通过程类似。通过正反馈的循环,使 $a_{PNP} + a_{NPN} > 1$,于是 MCT 导通。当门极施加相对于阳极为正脉冲的电压时,OFF-FET 导通,PNP 基极电流中断,PNP 晶体管被切断,破坏了正反馈过程,于是 MCT 关断。使 MCT 触发导通的门极负脉冲幅值一般为 -15 ~ -5V,使其关断的门极正脉冲电压幅值一般为 +10V。由此可见,MCT 是一种电压控制器件。

根据对功率 MOSFET 和 IGBT 的研究证明,器件性能和阴极图形结构有密切关系,MCT 也是如此。MCT 将低通态损耗的四层结构与高阻抗 MOS 控制极结合在一起,使得可控制的阴极密度很高,所以 MCT 可设计成具有很高的 dU/dt 耐量。MCT 与 CTR、MOSFET、IGBT 和 GTO 等器件相比,有如下优点:

① 电压、电流容量大,目前为阻断电压 3000V,峰值电流 1000A,最大关断电流密度为 $60A/cm^2$。

② 通态压降小,约为 1.1V,仅是 IGBT 通态压降的 1/3 ~ 1/2。

③ dI/dt 和 dU/dt 耐量极高,目前水平为 dI/dt = 2000A/μs,dU/dt = 20000V/μs。

④ 开关速度快,开关损耗小。开通时间为 200ns,可在 2μs 内关断 1000V 电压。

⑤工作温度高,其温度受限于反向漏电流,上限值可达250~270℃。

MCT还有一个重要特性是,即使关断失效,器件也不会损坏。当工作电压超出安全工作区范围时,MCT可能失效;而当峰值可控电流超过安全工作区时,MCT不会像其他大部分功率开关器件那样自然损坏,而只是不能用门极关断而已。

（3）MCT的特性。

①静态正向特性。

静态时,担负开通和关断控制的内部MOSFET不起作用,MCT相当于晶闸管,阻断时能承受较高的正向电压,导通时具有很低的通态压降。当正向电压为1V时,MCT的电流密度是达林顿管的30倍,是电力MOSFET管的100倍。在相同的电流密度下,MCT具有很小的通态压降。

由MCT正向伏安特性和温度的关系可知,当结温升高时,通态电压降低;当正向电流增大时,通态压降有少量的增加,因此,MCT适合用于大电流场合。

②MCT无正向偏置的安全工作区。

图2-20给出了MCT的反向偏置安全工作区,由图可以看出,MCT关断时的电压和电流的极限容量与结温、电流和工作周期有关。当工作电压超出MCT的安全工作区电压范围时,MCT可能会失效;但是当峰值可控电流超出MCT安全工作区时,MCT不易损坏。这一性能特点说明MCT可简单地使用熔断器进行短路保护。

图2-20 MCT和其他器件的特性

4）电机控制器

（1）变流器技术。

电机控制器实际是电力电子变流器技术的应用,是电能的变换与控制技术,包括四大类:

①当纯电动汽车或混合动力电动汽车处于再生制动工况时,将交流电变换为直流电为动力蓄电池充电,称为整流技术（AC-DC）。

②将动力蓄电池的高压电转换成低压电源12V,为低压电路系统提供工作电源和为辅助电池充电。一种直流电变换为另一种直流电称为直流斩波（DC Chopper）或者直流-直流变换（DC-DC Convert）。

③车辆正常行驶时动力电池高压直流电转换成可供驱动电机工作的高压电流,即直流电变换为交流电,称为逆变。

电机控制系统原理

④将一种交流电变换为另一种交流电称为交-交变流技术。

用于新能源汽车中的动力电力电子装置主要由大功率DC/AC逆变器构成,在燃料电池电动汽车中通常还有大功率DC/DC变换器,在深度混合动力电动汽车中也常常采用大功率双向DC/DC变换器。此外,在各种电动汽车中还有小功率的DC/DC变换器,用于进行低压蓄电池的充电;或者采用中小功率AC/DC对动力高压蓄电池进行充电;而交-交变流技术在电动汽车应用领域相对较少。以下重点介绍前三类变流技术。

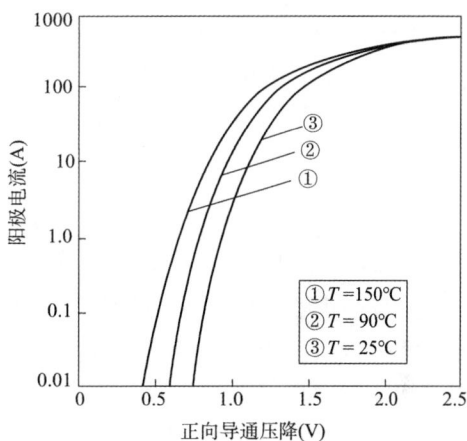

（2）逆变电路。

将直流电转换为交流电，向驱动电机提供工作电源，逆变电路输出的功率和电压的大小，取决于负载的实际需要，可以是定压定频的负载，也可以是调压调频的负载。逆变器是将直流转换为交流的装置，反之亦然。通过开合 4 个开关（S1 至 S4），可将电流从直流转换为交流。图 2-21a）所示开关 S1 和 S4 均接通时，正电压施加至负载（V_o）。图 2-21b）所示开关 S2 和 S3 均通时，负电压施加至负载（V_o）。如图 2-22 所示，通过在 S1 和 S4 以及 S2 和 S3 之间交替接通，可将交流电压施加至负载（V_o）。通过相应改变开关的 ON/OFF 时间，可将频率切换至所需频率。这种能调压调频的逆变器通常称为变频器。需要持续改变电压以产生正弦波。

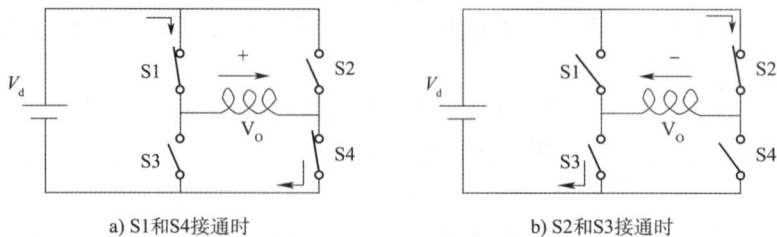

a) S1和S4接通时　　　　　　　　b) S2和S3接通时

图 2-21　逆变电路原理

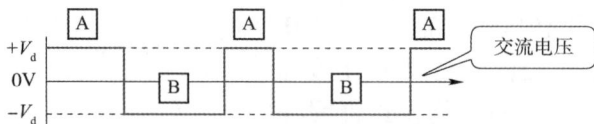

图 2-22　直流转变流

如图 2-23 所示，检测到所需输出电压（V_i）持续极短的一段时间（T_s）。通过控制"T_{on}"（开关 ON 时间），"$V_i \cdot T_s$"的面积和"$V_d \times T_{on}$"（电源电压×开关 ON 时间）的面积相同，且有效电压变为 V_i。通过此方式控制开关的 ON-OFF 时间，使产生的电压持续改变，从而产生正弦交流电压。

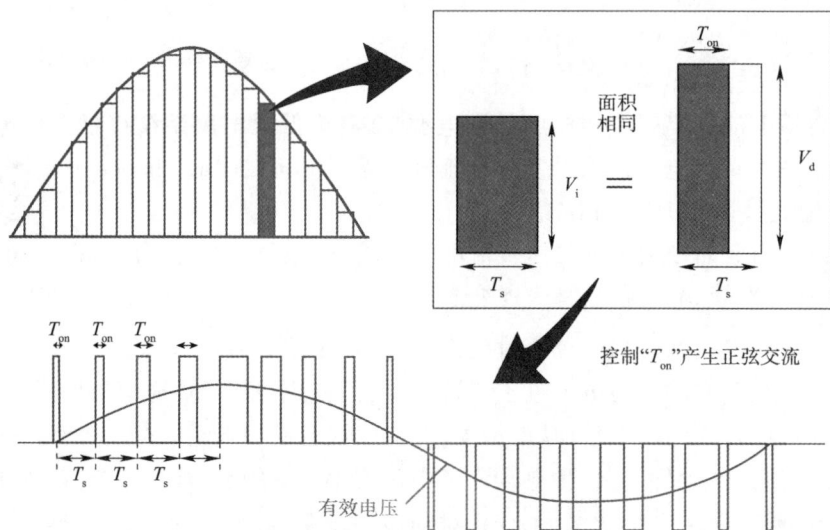

图 2-23　脉宽调制

如果把三相负载 Z_A、Z_B、Z_C 看作电机的三个绕组,图 2-24 所示的三相桥式逆变电路犹如三相桥式可控整流电路与三相桥式二极管整流电路的反并联,其中可控电路用来实现直流到交流的逆变,不可控电路为感性负载电流提供续流回路,完成无功能量的续流或反馈,因此,与 IGBT 并联的 6 个二极管 $VD_1 \sim VD_6$ 称为续流二极管或反馈二极管。这种三相桥式逆变电路在电机控制系统的变频调速系统中得到普遍应用。

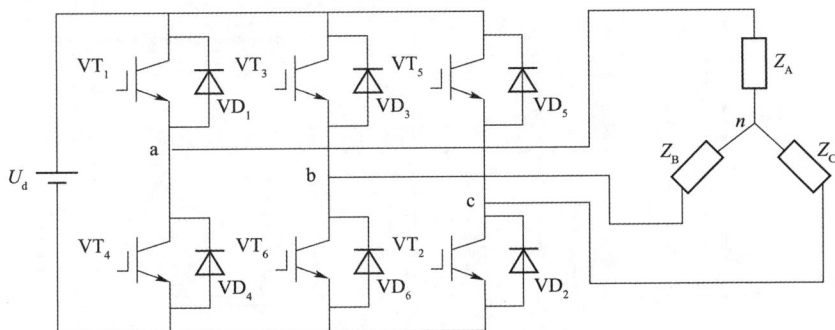

图 2-24 逆变电路驱动电机

三相桥式逆变电路管子的导通次序和整流电路一样,也是 VT_1、VT_2、VT_3,…,各管的触发信号依次互差 60°。根据各管导通时间的长短,分为 180°导通型和 120°导通型两种。对瞬时完成换流的理想情况,180°导通型的逆变电路在任意瞬间都有三只管子导通,每个开关周期内各管导通的角度为 180°。同相中上、下两桥臂中的两只管子称为互补管,它们轮流导通,如 A 相中的 VT_1 和 VT_4 各导通 180°,但相位也差 180°,不会引起电源经 VT_1 和 VT_4 的贯穿短路。所以 180°型三相桥式逆变电路每隔 60°,各管的导通情况依次是 VT_1、VT_2、VT_3,VT_2、VT_3、VT_4,VT_3、VT_4、VT_5,…,VT_5、VT_6、VT_1,如此反复。120°导通型逆变电路中各管导通 120°,任意瞬间只有不同相的两只管子导通,同一桥臂中的两只管子不是瞬时互补导通,而是有 60°的间隙时间。所以逆变器的各管每隔 60°,依次按 VT_1、VT_2,VT_2、VT_3,VT_3、VT_4,…,VT_6、VT_1 次序导通。当某相中没有逆变管导通时,该相的感性电流经该相中的二极管导通。

如图 2-25 所示为丰田普锐斯的逆变器电路,用于驱动电机 MG1 和 MG2 的逆变器使用。此电路由 2 个三相桥式逆变电路(各包含 6 个 IGBT)组成,将直流转换为三相交流电。

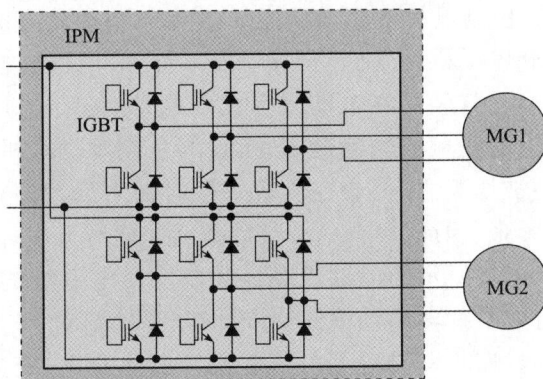

图 2-25 丰田普锐斯的逆变电路

IPM(智能电源模块)将 IGBT、操作 IGBT 的电路,以及电压、电流和温度的保护和自诊断功能结合在一个电源模块中。图 2-26 所示为根据转子的位置接通 IGBT,产生三相交流电以产生相应的磁场来转动转子,从而提高了可靠性并使电源电路更为紧凑。IGBT(绝缘栅双极晶体管)是一种快速切换大电流的半导体,也是控制混合动力电动车辆(需要较大输出功率)电机的最佳半导体。

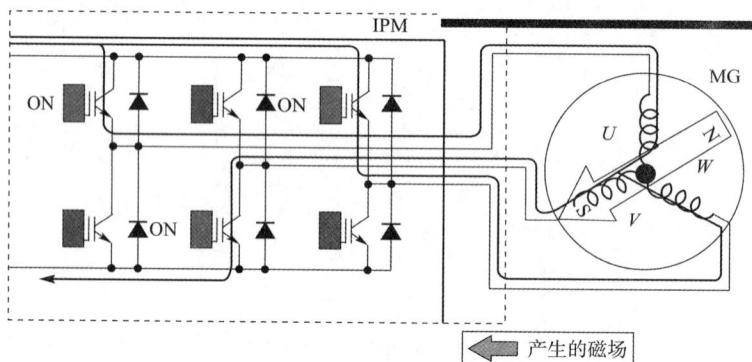

图 2-26　产生磁场驱动

(3)再生制动电路。

制动系统是汽车上保证行驶安全性的最主要的装置。在传统的汽车上,制动系统分为行车制动系统、驻车制动系统以及发动机制动。传统汽车在制动过程中,主要是依靠制动器与制动鼓或制动盘之间的摩擦力达到制动的效果,制动能量则转变为热能或内能,最后消散在空气中,也导致了这部分能量无法进行回收。电动汽车在滑行或下坡时,利用汽车的惯性力,来带动电机从驱动状态转换为电机制动状态或转换为发电状态,将汽车滑行或下坡时的动能或者势能,在转换为电能的同时对汽车起电制动作用(相当于发动机制动),其中有部分能量是可以回收的,这是传统汽车所不能实现的。电动汽车的重要节能措施之一即为能量的可回收。但电动汽车在紧急制动时,仍然需要采用 ABS(防抱死制动系统)等机械式制动系统,以确保电动汽车行驶的安全性。因此,在电动汽车上,可采用再生制动系统和传统制动系统相结合的方式,即混合制动系统。当电动汽车在滑行或下坡时,驱动轮通过传动系统带动电机旋转,只是在驾驶员控制制动踏板(或控制器),将制动信号传递到电机的 ECU(电子控制单元),控制电机从驱动状态转换为电制动状态时,电机开始产生制动阻力。当电机的转速达到发动机状态的(同步)转速时,电动机转换为发电机,并将发出的电能充入动力蓄电池组。驾驶员在电动汽车紧急制动时,还必须通过 ABS 的 ECU,将高压制动液输送到前后轮的机械式制动器中,实现紧急制动。电机由于其本身携带负载具有的惯性作用,当电源被切断之后,会在旋转一段时间之后才停止,而不会立刻停止转动。当今社会能源供应紧张,因此,目前的一个热点就是研究开发如何充分利用电机制动过程中的剩余能量。图 2-27 所示为电动汽车再生制动发电系统的组成。电动汽车安装此能量回收系统,能够有效发挥电动汽车的特点,回收车轮制动、下坡滑行、高速运行及减速运行等状态下的部分能量,将其转化为电能并给蓄电池充电,充分地使用能源,从而提高电动汽车的续驶里程。

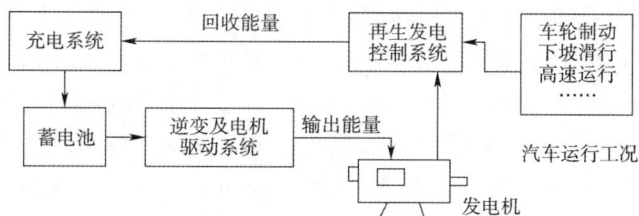

图 2-27 电动汽车再生制动发电系统的组成

（4）再生制动的基本原理。

通常情况下，蓄电池电压都比制动能量回馈过程中开始工作的比较特殊的发电系统发电电压高，所以通过特殊的控制系统，将该回馈系统产生的电能给蓄电池充电，从而让电机在再生制动模式下工作。制动能量回馈再生制动原理如图 2-28 所示。

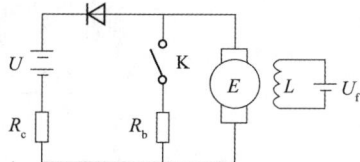

图 2-28 再生制动原理图

图 2-28 中，R_c 为电阻，R_b 为制动限流电阻，U 为蓄电池的电压，E 为电机的感应电势，L 为电机电枢的电感。工作时，将电机电枢驱动电流断开，电枢两端接入一个开关电路。由于电机为感性器件，感应电势 E 与感应电流 I 随时间 t 的变化率 $\mathrm{d}I/\mathrm{d}t$ 有如下关系：

$$E = -L\mathrm{d}I/\mathrm{d}t \tag{2-1}$$

当闭合开关时，工作回路由电机感应电势引起的感应电流经开关 K 构成，此时的制动电流为感应电流 I_1，其大小为：

$$I_1 = -E/(R_c + R_b) \tag{2-2}$$

当断开开关 K 时，$\mathrm{d}I/\mathrm{d}t$ 的绝对值快速增大，使得感应电势 E 快速上升，直至 $E > U$ 时能量反馈实现。设 R_d 是电流回馈电路中的等效电阻，制动电流 I_2 是回馈电流，即：

$$I_2 = (E - U)/(R_c + R_d) \tag{2-3}$$

因此，实现了通过向蓄电池充电的方式将电机再生制动的电能储存起来的目的。

如图 2-29 所示，通过发动机或车轮使转子（永久磁铁）旋转时，通过电磁感应在定子线图（U、V 和 W 相）内产生三相交流电。将产生的交流电压（流经 IPM 二极管）进行整流（转换为直流），然后对 HV 蓄电池充电。

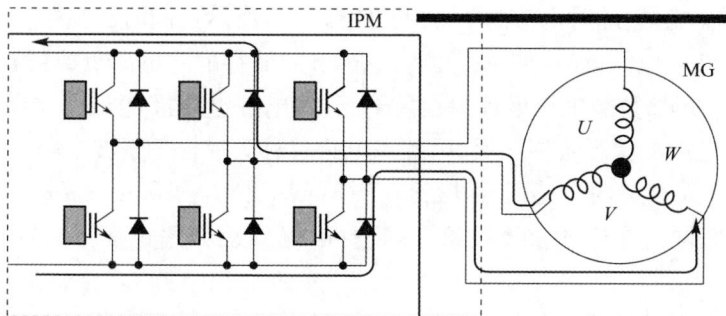

图 2-29 再生制动 AC-DC

控制电路零转矩控制时(未操作电机且未进行再生制动的情况下),如图2-30所示,根据行驶状态,电机转矩可能减至零。例如,由于车辆使用前轮驱动,因此在水平路面上平稳行驶时,E-four系统(丰田的电动四驱系统)的MGR(后电机)既不驱动车轮,也不发电。然而,MGR仍在旋转,由于MGR旋转而产生电压,从而使电流开始流动。为使MGR产生的电压偏置,IGBT切换至ON挡位以产生电压,从而防止电流流动。V_1来自HV蓄电池,电脑控制算出多大的电压,V_2为再生发电。

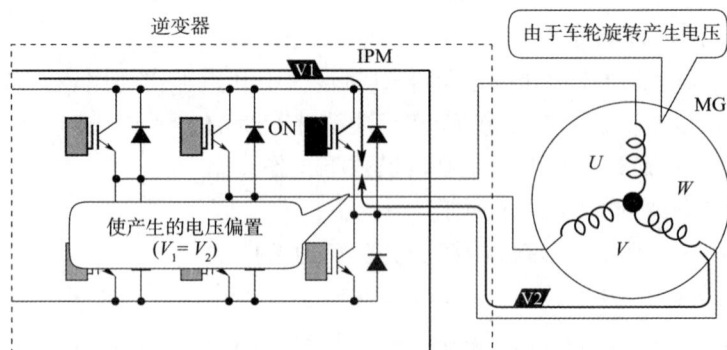

图2-30 零转矩控制

(5)升降压斩波电路。

升降压斩波电路又称升降压斩波器(Buck-Boost Chopper),是一种可以升压又可以降压的变换器,其原理如图2-31所示。电路中电感L值很大,电容C值也很大,使电感电流i_L和电容电压(即负载电压)U_0基本为恒定。

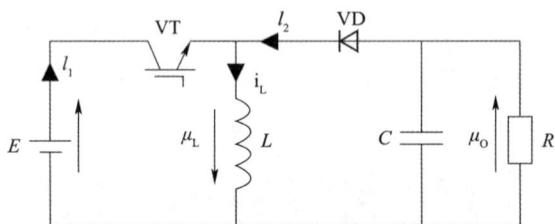

图2-31 升降压斩波电路图

升降压斩波电路的基本工作原理是:当可控开关VT处于导通状态时,电源经VT向电感L供电使其储存能量,此时电流为i_1,方向如图2-31所示。同时,电容C维持输出电压基本恒定并向负载R供电。此后,使VT关断,电感L中储存的能量向负载释放电流为i_2,方向如图2-31所示。可见,负载电压极性为上负下正,与电源电压极性相反,与前述的降压斩波电路和升压斩波电路的情况正好相反,因此该电路也称为反极性斩波电路。

稳态时,一个周期T内电感两端电压u_L对时间积分为零,$1/2 < a < 1$。由于$a > 1/2$,出现了VT_1与VT_2同时导通的重叠现象。同理,电流脉动频率也变小,各电流工作波形如图2-32所示。

采用多相多重斩波的优点包括:电流脉动频率下降,有利于牵引电机的运行;平波电抗器体积、质量会显著下降;有利于输入滤波器的设计。

丰田普锐斯驱动电机 1（MG1）和驱动电机 2（MG2）的工作情况如图 2-33 所示。增压转换器将直流电压 201.6V 的 HV 蓄电池公称电压最高升至直流电压 650V。转换器也可将 MG1 和 MG2 产生的电压从直流电压 650V（最高电压）降至直流电压 201.6V，以对 HV 蓄电池充电。由于"电功率 = 电压×电流"，因此，可使用高电压提高功率输出以驱动车辆。同时，为使功率相同，可使用较高的电压和较小的电流，从而减少电路以热能形式损失的能量并使逆变器更为紧凑。

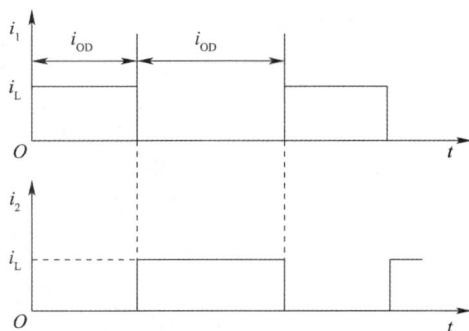

图 2-32　各电流工作波形

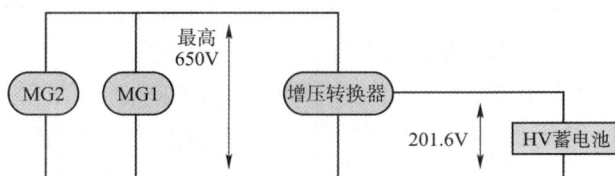

图 2-33　带增压器转换器的电机控制器

（6）直流电源转换电路。

图 2-34 所示的电气系统中，车辆的电气零部件（如前照灯和音响系统）和各 ECU 使用直流电压 12V 作为其电源。在常规车辆中，交流发电机（使用发动机电源）用于为 12V 蓄电池充电并为电气零部件供电。然而，在混合动力电动车辆中，发动机间歇操作期间发动机定期停止。因此，混合动力电动车辆不使用交流发电机。DC/DC 转换器降低混合动力蓄电池的电压并为 12V 用电系统供电。

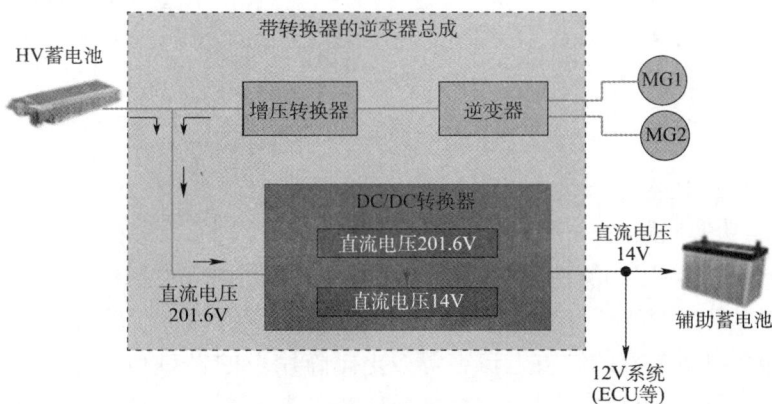

图 2-34　电气系统

DC/DC 转换器将 HV 蓄电池的电压从直流电压 201.6V 转换为直流电压 14V。

与常规车辆不同，发动机转速与输出电流和输出电压无关。在晶体管桥接电路中将直流高压（201.6V）暂时转换为交流并通过变压器降至低压。然后将交流转换为直流，并稳定地输出至直流电压 12V 系统，如图 2-35 所示。

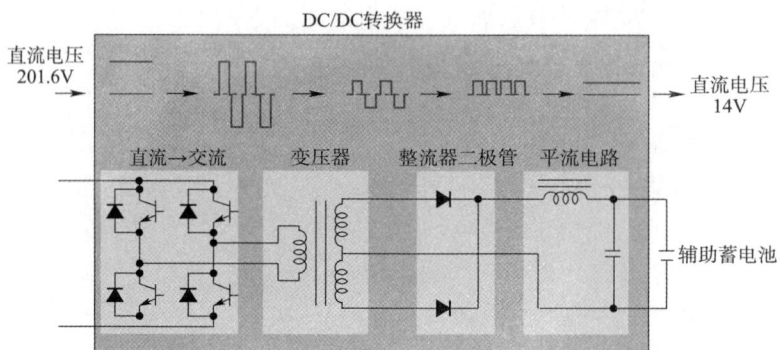

图 2-35　DC-DC 系统

根据接收自动力管理控制 ECU(HV 蓄电池 CPU)的信号,驱动电机 ECU 控制逆变器和增压转换器以驱动 MG1 和 MG2,或使其发电。

驱动电机 ECU 将车辆控制所需的信息[如逆变器输出电流值、逆变器电压、逆变器温度、MG1 和 MG2 转速(解析器输出)、大气压力]以及任何故障信息传输至动力管理控制 ECU(HV 蓄电池 CPU)。

驱动电机 ECU 从动力管理控制 ECU(HV 蓄电池 CPU)接收控制 MG1 和 MG2 所需的信息(如所需原动力、MG1 和 MG2 的温度以及目标升高电压),如图 2-36 所示。

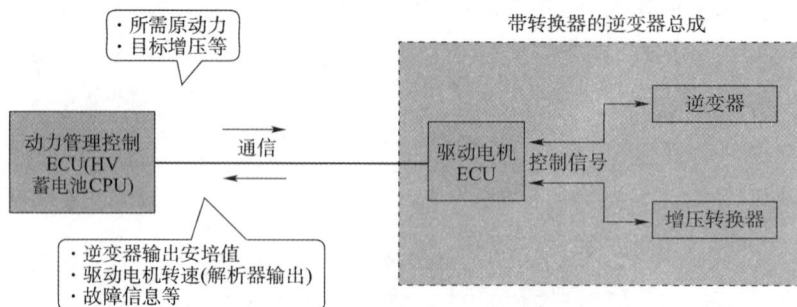

图 2-36　动力系统管理

(7)电容器应用技术

滤波电容是功率回路的一个极为重要的元件。

早期的车载变流器中的滤波电容通常采用电解电容。由于电解电容等效电感和等效电阻的存在,使得电解电容工作于高频状态的等效容量迅速下降,严重时将影响变流器的性能。同时,高频下电解电容的纹波电流在等效电阻作用下的发热和对电解电容寿命的影响变得不容忽视。可根据纹波电流等级、发热量和寿命来选择电解电容的容量。

为进一步降低变流器的体积和质量,适应宽电压范围、大功率应用需求,需要一个紧凑、低损耗、性价比高的 DC-link 电容器,电容器电压可高达 DC 1000V,容量值可达 3000μF。而电解电容额定电压低于 500V,且在一定的布置空间内、交流容量比较有限,难以满足上述工况需求。膜电容器的电压标准可达到 DC 1000V 以上、使用温度达到 105～125℃,并最大化了体积填充系数,比较适合应用于上述工况。典型的用薄膜电容器替代电解电容器的例子就是丰田的普锐斯混合动力系统。Prius Ⅰ 使用的滤波电容器是电解电容器,Prius Ⅱ 便开始使用薄膜滤波电容器组,如图 2-37 所示。

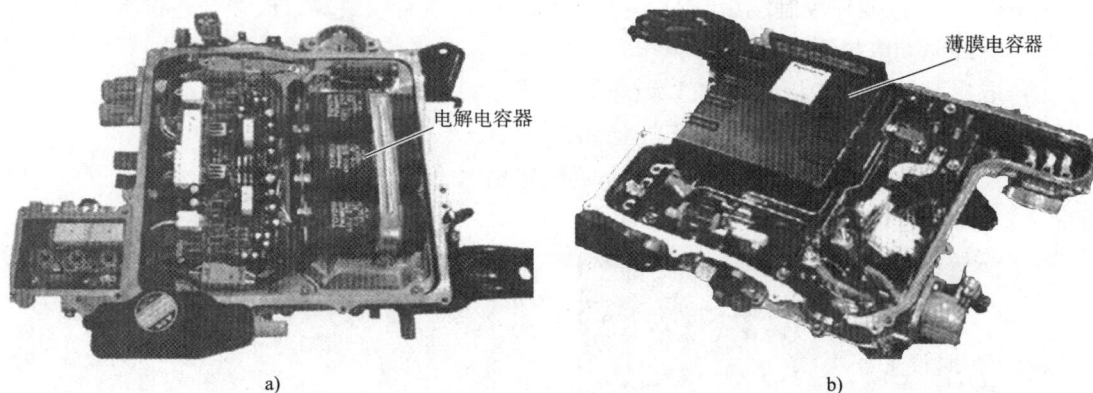

图 2-37　丰田普锐斯混合动力系统变流器

二、任务实施

(一)工作准备

(1)防护装备:防护用品一套(工作服、绝缘劳保鞋、护目镜、绝缘头盔、绝缘手套)。

(2)车辆、台架、总成:荣威 Ei5 纯电动汽车或其他纯电动汽车一辆。

(3)专用工具、设备:拆装专用工具。

(4)手工工具:新能源汽车维修组合工具。

(5)辅助材料:高压电维修警示牌和设备、绝缘地胶、二氧化碳类型灭火器、清洁剂。

(二)实施步骤

1.纯电动汽车驱动电机控制器总成拆卸

(1)选用 10mm 扳手拧松蓄电池负极线固定螺栓,取下负极线,并对负极端子做好防护,如图 2-38 所示。

注意事项:①拆卸蓄电池负极前,必须确保点火开关处于关闭状态,并将车钥匙放在口袋。

②必须等待 15min 后方可进行下一步操作。

③拆卸高压零部件前,必须做好防护措施。

④拆卸高压零件时,必须使用绝缘工具。

(2)使用绝缘一字螺丝刀工具,拆卸永磁

图 2-38　负极端子做好防护

同步电机控制器低压线束端口。

注意事项：①在使用一字螺丝刀工具时，螺丝刀刀头需要包裹电工胶布进行作业。

②取下低压接插件控制线束端口，并将低压接插件控制线束端口放在合适位置。

（3）拆卸驱动电机插接器。

（4）取出驱动电机三相插接件线束插头，如图2-39所示。

（5）拆卸驱动电机控制器正负极高压线缆。

（6）使用合适的工具拧松驱动电机控制器散热出水管卡箍，并拔出散热出水管，如图2-40所示。

图2-39　取出驱动电机三相插接件线束插头

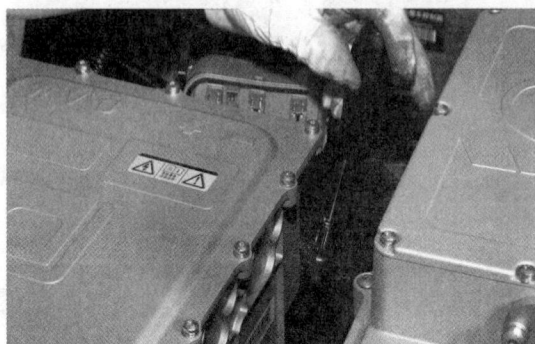

图2-40　拧松驱动电机控制器散热出水管卡箍

（7）使用合适的工具拧松驱动电机控制器散热进水管卡箍，并拔出散热进水管，如图2-41所示。

（8）使用绝缘工具（棘轮扳手、接杆和6mm内六角套筒）拆卸驱动电机控制器总成4颗固定螺栓。

（9）取下驱动电机控制器单元总成，并放置于干净、干燥环境，如图2-42所示。

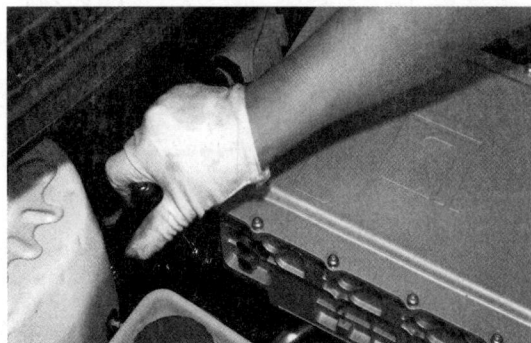

图2-41　拧松驱动电机控制器散热进水管卡箍

图2-42　取下驱动电机控制器单元总成

（10）使用电工胶布包裹驱动电机三相插接件线束插头。

（11）使用电工胶布包裹永磁同步电机控制器高压线束正极端口和负极端口，如图2-43所示。

2. 纯电动汽车驱动电机控制器总成安装

（1）取下驱动电机三相插接件线束插头电工胶布。

（2）取下驱动电机控制器上的电工胶布。

（3）安装驱动电机控制器总成，如图 2-44 所示。

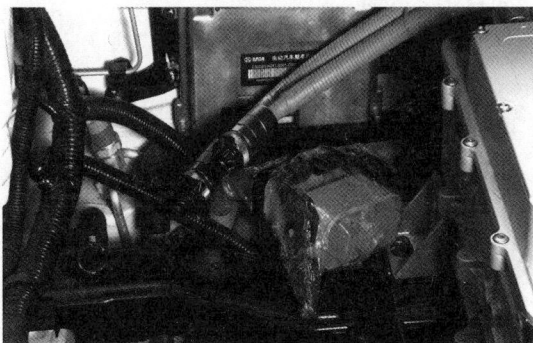

图 2-43 永磁同步电机控制器高压线束正极端口
和负极端口保护

图 2-44 安装驱动电机控制器总成

（4）安装驱动电机控制器总成 4 颗固定螺栓。

（5）使用（棘扳手、接杆和 6mm 内六角套筒紧）旋入固定螺栓，并紧固。

标准拧紧力矩：15N·m。

（6）安装永驱动电机控制器散热出水管，使用合适的工具紧固驱动电机控制器散热出水管卡箍，并检查是否安装到位。

标准拧紧力矩：4N·m。

（7）检查永磁同步电机控制器散热出水管是否安装到位。

（8）安装驱动电机控制器散热进水管，使用合适的工具紧固驱动电机控制器散热进水管卡箍，并检查是否安装到位。

标准拧紧力矩：4N·m。

（9）安装驱动电机控制器连接线束，并将高压驱动电机模块线束互锁端口锁紧，然后检查是否固定到位。

注意事项：在维修新能源汽车中，所有黄色高压线都有高压互锁装置，需互锁到位。

（10）安装驱动电机控制器正负极高压线束，并将正极端口和负极端口互锁端口锁紧，然后检查是否固定到位。

（11）安装永磁同步电机控制器低压线束端口，并安装到位，如图 2-45 所示。

3.7S 规范操作

根据 7S 规范执行。

图 2-45 安装永磁同步电机控制器低压线束端口

任务2　驱动电机控制系统的检测

任务描述

电机控制器(MCU),是新能源汽车重要部件,电机控制器出现故障时车辆将不能行驶,系统有故障,因此,要掌握电机控制器的故障诊断方法,并通过查阅相关的维修资料来确定相应的维修信息。

新能源汽车驱动控制系统试验台电机控制器故障检测是新能源汽车售后维修服务项目,按照专业要求对电机控制器有关维修项目进行规范作业。

一、知识准备

(一) 驱动电机控制器的自检

驱动电机管理系统(控制器)在控制驱动电机的同时,还会对驱动电机相关的传感器以及自身控制模块进行实时自检。大多数混合动力电动汽车或纯电动汽车的驱动电机控制器主要在以下方面实施自检。

1. 控制器供电检测和自检测

(1)供电检测。

电机控制器内部会有来自车辆蓄电池的12V参考电源,以运行驱动电机传感器及其他处理器。当连接的参考电源电压过低或过高时,控制器将会实行自我关闭,并对外输出诊断故障码。

(2)内部软件的自检测。

电机控制器内部包括有电机控制单元、逆变器控制单元等,这些部件都有集成电路及CPU单元,在正常运行过程中,系统会实时进行对其自身读、写存储器的能力进行监测,这属于控制器的内部故障检测,一般不能进行维修处理。

2. IGBT性能检测

驱动电机控制器会根据整车控制器(VCU)的指令,控制IGBT的接通和断开,从而实现驱动电机的输出或作为发电机工作。在对电机逆变的过程中,通过顺序启动IGBT的高电流开关晶体管,控制其相应的驱动电机或发电机的速度、方向和输出转矩。同时,控制器会检测每个IGBT的故障情况,当发现相应故障后,会关闭逆变器功能。

3. 驱动电机U—V—W相电流检测

由于驱动电机或发电机使用三相交流电运行,且IGBT通常会对应控制驱动电机或发电机的其中一个相,各相分别标识为U、V、W。控制器通过监测连接到各驱动电机或发电机相的电流传感器,以检测逆变器是否存在电流过大故障。

大多数电流传感器是驱动电机控制器总成内部的一部分,无法单独维修。

另外,由于所有的驱动电机或发电机相电路是通过电气方式连接的,其电流总量应相同。电机控制器执行一次计算,以确认相电流传感器的精确性。如果 U—V—W 相电流传感器的相电流总量大致相同,则计算结果应接近零。如果 U—V—W 相电流相差较大,则会认为是故障。

4. 驱动电机温度检测

在大多数的电机控制器模块内部会设置有温度传感器,用于检测连接电机电缆的温度,以及模块自身集成电路的温度。温度传感器是一个热敏电阻,它的电阻值随温度而改变,具有负温度系数。这表示随着温度升高,电阻减小;随着温度降低,电阻增大。

控制器通常向温度传感器提供一个 5V 参考电压信号,并测量电路中的电压降。当被检测的电缆或集成电路温度低时,传感器电阻大,控制器模块检测到高电平信号电压。当温度升高时,传感器电阻减小,信号电压也降低。

5. 驱动电机位置传感器的检测

驱动电机位置传感器由驱动电机控制器监测。根据旋转变压器型位置传感器信号,电机控制器监测驱动电机发电机转子的角位置、转速和方向。

位置传感器包含一个主动线圈、两个从动线圈和一个不规则形状的金属转子。金属转子以机械方式固定在驱动电机发电机的轴上。车辆起动时,电机控制器输出一个 7V 交流电、10kHz 的励磁信号至驱动线圈。主动线圈励磁信号生成一个环绕两个从动线圈和不规则形状转子的磁场。然后,电机控制模块监测两个从动线圈电路,以获得一个返回信号。不规则金属转子的位置不同,使得从动线圈磁导返回信号的尺寸和形状也不同。通过对比两个从动线圈信号,电机控制器能够确定驱动电机发电机转子的精确位置、速度和方向。

6. 控制器高压绝缘检测

驱动电机控制器利用若干内部传感器测量混合动力电动汽车或纯电动汽车来自动力蓄电池的高电压。

驱动电机控制器测试高电压正极电路或高电压负极电路和车辆底盘之间是否存在失去隔离的情况,当检测到电机控制器或者相关电路在动力蓄电池输出高电压后,存在对车辆底盘的电阻过低情况,系统将会将这一情况反馈给整车控制器,并与整车控制器一起切断车辆的高电压,避免发生事故。

(二) 驱动电机控制器的检测

驱动电机管理系统(控制器)发生故障时,可以利用故障检测仪器进行检测,以下介绍利用故障诊断仪器进行常见车型驱动电机管理系统检测的方法,操作时请同时参阅对应厂家诊断仪器的操作说明书。

1. 比亚迪 E6 驱动电机控制器数据流读取和分析

在接通汽车后故障诊断仪屏幕会亮起,若程序未运行或出现乱码情景,可拔下仪器的数据线重新连接一次,即可继续操作。并且请确保测试接头和诊断仪器接触良好,以保证信号传输不会中断。

（1）打开诊断仪工具箱。

（2）取出诊断仪连接线。

（3）取出诊断仪。

（4）连接诊断仪上的诊断接头。

（5）连接仪器诊断接头到车辆的故障诊断座。

（6）起动车辆。

（7）开启仪器电源，根据仪器屏幕提示操作。

①选择车型诊断：比亚迪汽车。

②选择适合的车型：比亚迪 E6。

③进入 E6 动力网系统。

④进入 VTOG 控制器。

⑤读取数据流，进行以下操作，观察数据流的变化：

a. 踩下制动踏板；

b. 踩下加速踏板；

c. 挂入倒挡；

d. 踩下加速踏板；

e. 踩下制动踏板，挂入空挡；

f. 返回诊断仪主菜单，关闭仪器。

2. 荣威 Ei5 驱动电机控制器数据流读取和分析

以荣威 Ei5 为例，进行驱动电机控制器模块数据流读取和分析，如图 2-46 所示。

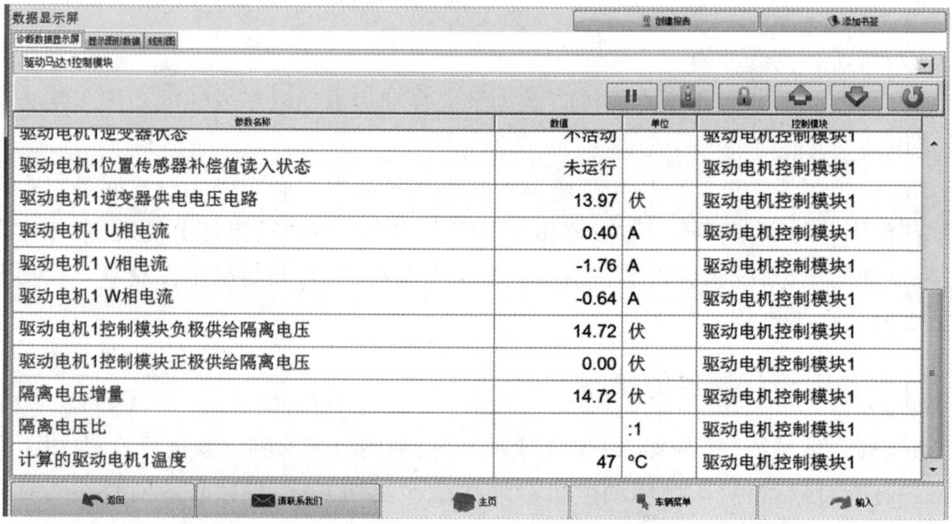

图 2-46　驱动电机控制器模块数据流读取

　　与动力蓄电池数据读取方式相同，我们可以通过诊断仪读取到"驱动电机 1 控制模块负极供给隔离低电压"，如图 2-47 所示。

82

参数名称	数值	单位	控制模块
驱动电机1逆变器状态	激活		驱动电机控制模块1
驱动电机1位置传感器补偿值读入状态	未运行		驱动电机控制模块1
驱动电机1逆变器供电电压电路	290.05	伏	驱动电机控制模块1
驱动电机1 U相电流	0.64	A	驱动电机控制模块1
驱动电机1 V相电流	-0.80	A	驱动电机控制模块1
驱动电机1 W相电流	0.48	A	驱动电机控制模块1
驱动电机1控制模块负极供给隔离电压	290.80	伏	驱动电机控制模块1
驱动电机1控制模块正极供给隔离电压	0.00	伏	驱动电机控制模块1
隔离电压增量	290.80	伏	驱动电机控制模块1
隔离电压比		:1	驱动电机控制模块1
计算的驱动电机1温度	46	℃	驱动电机控制模块1

图 2-47　驱动电机 1 控制模块负极供给隔离低电压

从图 2-47 中,可以看出驱动电机其他相关参数数据流,如驱动电机的三个相位 U/V/W 电流值、驱动电机温度等,维修技师可以与维修手册相关的参考值进行对比,以判断驱动电机的工作运行状态。

二、任务实施

(一) 工作准备

(1)防护装备:防护用品一套(工作服、绝缘劳保鞋、护目镜、绝缘头盔、绝缘手套)。

(2)车辆、台架、总成:比亚迪 E6 或其他纯电动汽车一辆。

(3)专用工具、设备:拆装专用工具。

(4)手工工具:新能源汽车维修组合工具。

(5)辅助材料:高压电维修警示牌和设备、绝缘地胶、二氧化碳类型灭火器、清洁剂。

(二) 实施步骤

本任务主要是对比亚迪 E6 电机控制器高压电源电路进行检测。

(1)比亚迪电机控制器(VTOG)高压电源电路如图 2-48 所示。

VTOG 高压电源电路检测步骤如下:

①将点火开关打到 OK 挡(若无法上 OK,进入下一步);

②读取 VTOG 数据流(表 2-3),看电池高压电是否供给 VTOG 控制器。

(2)检查整车上电流程。

①整车上电,读取电池管理系统数据流(表 2-4)中预充状态。

②检查上电过程。检查整车上电过程步骤如表 2-5 所示。

电机绕组绝缘
性能的检测

常电　　　[G]电

F2/7
双路电
1.5A

F2/22
高压
配电箱
7.5A

33　　G2N

KM-1
电源管理
(ON档电)
继电器

FM/1
配电箱
接触器
7.5A

M44

V2G控制
器充电&放电
(驱动)-

0
50

W/R
0.5　　　W/R
0.5　　　B/L
0.5

5　　M31　　1　　M31　　3　　M31

动力蓄电池组

维修开关

负极接触器

120Ω

主预充接触器

主接触器

350A

10　　M31　　13　　M31　　14　　M31

0
2.0

B
0.5

Y/B
0.5

R/Y
0.5

0
3.5

接漏电传感器　　M26　　M33-17　　M33-33　　V2G控制器驱动+

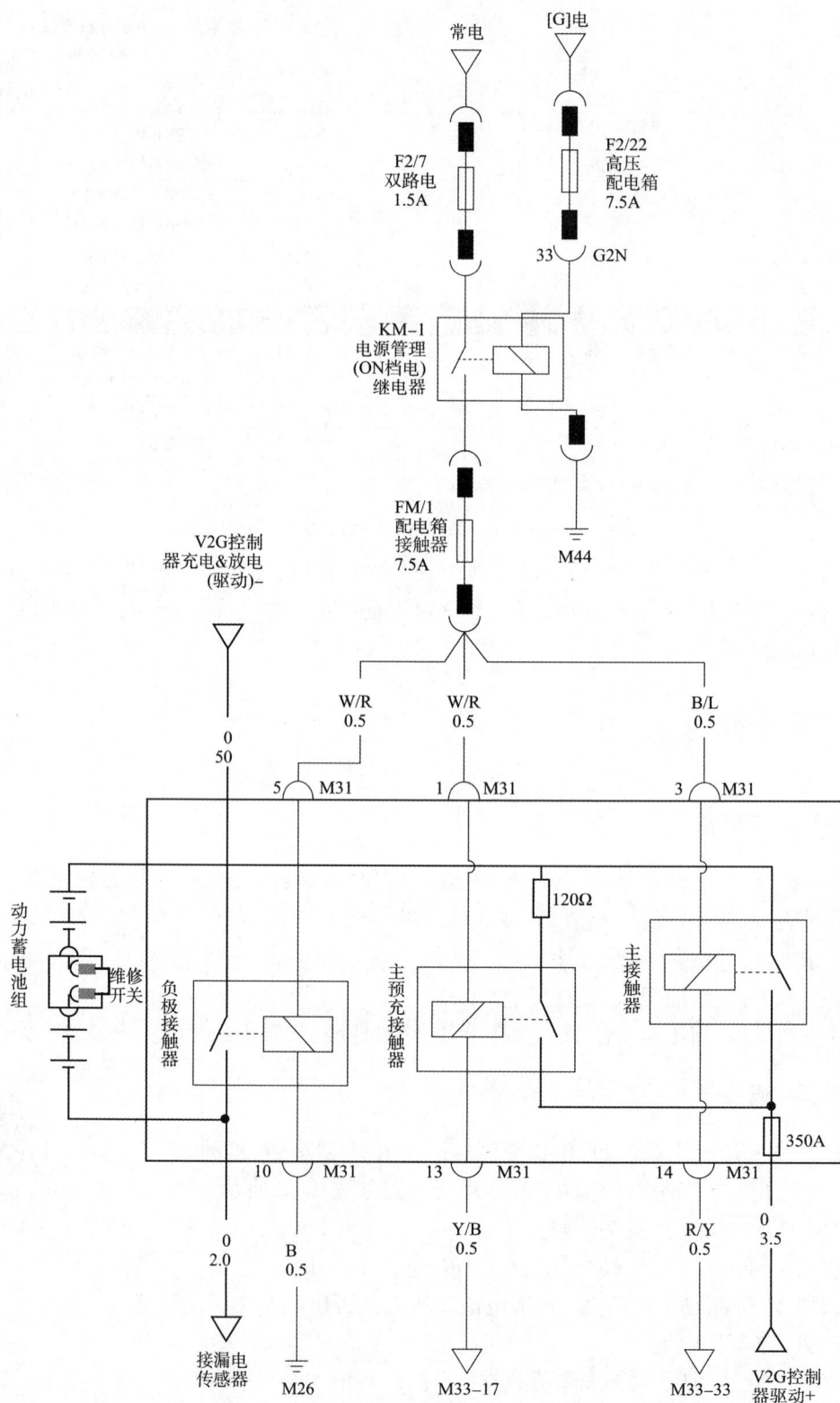

图 2-48　VTOG 高压电源电路图

VTOG 数据流　　　　　　　　　　　　　　　　　　表 2-3

数据流	电机控制器母线电压				
	与电池管理系统总电压相差小于 20V			与电池管理系统总电压相差大于 20V	
电压值(V)	0 ~ 199	200 ~ 400	>400	<20	其他
可能故障	动力蓄电池电压过低	正常	检查动力蓄电池	无高压,检查高压线束连接,若正常进入第(3)步	检查 VTOG 控制器或电池管理系统的采集电路(可尝试更换)

电池管系统数据流　　　　　　　　　　　　　　　表 2-4

数据流	预充状态		
	未预充	预充完成	预充失败
处理	进入 2	检查配电箱低压线束,进入第(3)步	检查配电箱低压线束,若正常,更换 VTOG

检查上电过程　　　　　　　　　　　　　　　　　表 2-5

步骤	检查项目	是	否
1	踩下制动踏板,观察制动灯是否点亮	进行步骤 2	检查制动信号
2	踩下制动踏板,观察起动按钮绿色灯是否点亮	进行步骤 3	检查车身控制模块(BCM)
3	读取 VTOG 数据流,踩下制动踏板上电,是否发送上电请求	检查电池管理系统 CAN 线和电池管理系统	进行步骤 4
4	检查 BCM 是否发送启动请求报文	进行步骤 5	更换 BCM
5	重新匹配电机防盗,重新上电	完成	更换 VTOG 控制器

(3)检查高压配电箱低压控制端。

①拔下高压配电箱 M31 连接器,如图 2-49 所示。

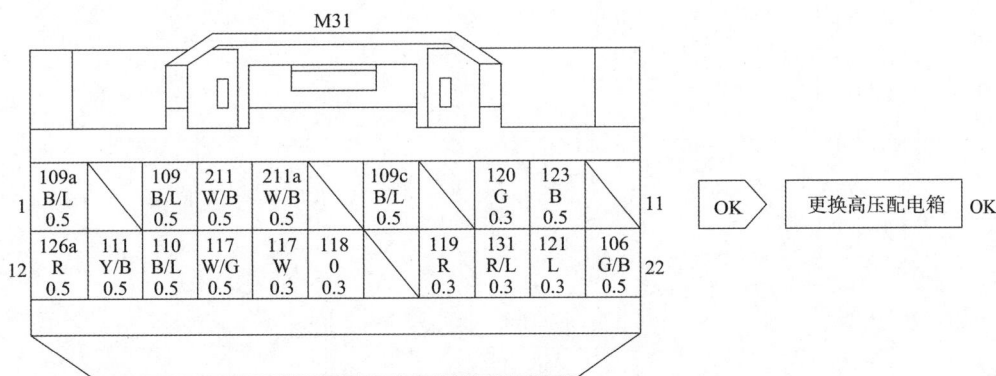

图 2-49　高压配电箱 M31 连接器

②测量线束端连接器各端子间电压或电阻。

(4)结束。

习题

一、填空题

1.驱动电机管理模块(控制器),通常简称 MCU,主要用于管理和控制驱动电机的_____、_____以及将驱动电机作为逆变电机发电。

2.驱动电机控制系统由_____、_____、_____、_____和相关传感器等组成。

3.电机控制器的主要参数由_____和_____组成。

二、判断题

1.超级电容是一种以电场形式储存能量的无源器件。 (   )

2.电机控制器包括功率电路、驱动与保护、控制电路三大部分。 (   )

3.旋转变压器(简称旋变)是一种输出电压随定子转角变化的信号元件。 (   )

三、选择题

1.(单选)目前使用在纯电动汽车上的驱动电机管理模块主要有两种类型:一种是仅用于控制驱动电机的,即(   );另一种是更具有集成控制功能的驱动电机管理模块,即集成了 MCU 与 DC-DC 转换器功能,这类的驱动电机管理模块也被称为 PCU。

    A. ESP   B. ABS   C. MCU   D. BCU

2.(多选)电机控制器有哪些主要功能。(   )

    A. 怠速控制(爬行)   B. 控制电机正转(前进)

    C. 控制电机反转(倒车)   D. 能量回收(交流转换直流)

    E. 驻车(防溜车)

新能源汽车动力驱动单元

知识目标

(1) 掌握混合动力电动汽车的驱动类型;

(2) 掌握混合动力电动汽车不同驱动类型的特点;

(3) 掌握纯电动汽车驱动单元的功能和基本结构;

(4) 掌握纯电动汽车的驱动类型;

(5) 掌握纯电动汽车电机驱动系统的类型;

(6) 掌握常见纯电动汽车驱动单元的结构特点。

技能目标

(1) 能够检索资料,总结混合动力电动汽车各种驱动类型的结构和特点;

(2) 能够检索资料,总结纯电动汽车各种驱动类型的结构和特点。

素质目标

(1) 能够制订工作计划,独立完成工作学习任务;

(2) 能够在工作过程中,与小组其他成员合作、交流并进行学习任务分工,具备团队合作和安全操作的意识;

(3) 养成服从管理、规范作业的良好工作习惯;

(4) 培养安全工作的习惯。

▶ 学时:12 学时

任务 1 混合动力电动汽车驱动控制单元认知

任务描述

"hybrid"译为混合,车尾部标有 hybrid 字样的汽车称为混合动力电动汽车,混合动力电动汽车是个大的概念,范围较广,由于实用的混合动力电动汽车是由内燃机和电动机两种动力混合作为输出,因此称为油电混合动力汽车,本书的"混合动力电动汽车"特指油电混合动力汽车。从能量源来看,"油"可以代表汽油、柴油,甚至是天然气,"电"表示以蓄电池、电容、储能飞轮三种形式储能,但三者储存的能量都是由内燃机带动的发电机发出的,即此时"电也是油"。从动力机械看,"内燃机"将化学能转为机械能,机械能一部分直接输出至车轮,一部分通过发电机发出电能,储存在上述三种储能装置之中,在需要的时候电能再输出给一个电动机,汽车可以以纯电动机工况行驶、发动机和电动机同时工作的混合工况行驶和纯发动机工况行驶,释放三者之中储存的电能。然后发动机在适当的时候通过发电机发电给三种储能装置,再在适当的时候以纯电动机工况或混合工况行驶,释放储能装置中储存的电能,而这里的关键问题是什么是"适当"的时候,这个问题在丰田普锐斯汽车工作原理中进行介绍。"电动/发电机"是指以电动机工况为主,以发电机工况为辅;而"发电/电动机"是指以发电机工况为主,以电动机工况为辅。本任务将介绍混合动力电动汽车几种不同的驱动类型分别具有哪些特点。

一、知识准备

(一) 混合动力电动汽车的驱动类型

混合动力电动汽车是由两种或两种以上的动力来进行驱动的,当前大多数的油电混合动力汽车主要由内燃机和电力两种动力进行驱动。

根据内燃机与电力之间连接的方式,可以将混合动力电动汽车分为串联式混合动力、并联式混合动力以及混联式混合动力三种类型。图 3-1 所示为混合动力驱动类型的示意图。

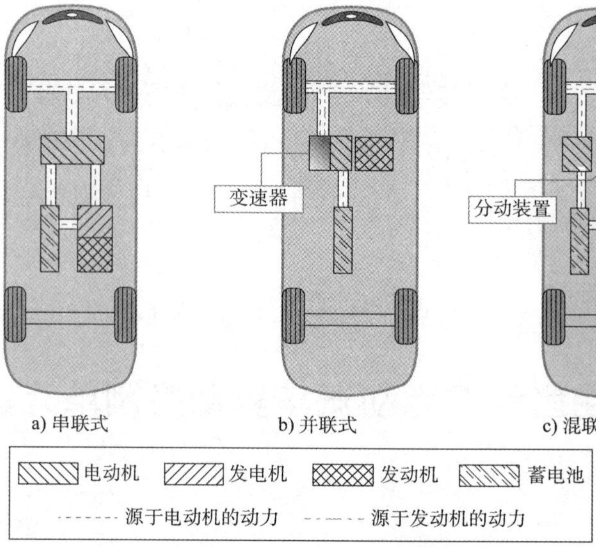

a) 串联式　　　　　b) 并联式　　　　　c) 混联式

图 3-1　混合动力驱动类型

(二)不同的驱动类型混合动力电动汽车的特点

1.串联式混合动力驱动单元

串联式混合动力驱动单元是指车辆的驱动力只来源于电机的混合动力电动汽车。其特点是发动机带动发电机发电,电能通过驱动电机控制器输送给电机,由电机驱动汽车行驶。另外,动力蓄电池也可以单独向电机提供电能驱动汽车行驶。例如雪佛兰VOLT(图3-2)即采用这种形式的驱动单元。

1)驱动单元主要结构形式

雪佛兰VOLT驱动单元内部设置有单级单排

图3-2　雪佛兰VOLT

行星齿轮机构、2个电机和2个离合器,其连接关系如图3-3所示。

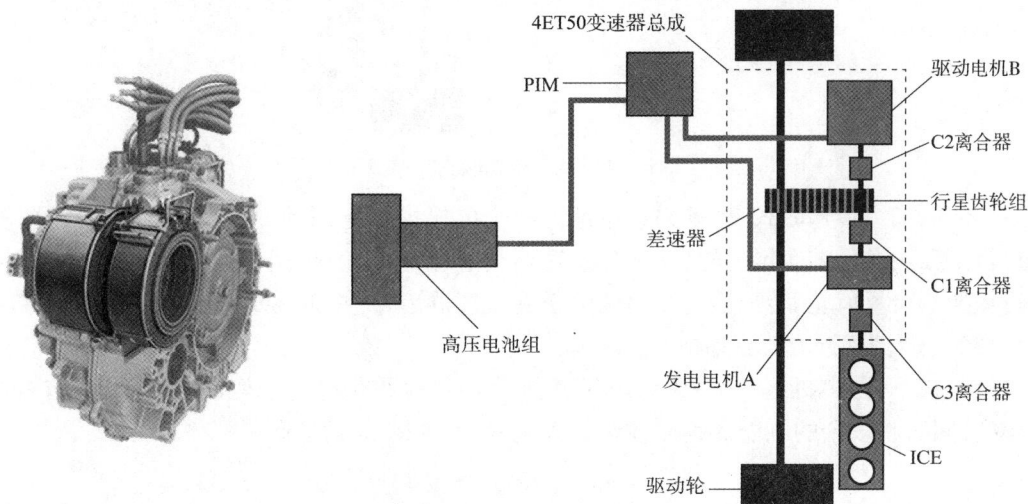

图3-3　雪佛兰VOLT驱动单元结构示意图

内部部件的连接关系是:行星齿轮机构的太阳轮与驱动电机B刚性连接,齿圈受C1和C2离合器的控制,行星架实现动力输出。行星齿轮安装于输出行星架总成内。太阳轮与输出太阳轮轴啮合。齿圈与C2外圈及C1内圈配合。C1工作时,齿圈处于静止状态。C2工作时,齿圈与发电电机A连接。

2)驱动单元运行模式

雪佛兰VOLT驱动单元运行时有三种运行模式,即纯电动单电机驱动模式、纯电动双电机驱动模式和内燃机运行电动驱动模式。

(1)纯电动单电机驱动模式。

该模式下,内燃机处于关闭的状态,仅由电机驱动车辆,如图3-4所示。

在纯电动单电机驱动模式下,驱动单元内部部件的动力传递方式是:C1离合器接合以保持行星齿轮组的齿圈处于静止状态,动力蓄电池通过逆变器等部件驱动电机B运转,由于行星齿轮组的齿圈保持静止状态,因此旋转转矩通过行星架输送到差速器,并最终传输到驱动轮上。

（2）纯电动双电机驱动模式。

在该模式，内燃机仍然关闭，驱动车辆通过两个电机进行的。驱动电机 B 提供移动车辆所需的转矩，电机 A 辅助电机 B 驱动车辆行驶。

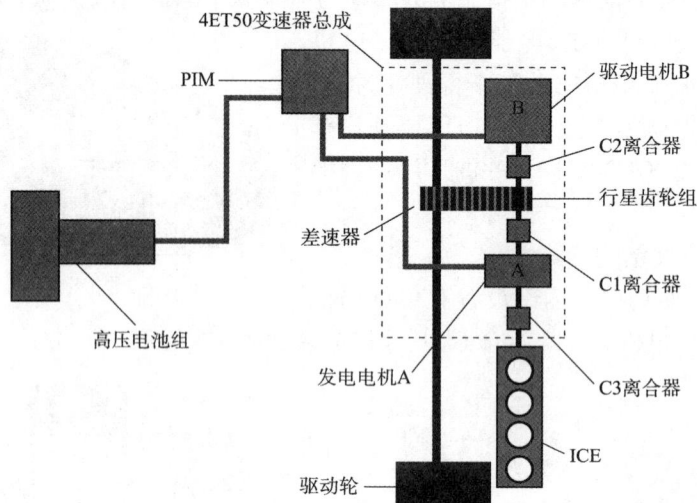

图 3-4　纯电动单电机驱动模式

内部的动力传递方式是：动力蓄电池为两个电机提供电源动力，电机 A 驱动齿圈，转矩通过行星架输送到差速器齿轮，并通过差速器传递至驱动轮；电机 B 驱动太阳轮，太阳轮驱动行星架的行星齿轮，转矩通过行星架输送到差速器齿轮，并通过差速器传递至驱动轮。

（3）内燃机运行电动驱动模式。

该模式下，内燃机运行，并驱动电机 A 产生电能以提供电能至驱动电机 B，将转矩提供至车轮，同时将多余的电能或存储在动力蓄电池中，如图 3-5 所示。

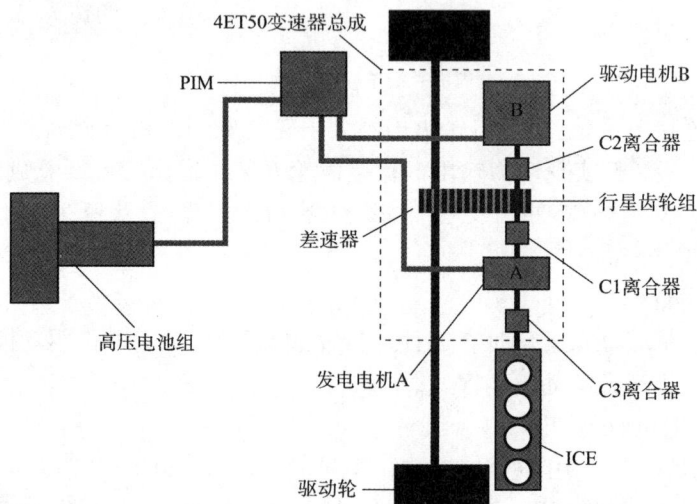

图 3-5　内燃机运行电动驱动模式

此时驱动单元内部动力传递形式是：C1 离合器将保持行星齿轮组的齿圈处于静止状态，

C3 离合器将电机 A 与内燃机相连接。电机 A 产生的电能传递给电机 B 驱动太阳轮,由于齿圈保持静止状态,因此旋转转矩则通过行星架传输到差速器,并通过差速器传输到驱动轮上。

2. 并联式混合动力驱动单元

并联式混合动力驱动单元是指车辆的驱动力由电机和发动机同时或单独供给的混合动力电动汽车。其结构特点是并联式驱动系统可以单独使用电机或发动机作为动力源,也可以同时使用电机和发动机作为动力源驱动汽车行驶。如本田 Insight(图 3-6)即采用这种形式的驱动单元。

a)本田Insight外观图　　　　　　　　　　　　b)本田Insight动力系统

图 3-6　本田 Insight 混合动力电动汽车

3. 混联式混合动力驱动单元

混联式混合动力驱动单元是指具备串联式和并联式两种结构的混合动力电动汽车。其特点是可以在串联混合模式下工作,也可以在并联混合模式下工作。混联混合动力多了动力分离装置,动力一部分用于驱动车轮,另一部分用于发电。如丰田普锐斯(图 3-7)即采用这种形式的驱动单元。

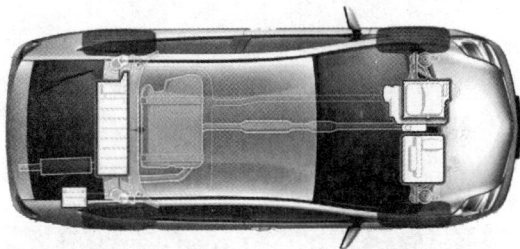

图 3-7　丰田普锐斯混合动力电动汽车

二、任务实施

(一)工作准备

(1)防护装备:无。

(2)车辆、台架、总成:丰田普锐斯混合动力电动汽车,混合动力驱动单元挂图、模型及视频资料。

(3)专用工具、设备:无。

(4)手工工具:无。

(5)辅助材料:无

(二)实施步骤

1.混合动力驱动单元类型和特点认知

参观实训室的混合动力驱动单元挂图、模型;检索资料、网上搜索或走访周边汽车销售店面,了解混合动力驱动单元的类型和特点。

2.丰田普锐斯混联式混合动力驱动单元运行模式认知

对照实车或台架,分析混联式混合动力驱动单元的运行模式。

(1)起动车辆。

(2)纯电动模式。

由动力蓄电池给驱动电机供电,再由电机驱动车辆行驶(图3-8)。

(3)传统燃油模式。

由发动机直接驱动车辆行驶(图3-9)。

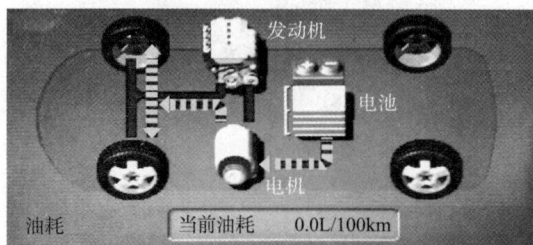

图3-8 混合动力电动汽车纯电动模式

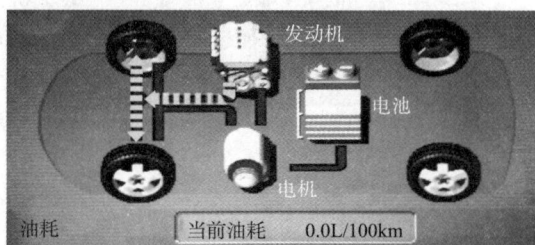

图3-9 混合动力电动汽车传统燃油模式

(4)能量回收模式。

在制动或惯性滑行中释放出多余能量,并通过发电机将其转化为电能(图3-10)。

(5)怠速充电模式。

由发动机带动发电机给动力蓄电池充电(图3-11)。

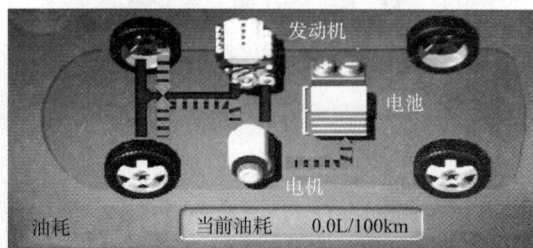

图3-10 混合动力电动汽车能量回收模式

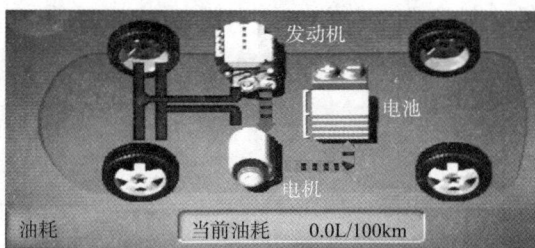

图3-11 混合动力电动汽车怠速充电模式

(6)驱动与发电模式。

由发动机驱动车辆行驶,驱动轮牵引电机给动力蓄电池供电(图3-12)。

(7)全速驱动模式。

需求更大加速度时,电机和发动机一起传输动力驱动车辆行驶(图3-13)。

3.油电混合动力汽车按串并联分类

传统的混合动力电动汽车分为串联式和并联式两种。近年来出现了一种同时具有串并联特征的混合动力电动汽车,因而其分类延伸为三种:串联式、并联式和混联式。2000年混合动力电动汽车的类型进一步延伸增加了复合式电动汽车,至今混合动力电动汽车共分为四种。

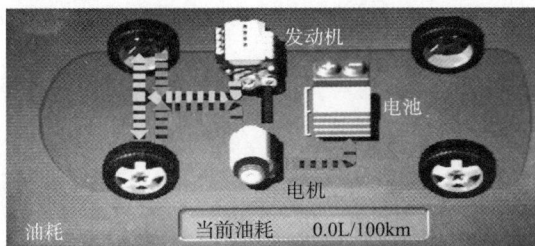

图3-12　混合动力电动汽车驱动与发电模式

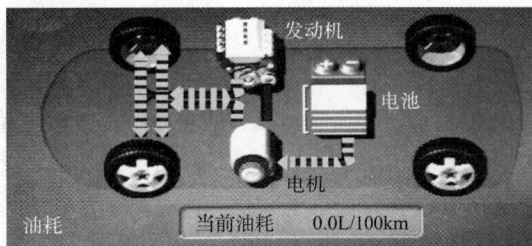

图3-13　混合动力电动汽车全速驱动模式

（1）串联式。

串联式混合动力电动汽车也称为"增程式"电动汽车。图3-14所示为串联式混合动力电动汽车简化结构示意图。串联就是表示与车轮直接机械连接的仅是电机。串联式混合动力电动汽车的工作方式就是用传统发动机直接通过发电机为电池充电,然后完全由电动机提供动力驱动的汽车。其目的在于使发动机长时间保持在最佳工作状态,从而达到减排效果。具体来说,发动机输出的机械能首先通过发电机转化为电能,转化后的电能一部分用来给蓄电池充电,另一部分经由电动机和传动装置驱动车轮。和燃油车相比,它是一种发动机辅助型的电动汽车,主要是为了增加车辆的行驶里程。由于在发动机和发电机的机械连接装置中没有离合器,因而它有一定的灵活性。尽管其传动结构简单,但它需要三个驱动装置:发动机、发电机和电动机。如果串联混合型电动车在设计时考虑下长坡,为提供最大功率,三个驱动装置的尺寸就会较大,如果仅用作短途运行,例如作为通勤车用或只是用于购物,相应的发动机、发电机装置应采用低功率的。这种形式的好处是发动机可以不受行驶状态的影响,一直处于最佳工作状态,对于改善排放大有好处,但转换效率偏低。丰田曾经将这种串联形式应用在考斯特上,并进行了批量生产。

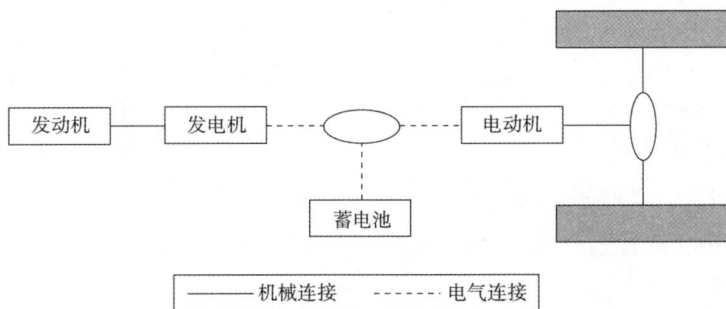

图3-14　串联式混合动力电动汽车简化结构示意图

串联结构特点如下:

①车载电能源环节的混合。

②单一的动力生成装置。

③发动机转速解耦。

④结构简单,布置方便。

⑤控制策略简单。

⑥效率低,造价高。

⑦串联式混合动力电动汽车驱动系统间的联合是车载电能源环节的联合。

(2)并联式。

图 3-15 所示为并联式混合动力电动汽车简化结构示意图。所谓并联式混合动力,就是指电动机和发动机并行排布,动力可以由两者单独提供或是共同提供。在并联式混合动力系统中,电动机同时也是发电机,其作用是让发动机处于靠近最有效率的运行状态,从而达到节油的效果。并联式混合动力电动汽车受电动机和电池能力的限制,仍然要以发动机为主要动力,但由于保留了常规汽车的动力传递形式,效率更高。

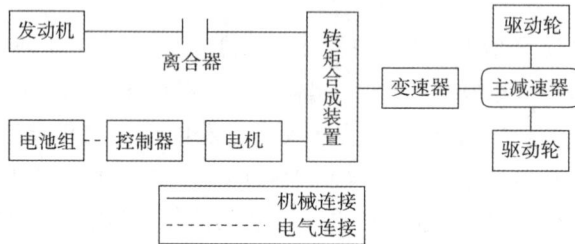

图 3-15　并联式混合动力电动汽车简化结构示意图

具体来说,与串联式混合动力电动汽车不同的是,并联式混合动力电动汽车采用发动机和电动机两套独立的驱动系统驱动车轮。发动机和电动机通常通过不同的离合器来驱动车轮,可以采用发动机单独驱动、电动机单独驱动或者发动机和电动机混合驱动三种工作模式。从概念上讲,并联式混合动力电动汽车是电力辅助型的燃油车,目的是降低排放和燃油消耗,当发动机提供的功率大于驱动电动车所需的功率或者再生制动时,电动机工作在发电机状态,将多余的能量充入动力蓄电池。与串联式混合动力电动汽车相比,它只需两个驱动装置——发动机和电动机,而且在蓄电池放完电之前,如果要满足相同的性能要求,并联式混合动力电动汽车的发动机和电动机的体积比串联式的小。即使在长途行驶时,并联式混合动力电动汽车发动机的功率也可以达到最大,而电动机的功率只需发出一半即可。

并联结构特点如下:

①机械动力的混合。

②两个或两个以上动力生成装置。

③每个动力系统都有独立的车载能源。

④动力系统效率高。

⑤并联式混合动力驱动系统之间的联合是车辆动力传递系统环节的联合,通过对不同的动力生成装置输出动能的联合或耦合,满足车辆行驶要求。

(3)混联式。

图 3-16 所示为混联式混合动力电动汽车简化结构示意图。混联式也称功率分流式,顾名思义就是结合了并联和串联两种形式。混联式在并联式的基础上,将发电机和电动机分

离开,这样电动机在运转过程中也能进行充电,使车辆能以串联和并联两种形式工作。目前的混合动力电动汽车基本属于这种模式。具体来说,混联式混合动力电动汽车在结构上综合了串联式和并联式的特点,与串联式相比,它增加了机械动力的传递路线;与并联式相比,它增加了电能的传输路线。尽管混联式混合动力电动汽车同时具有串联式和并联式的优点,但其结构复杂、成本高,不过随着控制技术和制造技术的发展,现代混合动力电动汽车更倾向于选择这种结构。

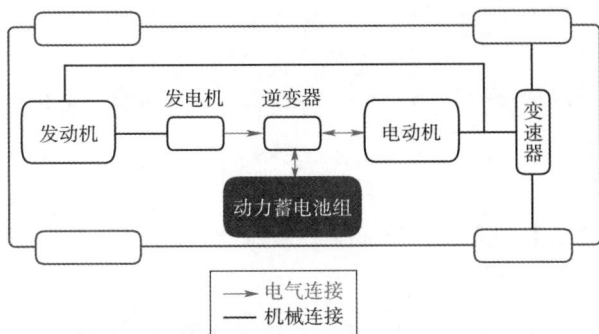

图3-16 混联式混合动力电动汽车简化结构示意图

功率分流式混联结构特点如下:
①转速与转矩混合耦合方式。
②发动机转速解耦,工作平稳。
③实现 ECVT(电控无级变速器)功能,结构紧凑。

为优化驱动系统的综合效率和充分发挥车辆的节能、低排放潜力,在实际应用中,混合动力电动汽车驱动系统并非单纯是简单的串联式结构或并联式结构,而是由串联式结构和并联式结构复合组成的串并联综合式结构,即所谓的混联式结构。并联式与混联式是如今混合动力电动汽车的应用主流。

开关式混联结构特点如下:
①转矩耦合方式。
②工况适应性强。
③节能潜力大。
④技术难度小。

(4)复合式。

图3-17 所示为复合式混合动力电动汽车简化结构示意图。复合式混合动力电动汽车结构更复杂,难以把它归于上述三种中的一种。其结构似乎与混联式混合动力电动汽车相似,因为它们都有起发电机和电动机作用的电机,二者的主要区别在于复合型中的电动机允许功率流双向流动,而混联式混合动力电动汽车中的发电机只允许功率流单向流动。双向流动的功率流可以有更多的运行模式,这对于采用三个驱动装置的混联式混合动力电动汽车而言是不可能达到的。复合式混合动力电动汽车同样具有结构复杂、成本高的缺点,不过,现在有些新型的混合动力电动汽车也采用这种双轴驱动的复合式系统。

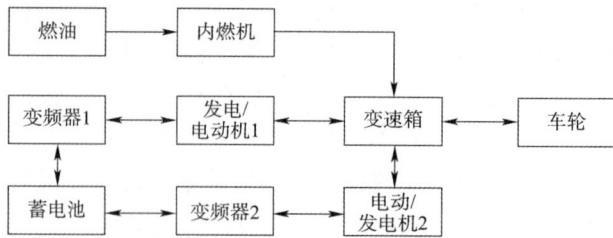

图 3-17　复合式混合动力汽车简化结构示意图(两粗箭头只能有 1 个)

为了实现混联式以及复合式的混合驾驶模式,发动机与发电/电动机之间以及电动机与变速器之间必须进行机械连接,其中机械连接装置可以选择行星齿轮机构。

复合结构特点如下:

①地面附着性能好。

②具有两套或两套以上独立驱动系统。

③整车布置方便。

复合式结构中机械动力的混合是在车辆驱动轮处通过路面实现的,由于具有两套独立的驱动系统直接驱动车辆,因此在充分利用地面附着力方面具有优势,通过合理的控制,可大大改善车辆的动力性能。

复合式混合动力电动汽车拥有 1 台发动机和 2 台电机,发动机和电机 1 安装于前桥上。电机 2 则安装于后桥上。这种方案适用于四轮驱动车辆。发动机和电机 1 通过行星齿轮组连接至车辆变速器。同样,在这种情况下,各动力源输出的动力并不全部传递给车轮。后桥上的电机 2 会在需要时起动。由于采用这样的设计,高压蓄电池通常安装在车辆前、后桥之间。

4. 按照混合度分类

目前,按照混合度对混合动力电动汽车分类的说法也比较流行。按照我国汽车行业标准中对混合动力电动汽车的分类和定义,按电机峰值功率占发动机功率百分比多少分可为微混、轻混、中混、重混四种。

(1)微混。

"微混"也称"起停"(Start-Stop)式,一般情况下电机的峰值功率和发动机的额定功率比小于等于 5% 的为微混合动力,在交通拥堵的城市,节油率可达 5% ~10%。微混合动力车型的电机基本不具备驱动车辆的功能,一般是用作迅速起动发动机,实现起停功能,例如 Smart fortwo mhd 就属于这种类型。其优点是汽车结构改变很小,成本增加很少,易于实现,有可能成为乘用车的标准设置;主要缺点是当停车需要空调时,空调不起作用。推广"起停式"结构,需要提高公众的节能意识,学术界有人认为"起停式"算不上混合动力系统。

(2)轻混。

电机的峰值功率和发动机的额定功率比在 5% ~15% 的为轻度混合动力。在这种类型中,发动机依然是主要动力,电动机不能单独驱动汽车,只是在爬坡或加速时辅助驱动,平时主要使用发动机动力,电池电机在汽车加速爬坡时提供辅助动力,同时具有制动能量回收和

"起停"功能。轻度混合动力车型发动机排量可减少 10% ~ 20%，节油率可为 10% ~ 15%；技术难度相对低，成本增加不是很多。别克君越 Eco-Hybrid 即属于这种轻度混合动力车型。

轻度混合动力汽车的特性：车辆停止时，关闭发动机。起步和加速时，电动机起辅助发动机作用；减速/制动时，发动机依据传统电控发动机系统控制而执行断油模式，并将获得的再生制动能量充入蓄电池。其有技术结构较简单、成本低、应用广泛的优势。

（3）中混。

电机的峰值功率和发动机的额定功率比在 15% ~ 40% 的为中度混合动力。

（4）重混。

电机的峰值功率和发动机的额定功率比在 40% 以上的为重度混合动力。这类车型可由电动机或发动机单独驱动。重度混合动力电动汽车的电动机和发动机可以独立或联合驱动车辆，低速起步、倒车和低速行驶时可以纯电动驱动，同时具有制动能量回收和"起停"功能；电动机的功率约为发动机功率的 50%，节油率为 30% ~ 50%；技术难度较大，成本增加多。典型的重度混动力电动汽车是丰田普锐斯（Prius）。

5. 按能否外接电源进行充电分类

按能否外接电源进行充电，混合动力电动汽车分为混合动力电动汽车（Hybrid Electric Vehicle，HEV）和插电式混合动力电动汽车（Plug-in Hybrid Electric Vehicle，PHEV，图 3-18）两种。插电式混合动力系统是根据欧美驾车习惯而来，能外接电源充电更有利于节能减排。国外研究机构根据资料统计得出结论，法国城镇居民 80% 以上日均行车里程少于 50km，美国汽车驾驶者也有 60% 以上日均行车里程少于 50km，80% 以上日均行车里程少于 90km，因此，在车辆上安装一套巨大的动力蓄电池组，使其电量足以满足这一续驶里程，就可以在大部分日常行驶中达到零排放。

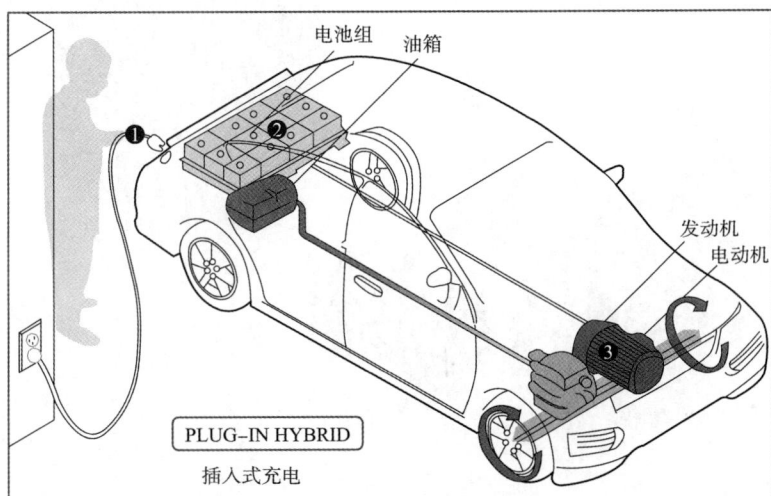

图 3-18　插电式混合动力示意图

1-充电插头；2-动力蓄电池组；3-电动机

插电式混合动力系统的特征是可以由电能单独驱动，并配备一个大容量的可外部充电的动力蓄电池组，显著的特性是可通过外部工业 380V 或家庭 220V 电源进行充电。插电式混合动力电动汽车电机的功率接近发动机,可实现较长距离的纯电动行驶,电池容量依纯电动行驶里程来选定,电池成本增加很多,节油率在不计电能时最大可达到100%。

比亚迪 F3DM 和雪佛兰 VOLT,以及长春一汽新能源汽车公司下线并投入市场的奔腾 B50 插电式混合动力电动汽车都属于这种类型。

6. 混合动力起停(Stop-Start)系统

在交通拥堵的城市,停车怠速时间超过总行驶时间的30%以上,耗能较多,停车停机功能可节省汽油消耗。混合动力电动汽车电机具有制动能量回收功能,在频繁加减速的城市行驶工况下,制动消耗的能量会占到车辆行驶能量消耗的50%;可减小发动机排量,传统汽车为满足加速性和最大车速要求,内燃机的峰值功率为车辆巡航所需功率的3~5倍;可优化发动机,传统汽车内燃机必须满足很大的速度和负载范围的油耗与排放要求(如乘用车15工况标准)。对于混合动力电动汽车而言,起停系统可谓是最基本的一个系统。国内如长安和奇瑞等厂商都已经宣布,在今后的几年内,全系车辆都将标配这样一套起停系统。在传统发动机汽车上可采用三线三相式交流电机作为起动机/发电机,也可采用强化起动机,混合动力电动汽车多采用发电机/电动机和发动机后集成电机的起动方式,如图3-19所示为传动带式怠速起停系统。所谓的起停系统,其实就是一套可以在车辆怠速状态下自动关闭发动机从而起到降低油耗作用的系统。它可以在车辆怠速等待状态下(脚踩制动踏板后)关闭发动机,转由电机驱动车内电器。而在驾驶员再次起动车辆[踩离合器踏板(对于手动变速器车辆),踩加速踏板(对于自动变速器车辆)]的0.1~0.3s之内迅速作出反应,起动发动机。起停系统适合于那些经常在交通拥堵的城市中运行的车辆。

图 3-19　传动带式怠速起停系统

皮带传动起动/发电技术(Belt Starter Generator, BSG)是一种采用皮带传动方式进行动力混合,具备怠速停机和起动功能(Stop/Start)的弱混合动力技术。与一般车辆不同的是,混合动力电动汽车的起停系统完全是自动起停,不需要人去操控。相对 BSG 技术,集成起动/发电技术(Integrated Starter Generator,ISG)会更高级一些,它在 BSG 的基础上增加了加速时电动机辅助的功能。

起停功能是车辆电子控制单元(ECU)通过布置在车辆上的传感器,收集及处理车辆工作信息来控制发动机自动熄火或起动。该功能可有效降低车辆行驶在城市道路时因频繁堵车,发动机长时间怠速工作产生的油耗。起停模式开启/关闭:在驾驶室操作面板上有起停功能开关,当起动车辆后,按下该开关,功能开关上的指示灯常亮,表示起停模式开启;当组合仪表常亮时,车辆具备起停功能,当 5s 闪烁时,表示起停系统出现故障;若再次按下开关指示灯熄灭,表示起停模式关闭。起停功能操作方式:车辆行驶中,在组合仪表常亮情况下,用户只需将车速降至系统限定的安全车速,将挡位挂到空挡并完全松开加速踏板或离合器踏板,发动机便自动熄火。当发动机自动熄火后,用户若要起动发动机,只需轻踏加速踏板或离合器踏板,发动机将自动起动。

为保证用户使用安全,起停功能系统设置了相应保护措施,具体如下:发动机自动熄火后,若无法自动起动,请检查车门是否开启或未紧闭;发动机自动熄火后,若故意多次踩制动踏板会导致车辆制动真空度不足,为保证车辆行车安全,发动机将自动起动;车辆出现溜坡现象,车速超过 2.5km/h,发动机自动起动;发动机自动起动后,用户不挂挡和加速踩踏离合器踏板,发动机自动熄火。

任务2　纯电动汽车驱动控制单元认知

任务描述

纯电动汽车是指主要以电池为动力源,全部或部分由电动机驱动,符合道路交通安全法规各项要求的车辆。纯电动汽车是涉及机械、电子、电力、微机控制等多学科的高科技产品,是与燃油汽车相对应的。纯电动汽车最早出现在英国,1834 年 Thomas Dwenport 在布兰顿演示了采用不可充电的玻璃封装蓄电池的蓄电池车,此车的出现时间比世界上第一部采用内燃机的汽车早半个世纪。电动汽车在 20 世纪 20 年代达到鼎盛时期,然而在燃油汽车出现后,纯电动汽车在整车质量、动力性能、续驶里程、机动性和灵活性方面越来越落后于燃油汽车。但在全球温室效应与能源问题逐渐受到各国政府重视的情况下,主要国家的污染法规渐趋严格,因此对低污染车辆的需求势必增加。随着各种高性能蓄电池和高效率电动机的不断出现,人们又把目光转向了零污染或超低污染排放的电动汽车。从 20 世纪 70 年代起,新一代纯电动汽车脱颖而出,涌现了各种高性能的纯电动汽车。例如,比亚迪 E6 纯电动车可续驶 300km,最高车速 160km/h;长安奔奔纯电动汽车续驶 150km,最高车速 120km/h;宝马 Mini 纯电动汽车可续驶 240km,最高车速 160km/h;三菱 iMiEV 纯电动汽车可续驶 150km,最高车速 130km/h;日产 Leaf 纯电动汽车可续驶 160km,最高车速 140km/h,只需 30min 可充电 80%,而通过 10min 充电可行驶 50km;奔驰 Smart For two 纯电动汽车可续驶 121km,最高车速 135km/h。本任务将介绍纯电动汽车各种驱动类型的结构和特点。

一、知识准备

（一）纯电动汽车驱动单元功能和结构

1.纯电动汽车驱动单元功能

纯电动汽车驱动单元的功能是将储存在动力蓄电池中的电能高效地转化为车轮的动能,进而推进汽车行驶,并能够在汽车减速制动或者下坡时,实现再生制动。驱动电机的功能是将电能转化为机械能,通过传动装置驱动或直接驱动车轮。早期的纯电动汽车上广泛采用直流串激电动机,这种电动机具有"软"的机械特性,与汽车的行驶特性非常适应。但直流电动机由于存在换向火花,比功率较小,效率较低,维护工作量大等缺点,随着电机技术和电机控制技术的发展,正在逐渐被直流无刷电机、永磁同步电机和交流异步电机所取代。

2.纯电动汽车驱动单元基本结构

与混合动力电动汽车相比,纯电动汽车驱动单元结构要更加简单,没有混合动力电动汽车驱动单元内部需要兼顾内燃机与电力驱动两个动力的复杂连接结构。图 3-20 所示为纯电动汽车驱动单元的外形。

纯电动汽车驱动单元内部通常主要包括一个大功率的驱动电机和用于将电机进行减速的行星齿轮减速机构,或者其他形式的减速齿轮机构,同时根据驱动单元的设计不同,有的车辆驱动单元还包括有差速机构。

纯电动汽车驱动单元是纯电动汽车的核心,也是区别于内燃机汽车的最大不同点。纯电动汽车对驱动系统的要求很高,驱动系统应符合下列要求:

图 3-20 纯电动汽车驱动单元

（1）瞬时功率大,短时过载能力强,以满足爬坡及加速的需要。

（2）调速范围宽广。

（3）在运行的全部速度范围和负载范围内,具有较高的效率。也就是在电机所有工作范围内综合效率高,以尽量提高纯电动汽车一次续驶里程。

（4）可靠性高,使用方便简单,价格低廉。

（5）功率密度高,体积小,质量轻。

纯电动汽车传动装置内部基本结构如图 3-21 所示。传递装置的作用是将电机的驱动转矩传给汽车的驱动轴。因为电机可以带负载起动,所以纯电动汽车上无须安装传统内燃机汽车的离合器,并且驱动电机的转向可以通过电路控制来实现变换,因此,纯电动汽车不需要内燃机汽车变速器中的倒挡。当采用电动机无级调速控制时,纯电动汽车可以省去传统内燃机汽车的变速器。在采用电动轮驱动时,纯电动汽车也可以省去传统内燃机汽车传动系统的差速器。

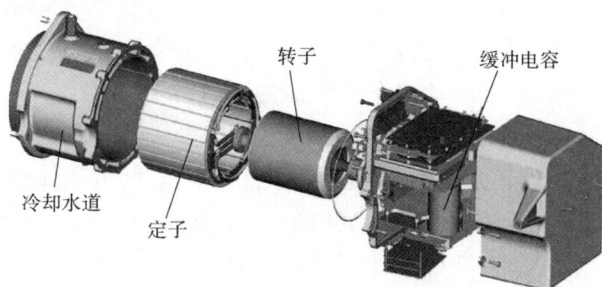

图 3-21　纯电动汽车驱动单元内部基本结构

(二)纯电动汽车的典型驱动类型

针对驱动轮所施加驱动转矩的来源来说,纯电动汽车所采用的驱动方式总体上可分为两种:集中驱动和车轮独立驱动。

(1)集中驱动。

集中驱动是指利用一个动力源通过变速器和减速器(或只通过减速器)降速增矩,最后经差速器将驱动转矩大致平均地分配给左右驱动半轴,可以采用前轮驱动、后轮驱动或四轮驱动的形式,其结构如图 3-22 所示。

(2)车轮独立驱动。

车轮独立驱动是指利用多个动力源分别驱动单个车轮,可以分为两轮独立驱动和四轮独立驱动,其结构如图 3-23 所示。

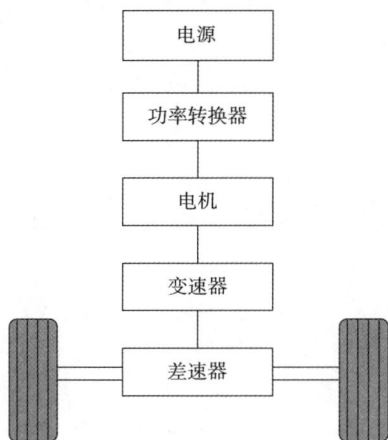

图 3-22　集中驱动形式

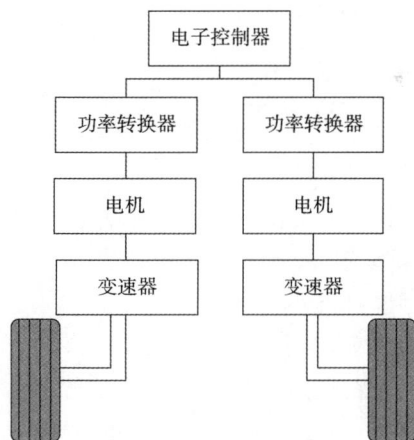

图 3-23　车轮独立驱动形式

(三)纯电动汽车电机驱动系统类型

纯电动汽车常用的电机驱动系统有四种类型:直流电机驱动系统、交流异步电机驱动系统、永磁同步电机驱动系统和开关磁阻电机驱动系统。

1.直流电机驱动系统

直流电机驱动系统采用有刷直流电机,电机控制器一般采用斩波器控制方式。它具有成本低、易于平滑调速、控制器简单、控制相对成熟等优点。但由于需要电刷和换向器,其结构复杂,运行时有火花和机械磨损,所以电机运行转速不宜太高。尤其是对无线电信号会产生干扰,这对高度智能化的未来电动汽车是致命的弱点。

2. 交流异步电机驱动系统

这种电机结构简单,制造容易,效率比直流电机高,与永磁同步电机、开关磁阻电机相比,其成本最为低廉,但控制较为复杂。总的说来,交流异步电机系统的综合性价比具有一定的优势,尤其是异步电机具有高可靠性、免维护、成本低廉的优点。

3. 永磁同步电机驱动系统

永磁同步电机驱动系统的效率高是其最大特点,同时具有质量轻、体积小、无须维护等优点。与异步电机相比,永磁同步电机成本较高,可靠性和使用寿命也较差,同时永磁体还存在失磁的可能。另外,其制造工艺也比异步电机复杂。在控制上,由于永磁体的存在,弱磁控制有一定的难度。因此,目前大多数纯电动汽车的永磁同步电机都带有冷却系统。

4. 开关磁阻电机系统

开关磁阻电机转子没有绕组做成凸极,结构简单,可靠性高,快速响应好,效率与异步电机相当。由于转子无绕组,该电机系统特别适合频繁的正反转及冲击负载等工况。开关磁阻电机系统驱动电路采用的功率开关元件较少,电路简单,能较方便地实现宽调速和制动能量的反馈。因此,这种系统在纯电动汽车中亦有一定的应用,缺点主要在于其结构带来的噪声和振动较大。

二、任务实施

(一)工作准备

(1)防护装备:无。

(2)车辆、台架、总成:北汽新能源、比亚迪 E6 纯电动汽车驱动单元总成及部件,纯电动汽车驱动单元挂图、模型及视频资料。

(3)专用工具、设备:无。

(4)手工工具:无。

(5)辅助材料:无

(二)实施步骤

1. 纯电动汽车驱动系统的组成

纯电动汽车驱动系统的组成如图 3-24 所示,主要由中央控制单元、驱动控制器、驱动电机、机械传动装置等组成。为适应驾驶员的传统操纵习惯,纯电动汽车仍保留了加速踏板、制动踏板及有关操纵手柄或按钮等。不过在纯电动汽车上是将加速踏板、制动踏板的机械位移量转换为相应的电信号输入中央控制单元来对汽车的行驶实行控制的。对于变速杆,为遵循驾驶员的传统习惯,一般仍需保留,同样除传统的驱动模式外也就只有前进、空挡、倒退三个挡位,并且以开关信号传输到中央控制单元来对汽车进行前进、停车、倒车控制。

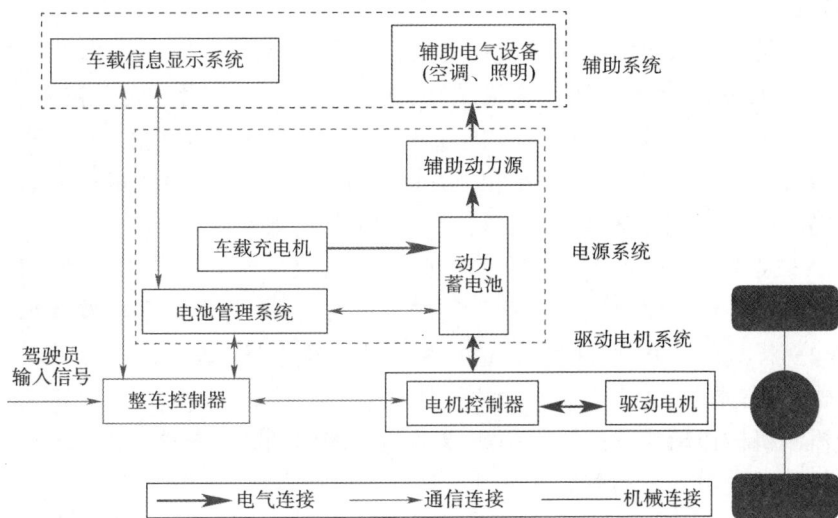

图 3-24 驱动系统组成

(1)中央控制单元。

中央控制单元不仅是驱动系统的控制中心,还要对整辆纯电动汽车的控制起到协调作用。它根据加速踏板与制动踏板的输入信号,向驱动控制器发出相应的控制指令,对驱动电机进行起动、加速、减速、制动控制。在纯电动汽车减速和下坡滑行时,中央控制单元配合车载电源模块的能源管理系统进行发电回馈,使蓄电池反向充电。对于与汽车行驶状况有关的速度、功率、电压、电流及有关故障诊断等信息,还需传输到辅助模块的驾驶室显示操纵台进行相应的数字或模拟显示,也可采用液晶屏幕显示来提高其信息量。另外,如驱动系统采用轮毂电机分散驱动方式,当汽车转弯时,中央控制单元也需与辅助模块的动力转向单元配合,即控制左右轮毂电机来实行电子差速转向。为减少纯电动汽车各个控制部分间的硬件连线,提高可靠性,当代汽车控制系统已较多地采用了微机多 CPU 总线控制方式,特别是对于采用轮毂电机进行前后四轮驱动控制的模式,更需要运用总线控制技术来简化纯电动汽车内部线路的布局,提高其可靠性,也便于故障诊断和维修,并且采用该模块化结构,一旦技术成熟,其成本也将随批量生产而大幅下降。

(2)驱动控制器。

驱动控制器的功能是按中央控制单元的指令和驱动电机的速度、电流反馈信号,对驱动电机的速度、驱动转矩和旋转方向进行控制。驱动控制器与驱动电机必须配套使用,目前对驱动电机的调速主要采用调压、调频等方式,这主要取决于所选用的驱动电机类型。由于动力蓄电池组以直流电方式供电,所以对于直流电机主要是通过 DC/DC 转换器进行调压调速控制,对于交流电机需通过 DC/AC 转换器进行调频调压矢量控制,对于磁阻电机是通过控制其脉冲频率来进行调速。当汽车倒车时,需通过驱动控制器使驱动电机反转来驱动车轮反向行驶。当纯电动汽车处于减速和下坡滑行时,驱动控制器使驱动电机运行于发电状态,驱动电机利用其惯性发电,将电能通过驱动控制器回馈给动力蓄电池组,所以驱动控制器与动力蓄电池组电源的电能流向是双向的。

（3）驱动电机。

驱动电机在纯电动汽车中被要求承担电动机和发电机的双重功能，即在正常行驶时发挥其主要的电动机功能，将电能转化为机械能；而在减速和下坡滑行时又被要求进行发电，将车轮的惯性动能转换为电能。对驱动电机的选型一定要根据其负载特性来进行。由对汽车行驶时的特性分析可知，汽车在起步和上坡时要求有较大的起动转矩和相当的短时过载能力，并有较宽的调速范围和理想的调速特性，即在起动低速时为恒转矩输出，在高速时为恒功率输出。驱动电机与驱动控制器所组成的驱动系统是纯电动汽车中最为关键的部件，纯电动汽车的运行性能主要取决于驱动系统的类型和性能，它直接影响着汽车的各项性能指标，如汽车在各工况下的行驶速度、加速与爬坡性能及能源转换效率。

（4）机械传动装置。

纯电动汽车机械传动装置的作用是将驱动电机的驱动转矩传输给汽车的驱动轴，从而带动汽车车轮行驶。由于驱动电机本身具有较好的调速特性，其变速机构可被大大简化，较多的是为放大驱动电机的输出转矩仅采用一种固定的减速装置。又因为驱动电机可带负载直接起动，省去了传统内燃机汽车的离合器。由于驱动电机可以容易地实现正反向旋转，所以也无须通过变速器中的倒挡齿轮组来实现倒车。对驱动电机在车架上合理布局，即可省去传动轴、万向节等传动部件。当采用轮毂电机分散驱动方式时，又可以省去传统汽车的驱动桥、机械差速器、半轴等一切传动部件，所以该驱动方式也可被称为"零传动"方式。

2.纯电动汽车驱动系统的布置

由于纯电动汽车是单纯用蓄电池作为驱动能源的汽车，采用合理的驱动系统布置形式来充分发挥电机驱动的优势是尤其重要的。纯电动汽车驱动系统布置的原则是：符合车辆动力学对汽车重心位置的要求，并尽可能降低车辆质心高度。特别是对于采用轮毂电机驱动实现"零传动"方式的纯电动汽车，不仅去掉了发动机、冷却系统、排气消声系统和油箱等相应的辅助装置，还省去了变速器、驱动桥及所有传动链，既减轻了汽车自重，也留出了许多空间，其结构可以说发生了脱胎换骨的变化。车辆的整个结构布局需重新设计并全面考虑各种因素。

如图3-25所示，纯电动汽车的驱动系统布置形式目前主要有四种基本典型结构，即传统的驱动方式、电机-驱动桥组合式驱动方式、电机—驱动桥整体式驱动方式、轮毂电机分散驱动方式。

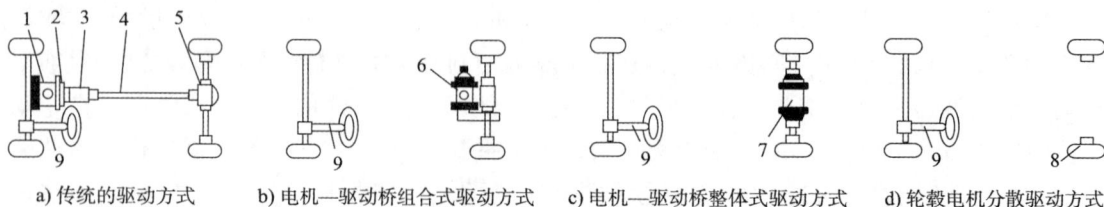

a）传统的驱动方式　b）电机—驱动桥组合式驱动方式　c）电机—驱动桥整体式驱动方式　d）轮毂电机分散驱动方式

图3-25　纯电动汽车驱动系统布置形式

1-电动机；2-离合器；3-变速器；4-传动轴；5-驱动桥；6-电机-驱动桥组合式驱动系统；7-电机-驱动桥整体式驱动系统；8-轮毂电机；9-转向器

（1）传统驱动系统布置形式。

如图3-25a）和图3-26a）所示，传统驱动系统仍然采用内燃机汽车的驱动系统布置形式，包括离合器、变速器、传动轴和驱动桥等总成，只是将内燃机换成电机，属于改造型电动汽车。这种布置形式可以提高纯电动汽车的起动转矩，增加低速时纯电动汽车的后备功率。这种驱动系统布置形式有电机前置—驱动桥前置（F-F）、电机前置—驱动桥后置（F-R）等驱动形式。但是，这种驱动系统布置形式结构复杂、效率低，不能充分发挥电机的性能。在此基础上，还有一种简化的传统驱动系统布置形式，如图3-26b）所示，采用固定传动比减速器，去掉离合器，这种驱动系统布置形式可减少机械传动装置的质量，缩小其体积。

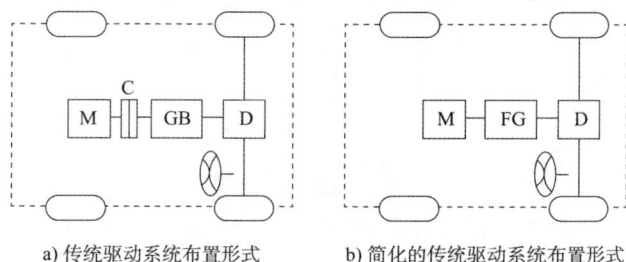

a) 传统驱动系统布置形式   b) 简化的传统驱动系统布置形式

图3-26 传统驱动系统和简化的传统驱动系统布置形式
C-离合器；FG-固定传动比减速器；GB-变速器；M-驱动电机；D-驱动桥

传统驱动系统布置形式的工作原理类同于传统汽车，离合器是用来切断或接通驱动电机到车轮之间传递动力的机械装置，变速器是一套具有不同传动比的齿轮机构，驾驶员按需要来选择不同的挡位，使得低速时车轮获得大转矩低转速，而高速时车轮获得小转矩高转速。由于采用了调速电动机，其变速器可相应简化，挡位数一般有两个就够了，倒挡也可利用驱动电机的正反转来实现。驱动桥内的机械式差速器使得汽车在转弯时左右车轮以不同的转速行驶。这种模式主要用于早期的纯电动汽车，省去了较多的设计，也适于对原有汽车的改造。

（2）电机—驱动桥组合式驱动系统布置形式。

如图3-25b）所示，这种驱动系统布置形式即在驱动电机端盖的输出轴处加装减速齿轮和差速器等，电机、固定传动比减速器、差速器的轴互相平行，一起组合成一个驱动整体。它通过固定传动比的减速器来放大驱动电机的输出转矩，但没有可选的变速挡位，也就省掉了离合器。这种布置形式的机械传动机构紧凑，传动效率较高，便于安装。但这种布置形式对驱动电机的调速要求较高。按传统汽车的驱动模式来说，可以有驱动电机前置—驱动桥前置（F-F，如图3-27所示）或驱动电机后置—驱动桥后置（R-R）两种方式。这种驱动系统布置形式具有良好的通用性和互换性，便于在现有的汽车底盘上安装，使用、维修也较方便。

（3）电机—驱动桥整体式驱动系统布置形式。

如图3-25c）和图3-27所示，这种驱动系统布置形式与发动机横向前置-前轮驱动的内燃机汽车的布置方式类似，把电机、固定传动比减速器和差速器集成为一个整体，两根半轴连接驱动车轮。电机—驱动桥整体式驱动系统布置形式有同轴式［图3-28a）］和双联式［图3-28b）］两种。

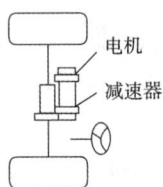

图 3-27　F-F 电机—驱动桥组合式
驱动系统布置形式

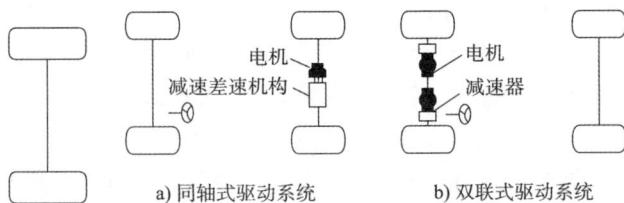

图 3-28　电机—驱动桥整体式驱动系统布置形式

① 如图 3-29 所示,同轴式驱动系统的电机轴是一种特殊制造的空心轴,在电机左端输出轴处的装置装有减速齿轮和差速器,再由差速器带动左右半轴,左半轴直接带动,而右半轴通过电机的空心轴来带动。

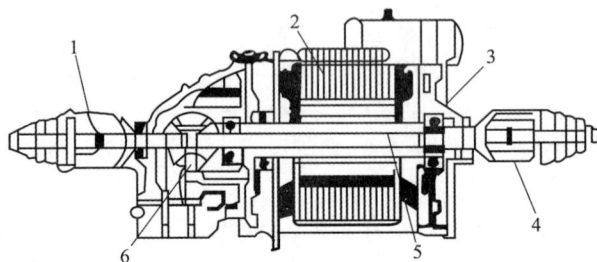

图 3-29　同轴式电机—驱动桥整体式驱动系统
1-左半轴;2-驱动电机转子;3-驱动电机外壳;4-右半轴;5-驱动电机空心轴;6-驱动桥差速器

② 如图 3-30 所示,双联式驱动系统也称为双电机驱动系统,由左右两台永磁电机直接通过固定传动比减速器分别驱动两个车轮,左右两台电机由中间的电控差速器控制,每个驱动电机的转速可以独立地调节控制,便于实现电子差速,不必选用机械差速器。

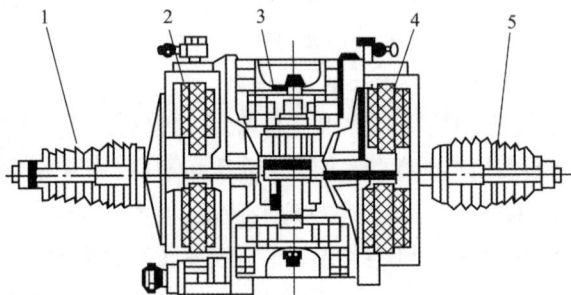

图 3-30　双联式电机—驱动桥整体式驱动系统
1-左半轴;2-左驱动电机;3-电控差速器;4-右驱动电机;5-右半轴

③ 汽车转弯时,如图 3-31a) 所示采用机械式差速器,图 3-31b) 采用电控差速器。电控差速器的优点是体积小、质量轻,在汽车转弯时可以实现精确的电子控制,提高纯电动汽车的性能。其缺点是由于增加了驱动电机和功率转换器,增加了初始成本,而且在不同条件下对两个驱动电机进行精确控制的可靠性需要进一步发展。同样,电机—驱动桥整体式驱动系统在汽车上的布局也有电机前置—驱动桥前置(F-F)和电机后置—驱动桥后

置(R-R)两种驱动模式。该电机—驱动桥构成的机电一体化整体式驱动系统,具有结构更紧凑、传动效率高、质量轻、体积小、安装方便的特点,并具有良好的通用性和互换性,在小型纯电动汽车上应用最普遍。

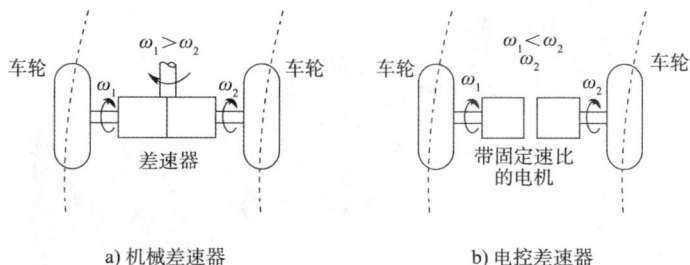

a) 机械差速器　　　　　　　　b) 电控差速器

图 3-31　汽车转弯时的情况

(4)轮毂电机分散驱动式驱动系统布置形式。

①如图 3-32 所示,内定子外转子轮毂电机分散驱动式驱动系统布置形式采用低速内定子外转子电机,其外转子直接安装在车轮的轮缘上,可完全去掉变速装置,驱动电机转速和车轮转速相等,车轮转速和车速控制完全取决于驱动电机的转速控制。由于不通过机械减速,通常要求驱动电机为低速大转矩电机。低速内定子外转子电机结构简单,无须采用齿轮变速传动机构,但其体积大、质量大、成本高。

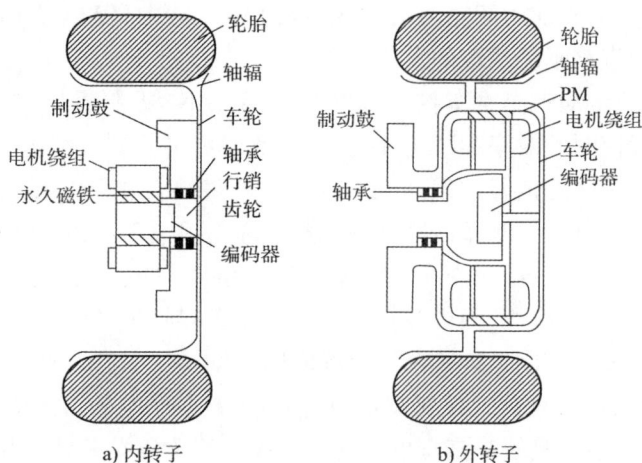

a) 内转子　　　　　　　　b) 外转子

图 3-32　内定子外转子电动轮

②如图 3-33 所示,内转子外定子轮毂电机分散驱动式驱动系统布置形式采用一般的高速内转子外定子电机,其转子作为输出轴与固定减速比的行星齿轮变速器太阳轮相连,而车轮轮毂通常与其齿圈连接,它能提供较大的减速比,来放大其输出转矩。驱动电机装在车轮内,形成轮毂电机,可进一步缩短从起动电机到驱动轮的传递路径;采用高速内转子电机(转速约 1000r/min),需安装固定传动比减速器来降低车速,一般采用高减速比行星齿轮减速装置,安装在电机输出轴和车轮轮缘之间,且输入和输出轴可布置在同一条轴线上。高速内转子电机具有体积小、质量轻和成本低的优点,但它需要加行星齿轮变速机构。

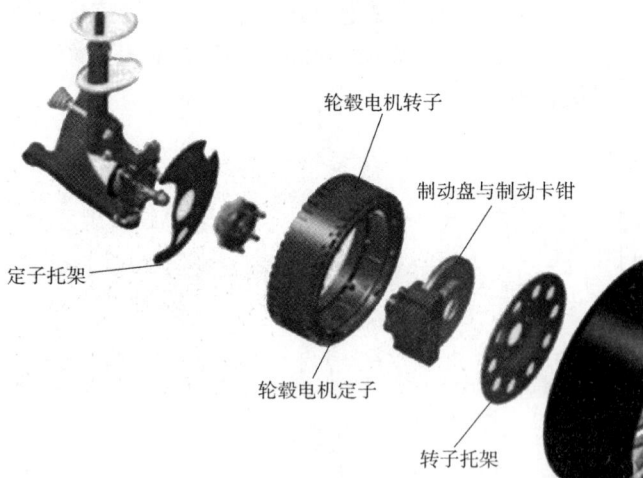

图 3-33　内转子外定子电动轮

采用轮毂电机驱动可大大缩短从驱动电机到驱动车轮的传递路径,不仅能腾出大量的有效空间便于总体布局,而且对于前一种内定子外转子结构,也大大提高了对车轮的动态响应控制性能。每台驱动电机的转速可独立调节控制,便于实现电子差速。既省去了机械差速器,也有利于提高汽车转弯时的操控性。轮毂电机分散驱动在汽车上的布置方式可以有双前轮驱动、双后轮驱动和前后四轮驱动(4 Wheel Drive,4WD)等模式。轮毂电机分散驱动方式应是未来纯电动汽车驱动系统的发展方向。

目前,较主流的纯电动汽车整车控制系统都采用 CAN(控制器局域网)总线通信连接,这样不仅大大提高了控制的效率和稳定性,而且能实现数字控制。纯电动汽车驱动电机、蓄电池等执行动力部分的状态信号被发送到 CAN 总线,最终传输到显示终端提供给驾驶员,以实现整车控制。新的电子控制系统在传统汽车上应用不多,但其对纯电动汽车的工作有着重要影响。与国外相比,目前我国在这方面还有一定的差距,但是随着电机驱动系统的发展及各种新技术、新材料的应用,国内外在这方面的差距将越来越小。

新型纯电动汽车整车控制系统是两条总线的网络结构,高速 CAN 总线每个节点为各子系统的 ECU;低速总线按物理位置设置节点,基本原则是基于空间位置的区域自治。实现整车网络化控制,其意义不只是解决汽车电子化中出现的线路复杂和线束增加问题,网络化实现的通信和资源共享能力成为新的电子与计算机技术在汽车上应用的一个基础,同时也为 X-by-Wire(电子线控)技术提供有力的支撑。

◈ 习题

一、填空题

1. 根据内燃机与电力之间连接的方式,可以将混合动力电动汽车分为＿＿＿＿＿、＿＿＿＿＿、混联式混合动力三种类型。

2. 纯电动＿＿＿＿＿是纯电动汽车的核心,也是区别于内燃机汽车的最大不同点。

二、判断题

1. 驱动电机的功能是将电能转化为机械能,通过传动装置驱动或直接驱动车轮。
（　　）

2. 纯电动汽车驱动单元的功能是将储存在动力蓄电池中的电能高效地转化为车轮的动能,进而推进汽车行驶,并能够在汽车减速制动或者下坡时,实现再生制动。（　　）

3. 集中驱动是指利用一个动力源通过变速器和减速器(或只通过减速器)降速增矩,最后经差速器将驱动转矩大致平均地分配给左右驱动半轴,可以采用前轮驱动、后轮驱动或四轮驱动的形式。（　　）

4. 与集中驱动相比,独立驱动的效率较低,成本较高。（　　）

5. 纯电动汽车常用的电机驱动系统有两种类型:直流电机驱动系统、交流异步电机驱动系统。（　　）

三、选择题

1. (多选)下面说法正确的是(　　)。
A. 与纯电动汽车相比,混合动力电动汽车的驱动单元结构较为简单。
B. 随着电动机技术和电动机控制技术的发展,目前直流电机应用越来越少。
C. 现在在电动汽车应用的常见电机有永磁同步电机和交流异步电机。
D. 纯电动汽车驱动单元是电动汽车的核心,也是区别于内燃机汽车的最大不同点。

2. (单选)针对驱动轮所施加驱动转矩的来源来说,电动车辆所采用的驱动方式总体上可分为(　　)种。
A. 5　　　　　B. 4　　　　　C. 3　　　　　D. 2

3. (单选)纯电动汽车常用的电机驱动系统有(　　)种类型。
A. 5　　　　　B. 4　　　　　C. 3　　　　　D. 2

4. (单选)关于纯电动汽车驱动电机的拆卸,第一步要做(　　)。
A. 冷却液的排放　　　　　　　　B. 拆卸轮胎
C. 齿轮油的排放　　　　　　　　D. 拆卸蓄电池负极端子

项目四

新能源汽车驱动电机冷却系统

知识目标

(1)能够描述驱动电机与控制器冷却系统的功能;

(2)能够描述驱动电机与控制器冷却系统的类型;

(3)能够描述驱动电机与控制器冷却系统的结构组成。

技能目标

能够进行驱动电机与控制器冷却系统冷却水泵的拆卸与安装。

素质目标

(1)能够制订工作计划,独立完成工作学习任务;

(2)能够在工作过程中,与小组其他成员合作、交流并进行学习任务分工,具备团队合作和安全操作的意识;

(3)养成服从管理、规范作业的良好工作习惯;

(4)培养安全工作的习惯。

▶学时:12 学时

任务1 驱动电机冷却系统的认知

任务导入

一辆纯电动汽车仪表中电机温度过高的故障指示灯点亮,你的主管初步判断电动冷却水泵发生故障,让你更换总成,你能完成这个任务吗?

一、知识准备

(一) 驱动电机与控制器冷却系统的功能

除了动力蓄电池工作过程中会产生大量的热量外,纯电动汽车的关键零部件电机、电机控制器及车载充电器的效率不能达到100%,在能量转化过程中会产生大量的热量,这些热量如果不能够及时的散发出去,将导致车辆限制转矩运行甚至导致零件的损坏。

电动汽车在驱动与回收能量的工作过程中,驱动电机定子铁芯、定子绕组在运动过程中都会产生损耗,这些损耗以热量的形式向外发散,需要有效的冷却介质及冷却方式来带走热量,保证电机在一个稳定的冷热循环平衡的通风系统中安全可靠运行。电机冷却系统设计的好坏将直接影响电机的安全运行和使用寿命。需要特别说明的是,对于采用永磁同步电机的驱动单元,由于车辆在大负荷低速运行时,极容易使电机产生高温,在高温状态下很容易导致永磁转子产生磁退现象,因此需要借助冷却系统对电机的温度进行控制。

如图4-1所示,纯电动汽车冷却系统的功能是将电机、电机控制器及车载充电器产生的热量及时散发出去,保证其在要求的温度范围内稳定高效地工作。

(二) 驱动电机与控制器冷却系统的类型

驱动电机主要冷却方式有自然冷却、风冷和水冷。

1.自然冷却

自然冷却依靠电机铁芯自身的热传递,散去电机产生的热量,热量通过封闭的机壳表面传递给周围介质,其散热面积为机壳的表面。为增加散热面积,机壳表面可加冷却筋。如图4-2所示为自然冷却电机的机壳。

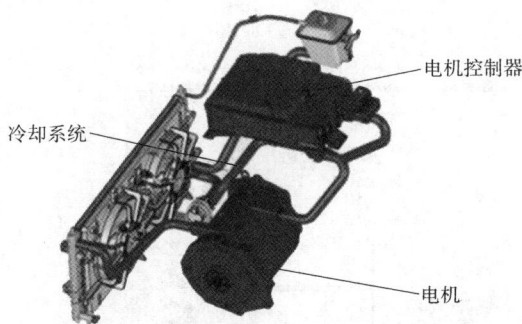

图4-1　驱动电机与控制器冷却系统　　　　图4-2　自然冷却电机的机壳

自然冷却电机结构简单,不需要辅助设施就能实现。但自然冷却效率差,仅适用于转速低,负载转矩小,电机发热量较小的小型电机。

2.风冷

风冷是电机自带同轴风扇来形成内风路循环或外风路循环,通过风扇产生足够的风量,

采用风冷的驱动电机外壳上设计有很多散热片

图4-3 风冷系统驱动单元总成(含驱动桥)

带走电机所产生的热量。介质为电机周围的空气,空气直接送入电机内,吸收热量后向周围环境排出。

风冷结构相对简单,电机冷却成本较低,适用于成本较低且功率较小的纯电动汽车。但受环境因素的制约,在恶劣的工业环境中,例如高温、粉尘、污垢和恶劣的天气下无法使用风冷。风冷一般常用于清洁、无腐蚀、无爆炸环境下的电机。

采用风冷系统的驱动单元总成外形如图4-3所示。

3. 水冷

水冷是将水(冷却液)通过管道和通路引入定子或转子空心导体内部,通过循环水的不断流动,带走电机转子和定子产生的热量,达到对电机的冷却功能。

水冷的冷却效果比风冷更显著,无热量散发到环境中,但是需要良好的机械密封装置,水循环系统结构复杂,存在渗漏隐患,如果发生水渗漏,会造成电机绝缘破坏,可能烧毁电机。水质需要处理,其电导率、硬度和pH值都有一定的要求。

水冷适用于功率较大的纯电动汽车。

(三)水冷式驱动电机与控制器冷却系统结构

以下介绍目前最常用的水冷式驱动电机与控制器冷却系统的结构组成。

1. 纯电动汽车驱动电机与控制器冷却系统结构组成

纯电动汽车驱动电机与控制器冷却系统主要依靠冷却水泵带动冷却液在冷却管道中循环流动,通过在散热器的热交换等物理过程,冷却液带走电机与控制器产生的热量。为使散热器热量散发得更充分,通常还在散热器后方设置风扇。

水冷式冷却系统结构组成如图4-4所示。

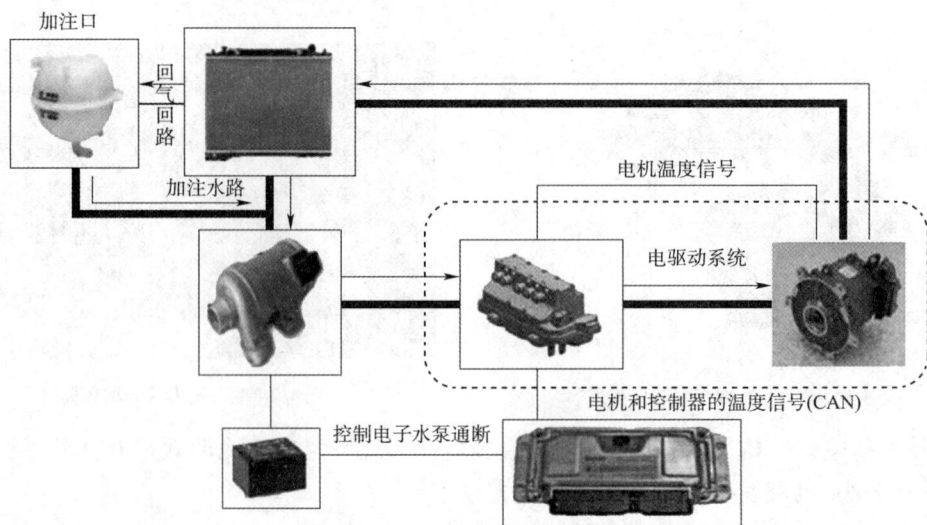

图4-4 典型水冷式冷却系统结构示意图

驱动电机与控制器冷却系统的冷却水泵一般都采用电动冷却水泵,整车控制器监控到电机/电机控制器温度过高时会自动打开冷却水泵。

图4-5所示为新能源汽车上采用的PCE❶冷却水泵。PCE冷却水泵采用无刷电机技术,可实现三个功率范围运行(40W/60W/70W),以满足不同的冷却回路要求。

PCE采用了无刷技术并且优化了内部液压部分的设计,效率提高了39%。由于设计紧凑,质量减轻(最大620g),CO_2的排放显著降低。噪声方面,优于客户标准要求,PCE可应用于混合动力电动汽车或纯电动汽车。通过PWM或LIN的接口来实现速度控制和诊

图4-5 PCE冷却水泵

断功能。PCE带有内部诊断功能,不同的失效模式(比如温度过高、堵转等)会报告给控制单元。如果故障持续超过预定期间,水泵默认为"紧急模式",将降低功率,以确保导入功能(例如电力电子元件的冷却)。无刷驱动和稳健的设计确保了水泵的高耐久性,这对插电式混合动力电动汽车和纯电动汽车是必需的。

PCE冷却水泵优点如下。

(1)通过提高效率,可控制速度和减轻质量,降低了碳排放。

(2)降低噪声水平。

(3)覆盖广泛的液压范围。

(4)具备不同失效反馈的自诊断功能。

(5)高功率密度。

(6)高耐久性。

(7)技术领先:PCE冷却水泵是离心式水泵。泵体内的定子和电子元件与转子相分离。通电时,电子元件通过定子绕组产生可变的磁场,驱动转子(叶轮)转动,从而实现液体流动。两个密封环保护电机防止潮湿。电子系统由压铸盖冷却,可根据客户要求调节水泵电子信号和流量。PCE主要用于零部件冷却。

2.混合动力电动汽车驱动电机与控制器冷却系统结构组成

混合动力电动汽车冷却系统由发动机冷却系统和电机冷却系统两部分组成,分别如图4-6和4-7所示。

发动机冷却系统与传统涡轮增压发动机冷却系统一样,系统冷却液温度一般在90~100℃之间,允许最高温度为110℃。

电机冷却系统采用了第三套独立的冷却系统,用于电机与电机控制器的冷却,是通过单独的电动水泵驱动冷却液实现的独立循环系统。它由散热器、电子风扇、水管、水壶、电机水套、电机控制器、水泵(安装在水箱立柱上的电动水泵)组成。

---

❶ 博世公司设计的采用无刷电机技术的辅助水泵。

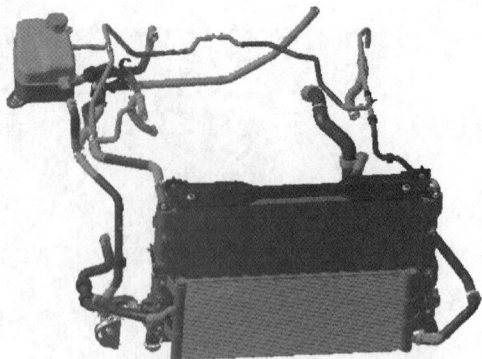

图 4-6 混合动力电动汽车冷却系统内燃机模式

图 4-7 混合动力电动汽车冷却系统 HEV 模式

二、任务实施

(一) 工作准备

(1)防护装备:防护用品一套(工作服、绝缘劳保鞋、护目镜、绝缘头盔、绝缘手套)。

(2)车辆、台架、总成:北汽新能源 EV160 或其他纯电动汽车一辆。

(3)专用工具、设备:拆装专用工具。

(4)手工工具:新能源汽车维修组合工具。

(5)辅助材料:高压电维修警示牌和设备、绝缘地胶、二氧化碳类型灭火器、清洁剂。

(二) 实施步骤

1. 冷却水泵拆卸

(1)选用 10mm 扳手拧松蓄电池负极线固定螺栓,取下负极线,并对负极端子做好防护,如图 4-8 所示。

注意事项:拆卸蓄电池负极前,必须确保点火开关处于关闭状态,并将车钥匙放在口袋。

(2)拧下储液罐盖,如图 4-9 所示。

图 4-8 辅助蓄电池端子防护

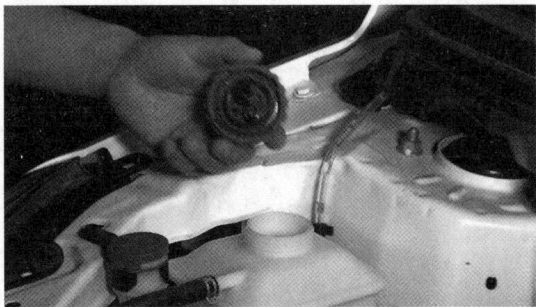

图 4-9 拧下储液罐盖

（3）举升车辆至一定高度。

拆卸散热器放水螺栓,排空冷却液,如图4-10所示。

（4）冷却液排空后,安装散热器放水螺栓。

（5）使用干净抹布清洁放水螺栓处,拔下水泵电机插接器,如图4-11所示。

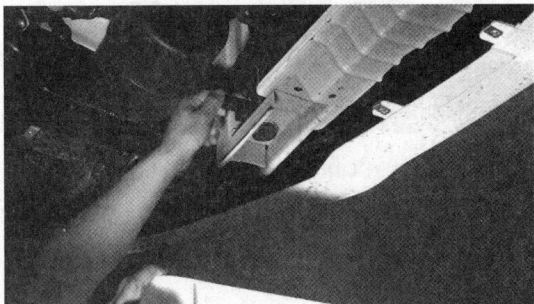

图 4-10 拆卸散热器放水螺栓

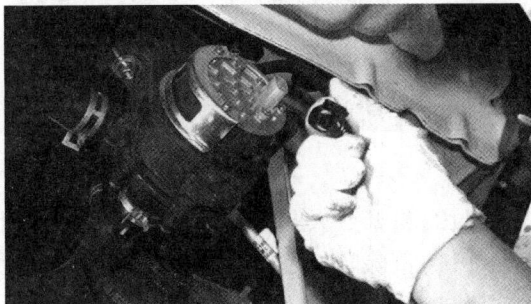

图 4-11 拔下水泵电机插接器

（6）使用鲤鱼钳脱开水泵出水管卡箍,拔出水泵进水管,如图4-12所示。

（7）选用棘轮扳手、接杆和8mm套筒拆卸水泵2颗固定螺栓。

（8）取下水泵,如图4-13所示。

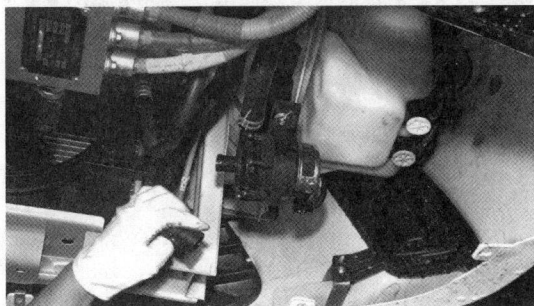

图 4-12 拔出水泵进水管

图 4-13 取下水泵

注意事项:在拆卸水泵时,应防止水泵自由坠落发生意外,拆卸时必须用手扶着水泵。

2.冷却水泵安装

（1）安装水泵:选用棘轮扳手、接杆和8mm套筒安装水泵的2颗固定螺栓。

标准拧紧力矩:10N·m。

（2）安装水泵电机插头。

（3）安装水泵出水管,如图4-14所示。

（4）安装水泵进水管。

（5）使用鲤鱼钳安装卡箍至合适位置。

（6）检查水管及卡箍,如图4-15所示。

（7）降下车辆。

（8）添加冷却液,使液位至MAX和MIN之间,如图4-16所示。

（9）拧紧储液壶盖。

图4-14　安装水泵出水管

图4-15　检查水管及卡箍

（10）打开点火开关,使冷却液进入循环状态。

（11）清除防护胶带。

（12）安装蓄电池负极,如图4-17所示。

（13）使用10mm扳手紧固负极线固定螺栓。标准拧紧力矩:10N·m。

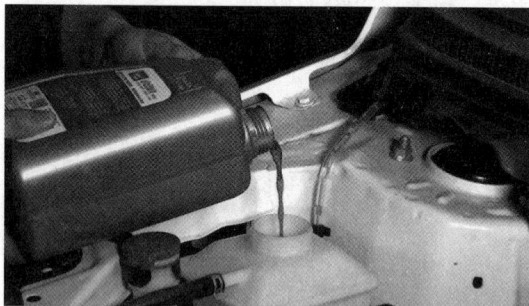

图4-16　添加冷却液

图4-17　安装蓄电池负极

任务2　驱动电机与控制器冷却系统检修

任务描述

　　一辆纯电动汽车仪表中电机温度过高的故障指示灯点亮,你能分析故障可能原因并进行检修吗?

一、知识准备

（一）典型新能源车型驱动电机与控制器的冷却系统

以下介绍典型新能源车型驱动电机与控制器冷却系统的结构原理。

1. 比亚迪汽车驱动电机与控制器冷却系统

1）比亚迪 E6 驱动电机与控制器冷却系统

比亚迪 E6 纯电动汽车驱动电机与控制器采用的冷却系统是闭式水冷循环系统，由散热器总成、电子风扇总成、电动水泵总成、冷却管路等组成，冷却液介质为乙二醇型冷却液，如图 4-18 所示。

E6 电机与控制器冷却系统由电动水泵提供动力，低温冷却液通过管路由散热器流向待散热元件（电机控制器、DC-DC 转换器、电机），冷却液在待散热元件处吸收热量后，再通过冷却管路流经散热器进行散热，之后进行下一个循环，如图 4-19 所示。

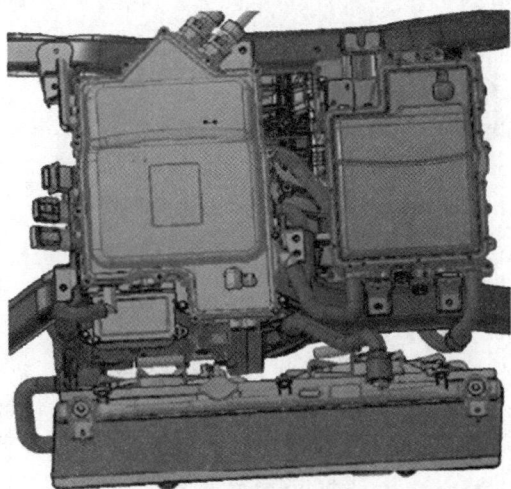

图 4-18　比亚迪 E6 驱动电机与控制器冷却系统

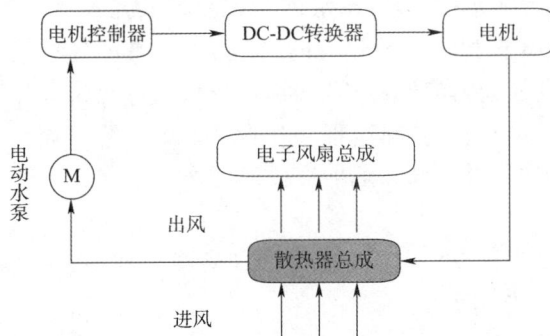

图 4-19　比亚迪 E6 驱动电机与控制器冷却系统工作原理

电子风扇总成采用吸风式双风扇，通过串联调速电阻的方式来实现风扇的高低速挡分级，从而降低风扇噪声，提高整车的舒适性，如图 4-20 所示。

图 4-20　电子风扇总成

图4-21 比亚迪秦驱动电机与控制器
冷却系统结构示意图

2）比亚迪秦驱动电机与控制器冷却系统

比亚迪秦混合动力电动汽车的冷却系统由发动机冷却系统和驱动电机冷却系统组成。

发动机冷却系统与传统涡轮增压发动机冷却系统一样，冷却液温度在90~100℃之间，允许最高温度110℃。

驱动电机与控制器冷却系统采用独立的冷却系统，用于电机与控制器的冷却，是通过单独的电动水泵驱动冷却液实现独立的循环系统。它由散热器、电子风扇、水管、水壶、电机水套、电机控制器、水泵（安装在水箱立柱上的电动水泵）组成。如图4-21所示。

2. 北汽新能源纯电动汽车驱动电机与控制器冷却系统

北汽新能源纯电动汽车冷却系统由两个体系构成：冷却液回路和冷却风流道。

冷却液在流经MCU（微控制单元）、充电机和电机等热源时，热源通过热传导将热量传递给冷却液，高温冷却液通过电动水泵提供的动力流经散热器时，将热量通过热传导传递给散热器芯体，冷却空气通过热对流将热量带走，完成换热过程，如图4-22所示。

膨胀箱在冷却系统中起提高冷却液沸点和提供冷却液加注口两大作用。

1）电动水泵

电动水泵作为冷却液循环的动力元件，对冷却液加压，促使冷却液在冷却系统中循环，带走系统散发的热量。电动水泵外形如图4-23所示。

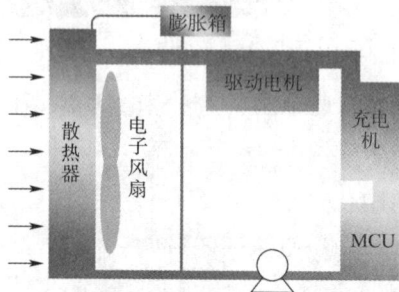

图4-22 北汽新能源汽车的冷却系统

图4-23 北汽新能源汽车电动水泵

（1）电动水泵的构成。

电动水泵采用的是永磁无刷直流水泵，整个部件中没有动密封，浮动式转子与叶轮注塑成一体（图4-24）。严禁电动水泵在没有冷却液的情况下空载运行，否则将导致转子、定子的磨损，最终导致水泵的损坏。

（2）水泵接插件。

水泵接插件位于水泵后盖上，接插件为两线，分别为正极和负极，如图4-25所示。

（3）电动水泵的装配。

电动水泵（图4-26）安装在车身右纵梁前部下方，位于整个冷却系统较低的位置；水泵自带橡胶支架,起到降低噪声的作用。通过 2 个 Q1860625 六角凸缘面螺栓与水泵支架装配,紧固力矩为 9 ~ 11N · m。

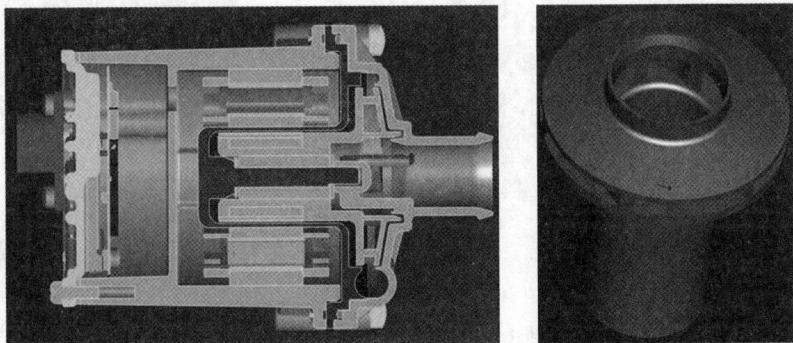

图 4-24　电动水泵剖面图与转子图

图 4-25　电动水泵接插件

图 4-26　电动水泵装配

2)电子风扇

电子风扇的作用是提高流经散热器、冷凝器的空气流速和流量,以增强散热器的散热能力,并冷却机舱其他附件。

电子风扇的结构特性:C33DB❶ 采用左右双风扇构架,采用半径为 R125mm、六叶不对称结构的扇叶,双风扇分别由整车电源提供输入,根据电机、控制器、空调压力等参数由 VCU(整车控制器)控制双风扇运行,电子风扇采用两挡调速风扇(图 4-27)。

(1)电子风扇电器接插件。

电子风扇接插件为四线。高速:两个" + "接正极,两个" – "接负极;低速:两个" + "接正极,一个" – "接负极。

(2)电子风扇装配。

电子风扇下部卡接在散热器水室上,上部通过 2 个 Q2736313A(十字槽大半圆头自攻螺钉-F 型)装配在散热器水室上,紧固力矩为 9 ~ 11N · m 。电子风扇接插件如图 4-28 所示。电子风扇装配如图 4-29 所示。

---

❶ 北汽新能源、电动汽车电机控制系统。

图 4-27　北汽新能源汽车电子风扇

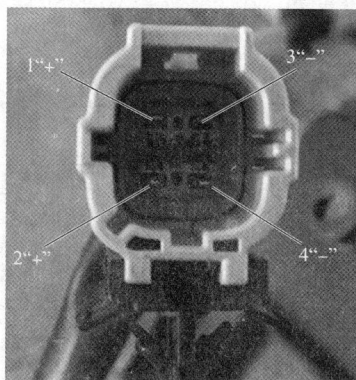

图 4-28　电子风扇接插件

（3）膨胀箱。

膨胀箱的作用是为冷却系统冷却液的排气、膨胀和收缩提供受压容积,同时也作为冷却液加注口使用(图 4-30）。

图 4-29　电子风扇装配

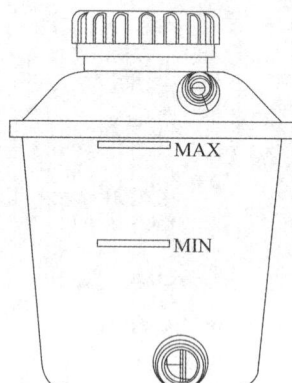

图 4-30　膨胀箱

性能参数:C33DB 膨胀箱盖开启压力为 29 ~ 35kPa。

结构特性:膨胀箱采用 PP(聚丙烯)材料,结构设计满足爆破要求,压力≥200kPa。

接口尺寸:膨胀箱补水端外径 Φ20mm,溢气端外径 Φ8mm,胶管安装时插接到底。

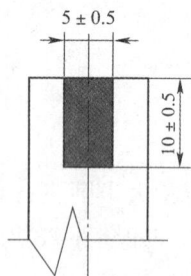

图 4-31　管路定位标识

（尺寸单位:mm)

（4）冷却管路总成。

材料:目前冷却管内外胶为三元乙丙橡胶（EPDM）,中间层由织物增强,耐温等级是 Ⅰ 级(125℃),爆破压力达到 1.3MPa。

装配:冷却水管壁厚 5mm,端口有安装定位标识,装配时标识与散热器上的定位标识对齐(图 4-31）。

（5）电机冷却系统控制策略。

冷却系统电动水泵与散热器风扇由 VCU 控制,根据整车热源（电机、电机控制器和充电器）温度进行控制。

①水泵控制:起动车辆时电动水泵开始工作（即仪表显示

READY）。

②电机温度控制:控制器监测到驱动电机温度在 45~50 ℃时,冷却风扇低速启动;温度大于或等于 50 ℃时,冷却风扇高速启动;温度降至 40 ℃时,冷却风扇停止工作。温度为 120~140 ℃时,降功率运行;温度大于或等于 140 ℃时,降功率至 0 ,即停机。

③电机控制器温度控制:当控制器监测到散热基板温度大于或等于 75 ℃时,冷却风扇低速启动;温度小于或等于 80 ℃时,冷却风扇高速启动,温度降至 75 ℃时冷却风扇停止工作;温度大于或等于85 ℃ 时,超温保护,即停机;当控制器监测到散热基板温度为:温度为 75~85℃时,降功率运行。

3. 荣威 E50 驱动电机与控制器冷却系统

以下介绍荣威 E50 电源逆变器(PEB,或称电力电子箱)/驱动电机冷却系统。

(1)驱动电机与控制器冷却系统结构原理。

荣威 E50 驱动电机冷却系统组件如图 4-32 所示。

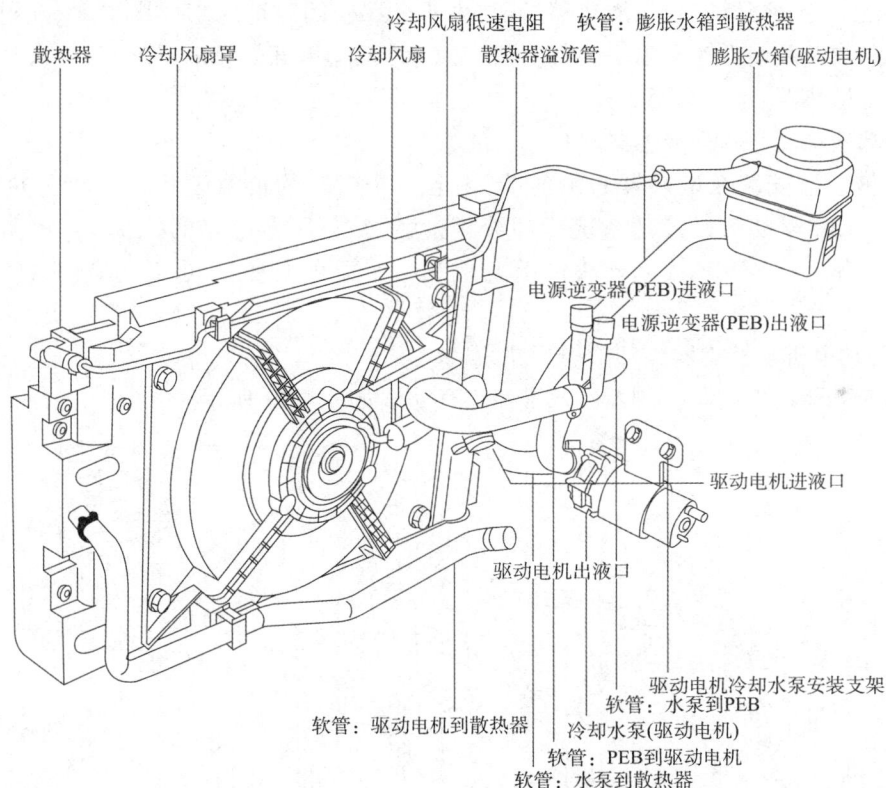

图 4-32 荣威 E50 驱动电机与冷却系统组件

①冷却液泵。

提示:整个冷却系统有 2 个电子水泵,分别是 PEB/驱动电机冷却液泵和动力蓄电池冷却液泵。

PEB/驱动电机冷却液泵通过安装支架,并由 2 个螺栓固定在前右纵梁上,经由其运转来循环传动系统。

②冷却液软管。

橡胶冷却液软管在各组件间传送冷却液,弹簧卡箍将软管固定到各组件上,"快速接头"将软管(PEB到驱动电机)和软管(水泵到PEB)连接到PEB上。PEB/驱动电机冷却系统软管布置在前舱内。

③膨胀水箱。

PEB/驱动电机冷却系统配有卸压阀的注塑冷却液膨胀水箱,PEB/驱动电机冷却系统膨胀水箱安装在右纵梁右悬架前部,溢流管连接到散热器左水室顶部,出液管连接到PEB/驱动电机冷却液泵上。

④散热器和冷却风扇。

散热器都是一个两端带有注塑水箱的铝制横流式散热器。散热器的下部位于紧固在前纵梁的支架所支承的橡胶衬套内。散热器的顶部位于水箱上横梁支架所支承的橡胶衬套内,支承了冷却风扇总成和空调(A/C)冷凝器。

空调(A/C)冷凝器安装在散热器后部,由4个螺栓固定至冷却风扇罩上。冷却风扇和驱动电机总成及风扇低速电阻安装在空调(A/C)冷凝器后部的风扇罩上。"吸入"式风扇抽取空气通过散热器。

⑤冷却液温度(ECT)传感器。

ECT传感器安装在散热器右侧前部,内含一个封装的负温度系数(NTC)热敏电阻,该电阻与PEB/驱动电机冷却系统冷却液相接触,是分压器电路的一部分。该电路由额定的5V电源、一个PEB控制模块内部电阻和一个温度相关的可变电阻(ECT传感器)组成。

(2)驱动电机与控制器冷却液循环路线。

荣威E50驱动电机与控制器冷却液流循环路线如图4-33所示。

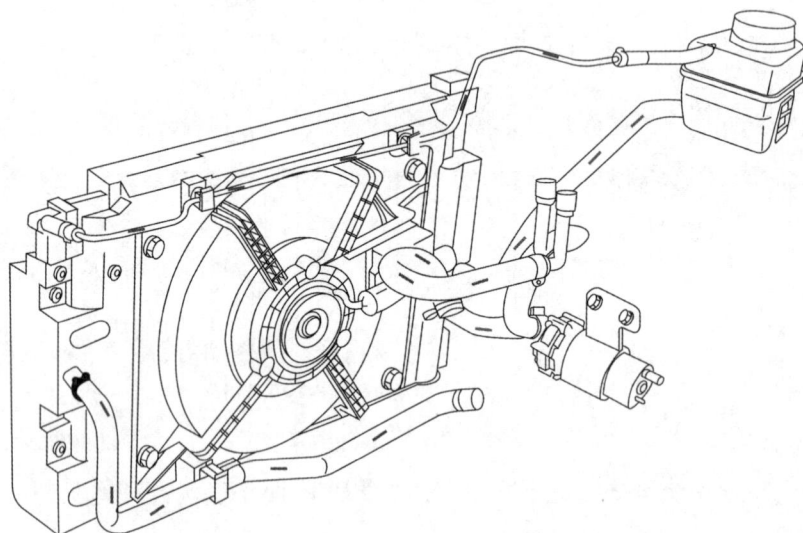

图4-33　荣威E50驱动电机与控制器冷却液流循环路线图

冷却系统利用传导原理,将热量从PEB/驱动电机组件传递到冷却液中,再从PEB/驱动电机组件传递到散热器上,通过冷却风扇吹动气流,将热量传递到大气中。当系统处于较低温度时,冷却液泵不工作。当温度上升后,冷却液泵工作,冷却液经过软管流入散热器内,散热器将热量散发到空气中,使 PEB/驱动电机组件保持在最佳的工作温度。

由热膨胀所产生的多余冷却液经过散热器顶部的溢流管返回到膨胀水箱中。膨胀水箱同时消除冷却液中的气体。膨胀水箱有个出液管连接到冷却液回路中,当循环冷却系统中冷却液冷却收缩或循环冷却系统中冷却液不足时,膨胀水箱中的冷却液会及时补充到循环冷却系统中。

额定压力为 140kPa 的膨胀水箱盖将冷却系统与外界大气隔开,因而随着温度的升高冷却液膨胀,使冷却系统的压力随之升高。压力的升高提高了冷却液的沸点,可使 PEB/驱动电机组件在更高、更有效的工作温度下运转,而没有冷却液沸腾的风险。冷却系统的增压有极限,因此膨胀水箱盖上安装了卸压阀。这样在达到最大工作压力时,可释放冷却系统中过度的压力。

冷却液从右侧上部水室到左侧底部水室流经散热器,由经过芯体的空气进行冷却。冷却系统的温度是由 ECT 传感器来测量的。该传感器向 PEB 发送信号,根据需要控制冷却风扇的操作。冷却液温度信号由 PEB 经过 CAN 总线到显示冷却液温度的组合仪表。

该组合仪表上会实时显示冷却液的温度,如果冷却液温度变得过高,则组合仪表上的警示灯和消息将提醒驾驶员。

(3)驱动电机与控制器冷却风扇控制。

荣威 E50 驱动电机与控制器冷却风扇控制框图如图 4-34 所示,冷却风扇采用脉冲宽度调制(PWM,也称占空比控制)。

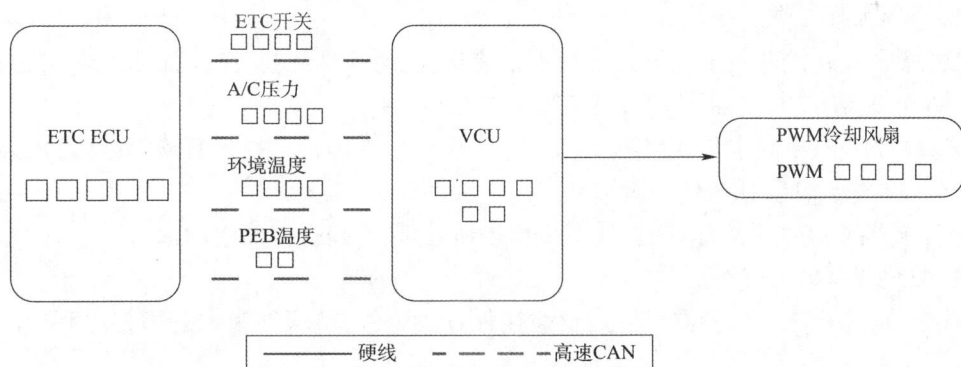

图 4-34 PWM 风扇控制框图

PWM 冷却风扇受 VCU 控制,冷却风扇工作时,VCU 通过 CAN 系统接收来自空调控制模块(ETC ECU)的信号,控制 PWM 模块使冷却风扇在 20% ~90% 的占空比范围内的 8 个挡位速度工作,以满足不同的冷却负荷要求。

①冷却风扇开启条件。

冷却风扇开启取决于空调(A/C)和电机逆变器(PEB)冷却液温度这两个重要因素。当 A/C 开启或 PEB 冷却液温度高于 52℃时,冷却液风扇开始工作。

②冷却风扇停止工作条件。

如果 PEB 冷却液温度低于 65℃,并且 A/C 关闭,冷却风扇停止工作。

点火开关关闭,A/C 关闭,PEB 冷却液温度高于 65℃,冷却风扇继续工作。如果环境温度低于 10℃,冷却风扇会工作 30s,环境温度高于 10℃,冷却风扇会工作 60s。

(4)PEB/驱动电机冷却系统控制。

PEB 的工作温度不能超过 75℃,最合适的工作温度应该低于 65℃。将温度控制在 75℃以下可以更好地延长 PEB 和驱动电机的使用寿命。

PEB 开始工作时,电动冷却液泵会立即打开,冷却液温度传感器向空调控制模块(ETC)提供温度信号。

PEB 计算冷却液温度将它与 PEB 冷却温度传感器信号进行比较,从而判断是否需要使用 PEB 冷却液温度传感器。

(二)驱动电机与控制器冷却系统的常见故障

1.驱动电机与控制器温度过高故障与排除方法

驱动电机与控制器冷却系统工作不良时,将会导致电机与控制器温度过高的故障。故障部位与检修方法如下。

(1)冷却液缺少。

①故障原因1:未按维修手册添加冷却液,导致冷却液缺少。

检修方法:溢水罐处添加冷却液。

②故障原因2:冷却液泄漏,导致冷却液缺少。

检修方法:检查泄漏部位,如管路环箍、水管、散热器等,维修或更换受损部件。

(2)电动水泵工作不良。

①故障原因1:冷却液杂质导致电动水泵堵转,电动水泵泵盖/密封圈/泵轮等部位损坏。

检修方法:清洁并更换冷却液,更换受损的电动水泵。

②故障原因2:电动水泵线路不良,如:整车线束出现虚接/短路/断路等故障;水泵控制器熔断丝/继电器熔断,插接件针脚退针。

检修方法:查找线束故障,依据线束维修手册处理;更换受损的电动水泵。

(3)散热器风扇工作不良。

①故障原因1:风扇控制器/继电器/插接件针脚退针,整车线束出现虚接/短路/断路等故障。

检修方法:更换受损的部件;查找线束故障,依据线束维修手册处理。

②故障原因2:散热风扇损坏,扇叶破损/断裂,扇叶不工作。

检修方法:更换散热器风扇。

③故障原因3:电机/控制器温度传感器故障,风扇不工作。

检修方法:查找电机/控制器温度传感器故障,依据相应维修手册处理。

(4)散热器工作不良。

故障原因:芯体老化,芯管堵塞;散热带倒伏,影响进风量;水室堵塞,影响冷却液循环。

检修方法:更换散热器。

(5)进风量不足。

故障原因:前保险杠中网或下格栅进风口堵塞。

检修方法:查找原因并排除。

2.驱动电机与控制器过热故障实例分析

以下列举典型的电机与控制器过热的故障实例,车型以北汽新能源纯电动汽车为例,其他车型可参考。

(1)驱动电机过热被限速9km/h。

①故障现象:车辆行驶几公里以后,出现限速9km/h现象,仪表显示电机控制器过热。

②可能原因:水泵故障、散热风扇故障、冷却液缺少或冷却系统内部堵塞。

③故障诊断与排除:用诊断仪读数据流,显示电机控制器温度为75℃,散热器风扇高速旋转,检查水泵工作正常、膨胀水壶冷却液也不缺少。水泵在工作过程中观察膨胀水壶发现冷却液循环不畅现象,进一步对冷却系统进行水道堵塞排查。采用压缩空气对散热器和管路和电机控制器进行疏通检查时发现电机控制器内部有堵塞。找到堵塞点用高压空气将电机控制器内部异物吹出,恢复冷却系统管路加注冷却液后进行试车,不再出现电机系统高温,故障排除。

④故障分析:驱动电机系统冷却方式采用水冷式,电机控制器和电机是串联式循环,电机控制器的温度在75~85℃时电机降功率,当电机控制器温度高于85℃时电机将立即停止工作,因此该车电机控制器温度达到75℃被降功率。

(2)MCU过温故障。

①故障现象:出现故障码:P117F98。

②故障处理方式。

MCU:

当电机温度>MCU温度限制值(75℃),MCU进入零转矩控制模式,同时向VCU发送零转矩模式状态标志位。

VCU:

a.VCU在MCU温度限制值的基础上提前10℃,根据温度线性限制转矩,同时闪烁电机温度灯。

b.仪表点亮电机系统专用报警灯(闪烁)。

c.仪表点亮MIL(故障指示灯),报警音短鸣。

③导致故障的原因:

a.MCU长期大负载运行。

b.冷却系统故障。

④故障可能造成的影响:

a.MCU最大可用转矩降低。

b.整车动力性能降低,甚至不能正常行驶。

⑤处理措施:

a.如果间隔一段时间重新上电,车辆恢复正常,则不需要派工。同时将信息反馈技术中心电机工程师。

b.如果间隔一段时间重新上电,车辆运行重复出现,则按以下方法处理:

首先优先排查风扇、水泵及其驱动电路故障,若异常,则联系冷却系统供应商解决。

然后优先排查是否缺冷却液,若缺冷却液,则及时补冷却液。

若不缺冷却液,然后排查冷却管路是否存在堵塞和漏水,若冷却管路存在堵塞和漏水,则进行排查解决。

若冷却液和冷却管路均无问题,则不需要派工。

⑥维修措施:

a.检查运行工况。

b.检查冷却水泵、冷却液和冷却管路。

二、任务实施

(一)工作准备

(1)防护装备:防护用品一套(工作服、绝缘劳保鞋、护目镜、绝缘头盔、绝缘手套)。

(2)车辆、台架、总成:北汽新能源 EV160 或其他纯电动汽车一辆。

(3)专用工具、设备:拆装专用工具。

(4)手工工具:新能源汽车维修组合工具。

(5)辅助材料:高压电维修警示牌和设备、绝缘地胶、二氧化碳类型灭火器、清洁剂。

(二)实施步骤

1.电子扇拆卸

(1)选用 10mm 扳手拧松蓄电池负极线固定螺栓(图 4-35),取下负极线,并对负极端子做好防护。

注意事项:拆卸蓄电池负极前,必须确保点火开关处于关闭状态,并将车钥匙放在口袋。

(2)选用棘轮扳手、十字形旋具,拆卸电子风扇左侧固定螺栓,如图 4-36 所示。

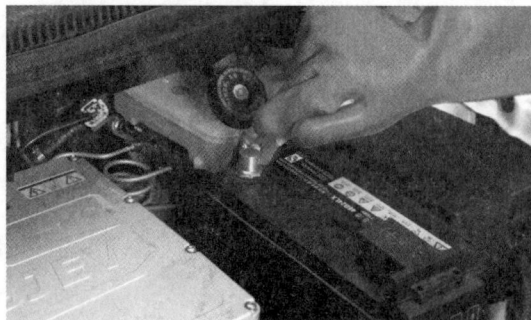

图 4-35 拆卸辅助蓄电池负极端子　　　　图 4-36 拆卸电子风扇左侧固定螺栓

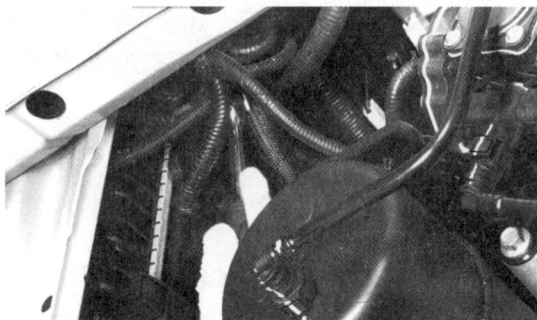

(3)选用棘轮扳手、十字形旋具,拆卸电子风扇右侧固定螺栓。

（4）取下电子风扇总成，存放于干燥环境中，如图4-37所示。

注意事项：取下电风扇时，应小心散热水箱上的水管，避免造成损坏。

2.电子扇安装

（1）安装电子风扇到合适的位置，如图4-38所示。

图4-37　取下电子风扇总成

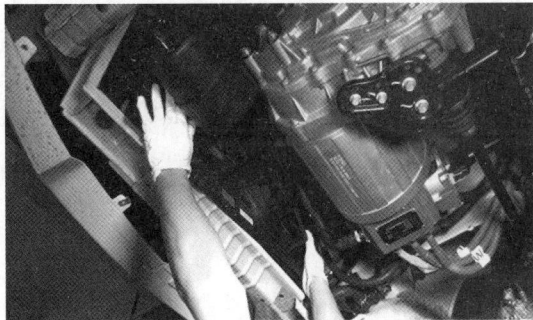

图4-38　安装电子风扇到合适的位置

（2）安装左侧电子风扇总成固定螺栓。

（3）使用棘轮扳手、十字形旋具安装电子风扇左侧固定螺栓。

标准拧紧力矩：4N·m。

（4）安装右侧电子风扇总成固定螺栓。

（5）使用棘轮扳手、十字形旋具安装电子风扇右侧固定螺栓，如图4-39所示。

标准拧紧力矩：4N·m。

（6）安装风扇控制器线束固定卡扣。

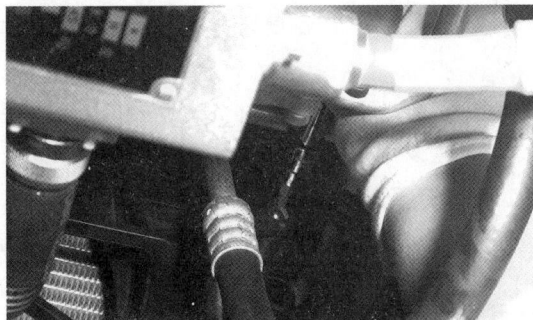

图4-39　安装电子风扇右侧固定螺栓

（7）安装两个电子风扇控制器插接器，如图4-40所示。

（8）检查插接器是否牢固可靠，如图4-41所示。

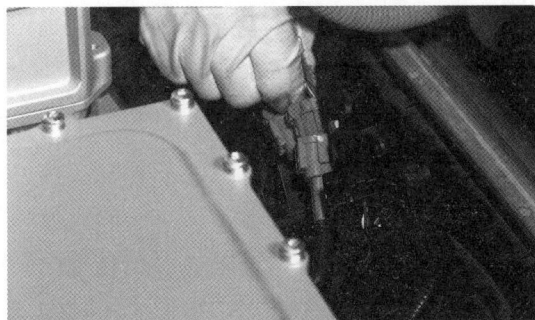

图4-40　安装两个电子风扇控制器插接器

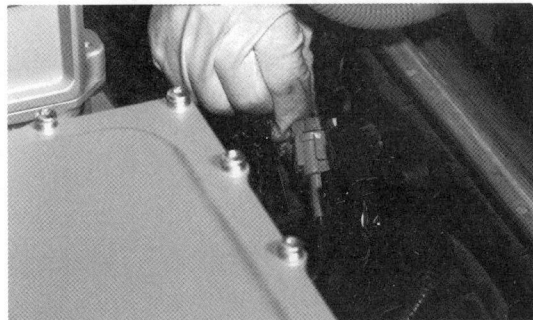

图4-41　检查插接器是否牢固可靠

（9）清除防护胶带，安装蓄电池负极，并使用10mm扳手紧固负极线固定螺栓。

标准拧紧力矩：10N·m。

习题

一、填空题

1. 纯电动汽车冷却系统的功能是将_____、_____及车载充电器产生的热量及时散发出去,保证其在要求的温度范围内稳定高效地工作。

2. 驱动电机主要冷却方式有自然冷却、_____和_____。

二、判断题

1. 比亚迪 E6 纯电动汽车驱动电机与控制器采用的冷却系统是闭式水冷循环系统,由散热器总成、电子风扇总成、电动水泵总成、冷却管路等组成,冷却液介质为乙二醇型冷却液。
( )

2. 电动水泵的作用是冷却液循环的动力元件,对冷却液加压,促使冷却液在冷却系统中循环,带走系统散发的热量。
( )

3. 电子风扇的作用是提高流经散热器、冷凝器的空气流速和流量,以增强散热器的散热能力,并冷却机舱其他附件。
( )

4. 驱动电机与控制器冷却系统工作不良时,会导致电机与控制器温度过低的故障。
( )

5. 拆卸蓄电池负极前,必须确保点火开关处于关闭状态,并将车钥匙放在口袋。 ( )

6. 在取下电子风扇时,应小心散热水箱上的水管,避免造成损坏。 ( )

三、选择题

1. (单选)比亚迪 E6 电机与控制器冷却系统由( )提供动力,低温冷却液通过管路由散热器流向待散热元件(电机控制器、DC-DC 转换器、电机),冷却液在待散热元件处吸收热量后,再通过冷却管路流经散热器进行散热,之后进行下一个循环。

A. 电子风扇   B. 油泵   C. 电动水泵   D. 驱动电机

2. (多选)驱动电机与控制器冷却系统工作不良时。可能的原因有( )。

A. 冷却液少   B. 电动水泵工作良

C. 散热器工作不良   D. 散热器风扇工作不良

3. (多选)电机系统过热可能的原因有( )。

A. 水泵故障   B. 散热风扇故障   C. 冷却液过少   D. 冷却系统内部堵塞

项目五
新能源汽车能量管理系统

知识目标

(1) 能够描述新能源汽车能量管理系统的作用;

(2) 能够描述新能源汽车能量管理系统的工作原理;

(3) 能够描述新能源汽车制动能量回收系统的定义、方法和作用;

(4) 能够描述新能源汽车制动能量回收系统的工作原理;

(5) 能够描述典型制动能量回收系统的特点。

技能目标

(1) 能够识别新能源汽车能量图;

(2) 能够辨别制动能量回收系统元件。

素质目标

(1) 能够制订工作计划,独立完成工作学习任务;

(2) 能够在工作过程中,与小组其他成员合作、交流并进行学习任务分工,具备团队合作和安全操作的意识;

(3) 养成服从管理、规范作业的良好工作习惯;

(4) 培养安全工作的习惯。

▶学时:8 学时

任务 1　新能源汽车能量管理系统认知

任务描述

本任务将介绍新能源汽车能量管理系统,并使学生能够识别新能源汽车能量图。

一、知识准备

(一)新能源汽车能量管理系统的作用

蓄电池是新能源汽车的储能设备。新能源汽车以具有比能量高、使用寿命长、比功率大等特点的蓄电池作为动力源,以此来提升车辆的动力特性。为了满足新能源汽车动力性的要求,必须对蓄电池进行系统管理。

能量管理系统是电动汽车的智能核心。一辆性能优异的电动汽车,除了有良好的机械性能、电驱动性能、选择适当的能量源外,还应该具备一套能够协调各个功能部件工作的能量管理系统。

能量管理系统的作用是检测单个蓄电池或蓄电池组的荷电状态,并根据各种信号,如加减速命令、行驶路况、蓄电池工况、环境温度等,合理地调配和使用有限的车载能量。它还能够根据电池组的使用情况和充放电历史选择最佳充电方式,以尽可能延长电池的寿命。

电动汽车动力蓄电池的实时存储电能和续驶里程数,是电动汽车行驶重要参数,也是电动汽车能量管理系统的主要功能。在电动汽车上,应用电动汽车车载能量管理系统,可以更加准确地设计电动汽车的电能储存系统,确定一个最佳的能量存储及管理结构,并且可以提高电动汽车本身的性能。

(二)新能源汽车能量管理系统的工作原理

新能源汽车能量管理系统属于车辆控制系统的一部分,应在车辆控制系统选定的工作模式下,对输出能量的分配进行优化和最佳控制。纯电动汽车能量管理系统相对简单,而混合动力电动汽车的能量管理系统十分复杂,并且随系统组成的不同而呈现出很大的差异。以下分别对串联式混合动力电动汽车和并联式混合动力电动汽车的能量管理系统进行分析。

1. 串联式混合动力电动汽车的能源管理系统

串联式混合动力电动汽车的发电机与汽车行驶过程没有直接关系,系统从外界获取能量的途径主要有三条:由燃料化学能转换来的能量、由电网充入蓄电池的能量、回收的制动及减速能量。系统消耗的能量除了驱动车轮的动力能量外,还有电动机自身的损耗、电池充放电过程中的损耗、发电机的损耗等。能量管理系统的目标是使发动机在最佳效率区间和排放区间工作,并尽量减少系统本身损耗,以实现最高的能量转换效率。串联式混合动力电动汽车的发动机能量管理系统控制策略有多种,如"恒温器型"控制策略和"功率跟踪器型"控制策略等。

(1)"恒温器型"控制策略。

"恒温器型"控制策略也称开关型控制策略,其特点是为了保证良好的蓄电池组充放电工作性能,预先设定蓄电池充放电状态(State of Charge,SOC)的最大值与最小值。当蓄电池的 SOC 为最小值时,发电机工作并向蓄电池充电;当 SOC 为最大值,发电机便停止向蓄电池充电。"恒温器型"控制策略系统控制流程如图 5-1 所示。

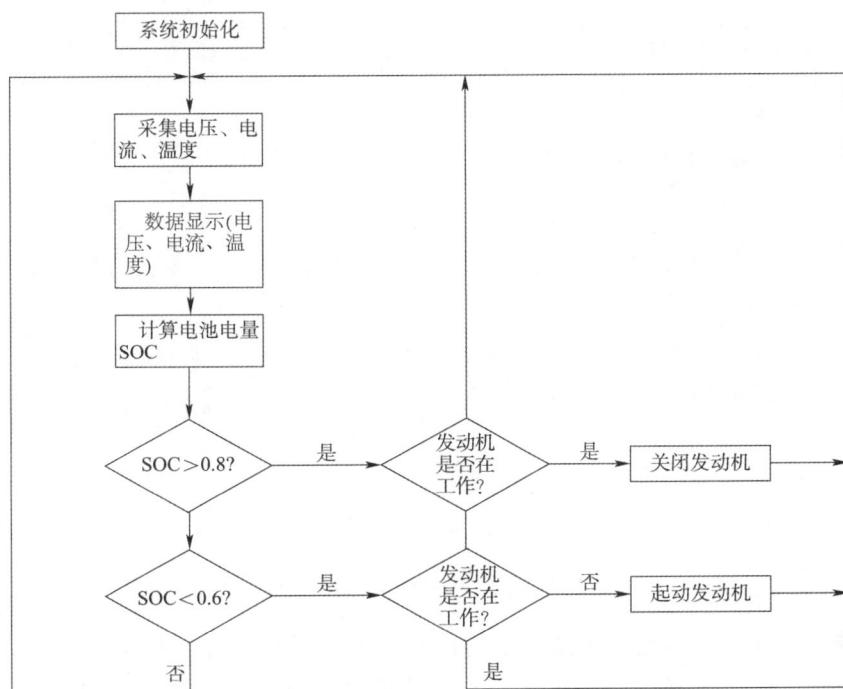

图 5-1　"恒温器型"控制策略系统控制流程图

系统软件由系统初始化模块、数据采集模块、数据分析模块和数据显示模块组成。SOC最大值和最小值的数值分别设定为 80% 和 60% 。系统主要功能包括:监控蓄电池组工作状况;根据蓄电池组能量自动启动或关闭发电机组,对蓄电池组进行充电或停止充电;控制发电机控制器,监控和管理电动机控制器等。

(2)"功率跟踪器型"控制策略。

"功率跟踪器型"控制策略的特点是由发动机全程跟踪车辆功率需求,仅在蓄电池 SOC为最大值且仅由蓄电池提供的功率即满足车辆需求时,发动机才停止或怠速运行。这种策略的优点是可以采用小容量的蓄电池,使汽车的质量减小、行驶阻力减少。另外,由于蓄电池充放电次数减少,因而系统内部损失也减小。其主要缺点是发动机必须工作在较大的工况范围中,发动机的平均热效率较低,有害排放物较多。

以用于 WG6120HD 式混合动力城市公交车为例,"功率跟踪器型"混合动力电动汽车的能量管理系统如图 5-2 所示。在能量管理系统中建有公交线路数据库,并设定相应的营运控制模式。汽车运行中,对图中所示的各种信号进行实时采集,并对采集的数据进行分析处理,根据汽车的行驶状况,对各动力部件发出控制指令。系统中对发动机的控制采用了功率跟踪的方式,使发动机的输出功率响应车辆需求功率的波动,进行自适应调节。发动机在预先设置的上、下限进行自适应功率跟踪,以保证车辆动力性和发动机额定负荷率。

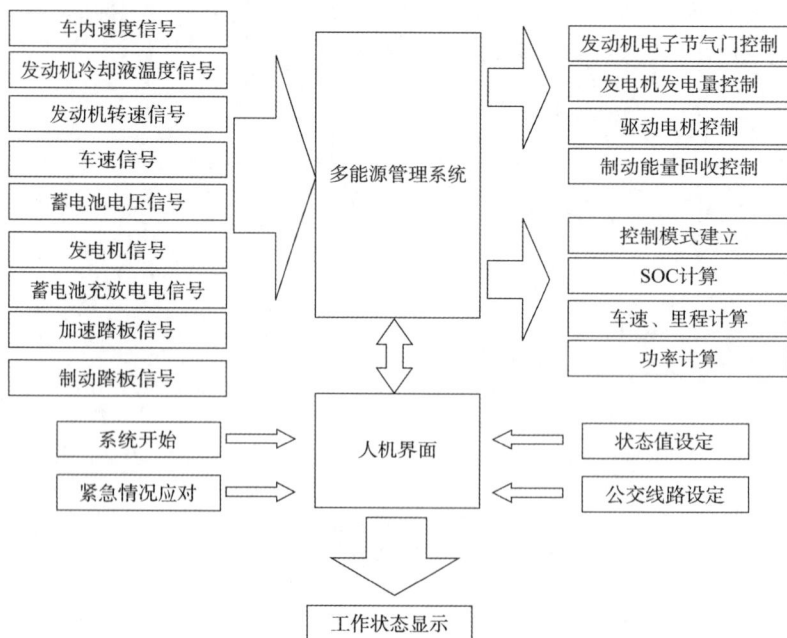

图 5-2 "功率跟踪器型"混合动力电动汽车的能量管理系统

"综合控制策略系统"控制模式是上述两种控制模式的一个折中方案。在电池的 SOC 较高时,主要用纯电动模式。而当电池的 SOC 降低到设定的范围内时,发动机带动发电机工作,考虑到发动机的排放和效率,将其输出功率严格限定在一定的变化范围之内。如果能预测到车辆行程内的总能量需求,则一旦电池中储存了足够的能量,在剩余的行程中车辆就可以转换为纯电动模式,到了行程终点,正好耗尽电池所允许放出的电能。这种控制模式也称为最佳串联混合动力模式。

2. 并联式混合动力电动汽车的能源管理系统

并联式混合动力电动汽车主要有两种基本工作模式,分别是内燃机辅助混合动力模式和电动机辅助混合动力模式。

(1)内燃机辅助混合动力模式。

该模式主要利用电池、电动机系统来驱动车辆,仅当以较高的巡航速度行驶、爬坡和急加速时才能使内燃机开机运行。这种控制模式的优点是:大多数情况下车辆都是用电池的电能来工作的,车辆的排放和燃油的消耗减少,同时起动电机可以取消而利用车辆的运动来起动内燃机。这种控制模式的缺点是:由于内燃机每次关机后重新起动时,内燃机和催化转换装置的温度达到正常温度需要一定的时间,这段时间内发动机的效率降低,尾气排放增加。

(2)电动机辅助混合动力模式。

该模式主要利用内燃机来驱动车辆,电动机仅在两种状态下使用:①利用于瞬间加速和爬坡需要峰值功率时,可使内燃机工作在最高效率区间,以减少排放和燃油消耗;②在车辆减速制动时电动机被用来回收车辆的动能(再生制动)对电池进行充电。该模式的主要缺点是:车辆不具备输出电动模式,以及在行驶过程中若经常加速,电池的电能消耗到最低限度,则会失去"电机辅助"能力,驾驶员会感到车辆性能有所降低。并联式混合动力系统结构如图 5-3 所示。

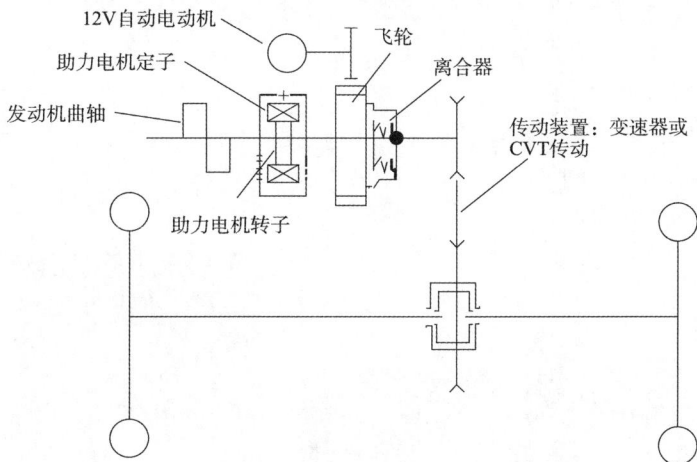

图 5-3 并联式混合动力系统结构示意图

二、任务实施

(一)工作准备

(1)防护装备:无。

(2)车辆、台架、总成:丰田普锐斯的教学台架。

(3)专用工具、设备:无。

(4)手工工具:无。

(5)辅助材料:无。

(二)实施步骤

1.混合动力电动汽车能量图的识别

以下以丰田普锐斯为例,介绍混合动力电动汽车能量图的识别。

丰田普锐斯采用丰田混合动力系统(Toyota Hybrid System,THS),它利用汽油内燃机和电动机两种动力系统,通过串联和并联相结合的形式进行工作。系统在行车过程中可以不断检测车辆行驶工况,然后通过管理控制系统,对车辆动力分配装置的工作模式进行调整,从而达到节油减排的目的。

2.识别能量图显示形式

起动车辆,并操作混合动力电动汽车信息显示屏,找到以下显示信息:位于混合动力电动汽车的娱乐系统显示屏或仪表信息显示中心,均设计有车辆运行状态的实时能量图。该能量图指示了行车过程中动力蓄电池与驱动电机之间电能的流动情况,如图 5-4 所示。

能量图会显示以下状态信息。

(1)电源关闭:动力蓄电池没有电能流向车轮。

(2)电池驱动:当电能从动力蓄电池流向车轮时,电池图标会被激活。

(3)制动能量回收:当车辆进行再生制动或者滑行时,再生的电能会由车轮返回至动力蓄电池。

有些混合动力汽车仪表中都会设计有一个类似功能的能量指示符号(图 5-5),该符号指导以有效率的方式驾驶,要求保持屏幕中球体为绿色,且处于仪表中间,此时车辆的燃油经济性或电力使用的效率最高。

图 5-4　混合动力电动汽车能量图显示界面

图 5-5　混合动力电动汽车能效表形式

(1)当加速(Accel)时,如果球体变黄并向上运行,表示加速过猛,不利于使效率最优。

(2)当制动(Brake)时,如果球体变黄并向下运行,表示制动过猛,也不利于使效率最优。

3.记录能量图显示的状态

解除车辆驻车制动,并将挡位挂入 D 挡,尝试运行以下形式状态,并记录能量图显示的状态。

(1)空载起步;

(2)加速;

(3)匀速;

(4)急加速;

(5)松抬加速踏板滑行;

(6)制动车辆。

4.分析记录的能量显示状态

(1)起步或中低速。

当车辆处于起步或中低速运行时,内燃机不用于驱动车辆,而由蓄电池供电给电动机,电动机直接驱动车辆,此时车辆不排放废气(图 5-6)。

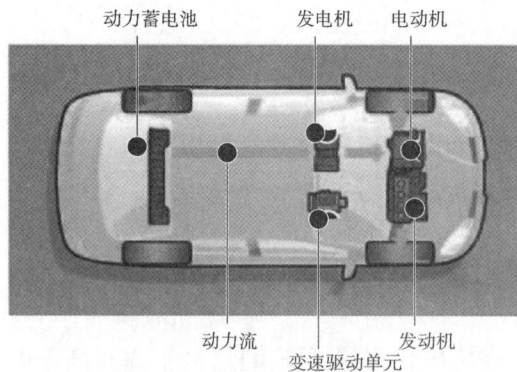

图 5-6　纯电驱动车辆

（2）普通行驶状态。

当车辆处于普通行驶状态时，车辆的行驶动力由内燃机为主，内燃机驱动车轮，同时也带动电动机工作（图5-7）。

（3）急加速。

车辆瞬间加速时，车辆动力蓄电池会提供额外的动力给电动机，电动机会辅助内燃机来提高整车动力，改善整车加速性能，此时内燃机瞬态加速性能大幅提高（图5-8）。

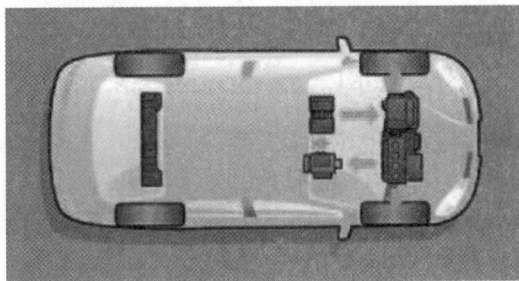

图5-7　内燃机起动

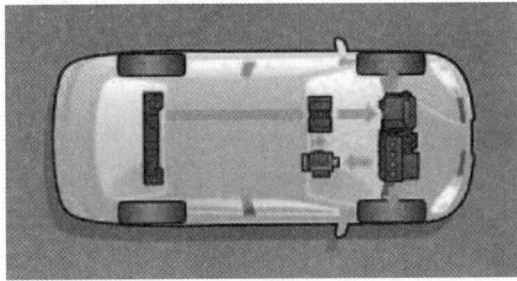

图5-8　电池与内燃机同时工作

（4）减速、制动。

当车辆减速、制动时，车轮驱动电动机，电动机起到发电机作用，再生制动将动能转变为电能，并储存于镍氢蓄电池（图5-9）。

（5）蓄电池能量低。

当系统检测到蓄电池电量低时，内燃机可以在驱动车辆的同时，随时带动发电机运转给蓄电池充电（图5-10）。

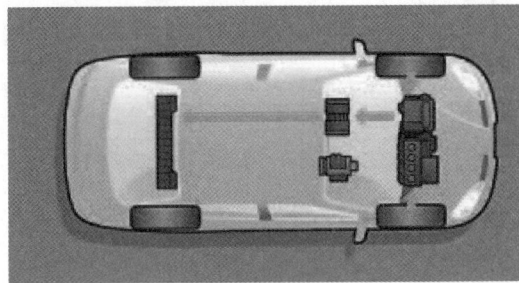

图5-9　制动能量回收

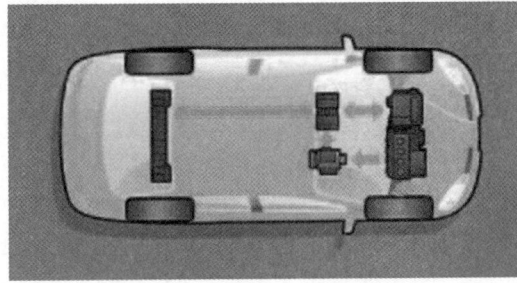

图5-10　内燃机补充发电

任务2　新能源汽车制动能量回收系统认知

任务描述

本任务将介绍新能源汽车制动能量回收系统的功能，并使学生能够辨别制动能量回收系统元件。

一、知识准备

(一)制动能量回收系统

1.新能源汽车能量回收系统简介

能量回收系统是指新能源汽车在减速制动(或者下坡)时,将汽车的部分动能转化为电能,并将电能储存在储存装置(如各种蓄电池、超级电容和超高速飞轮)中,最终增加新能源汽车续驶里程的装置,又称"制动能量回收系统"或"再生制动"。

如图 5-11 所示为新能源汽车的再生制动/液压制动系统的基本结构,当驾驶员踩下制动踏板后,电泵使制动液增压产生所需的制动力,制动控制与电机控制协同工作,确定新能源汽车上的再生制动力矩和前后轮上的液压制动力。再生制动时,再生制动控制回收再生制动能量,并且反充至动力蓄电池中。与传统燃油车相同,新能源汽车上的 ABS 及其控制阀的作用是产生最大的制动力。

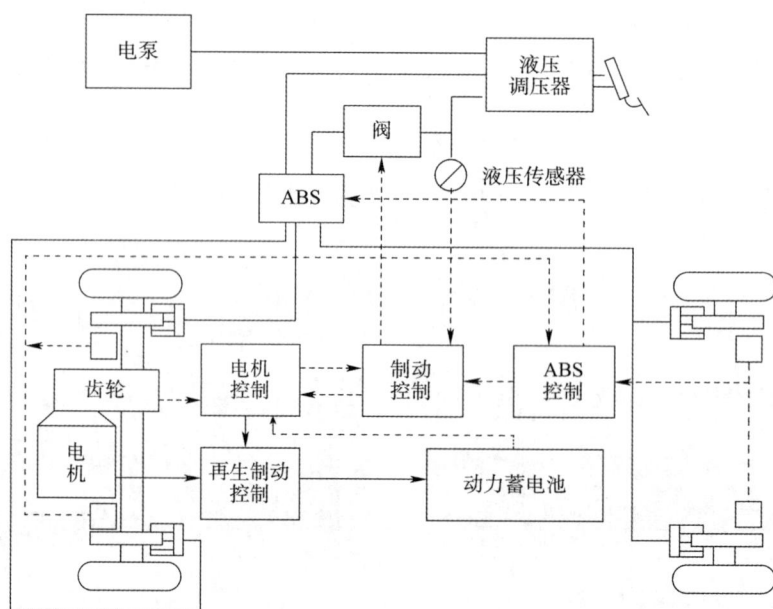

图 5-11　新能源汽车的再生制动/液压制动系统的基本结构

制动能量回收的基本原理是先将汽车制动或减速时的一部分机械能(动能)经能量回收系统转换(或转移)为其他形式的能量(旋转动能、液压能、化学能等),并储存在储能器中,同时产生一定的负荷阻力使汽车减速制动;当汽车再次起动或加速时,再生系统又将储存在储能器中的能量转换为汽车行驶所需要的动能(驱动力)。

2.制动能量回收方法

根据储能机理不同,新能源汽车制动能量回收的方法也不同,主要有三种:飞轮储能、液压储能和电化学储能。

（1）飞轮储能。

飞轮储能是利用高速旋转的飞轮来储存和释放能量,飞轮储能式能量回收系统原理图如图 5-12 所示。当汽车制动或减速时,先将汽车在制动或减速过程中的动能转换成飞轮高速旋转的动能;当汽车再次起动或加速时,高速旋转的飞轮又将存储的动能通过传动装置转化为汽车行驶的驱动力。

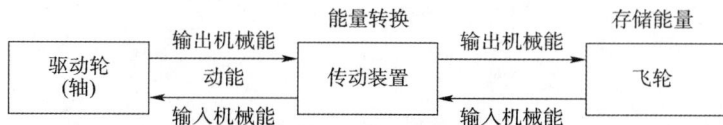

图 5-12　飞轮储能式制动能量回收系统原理图

如图 5-13 所示为一种飞轮储能式制动能量回收系统示意图。系统主要由发动机、高速储能飞轮、增速齿轮、离合器和驱动桥组成。发动机用来提供驱动汽车的主要动力,高速储能飞轮用来回收再生制动能量及作为负荷平衡装置,为发动机提供辅助的功率以满足峰值功率的要求。

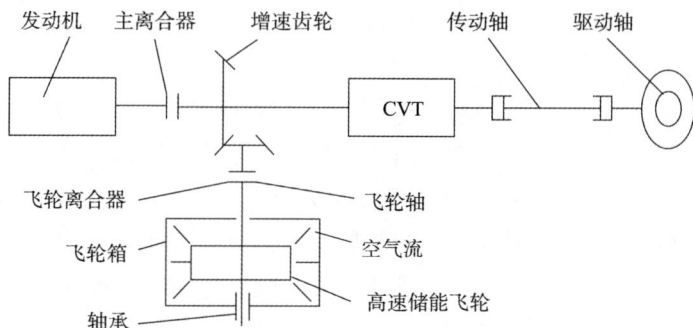

图 5-13　飞轮储能式制动能量回收系统示意图

（2）液压储能。

液压储能式制动能量回收系统原理图如图 5-14 所示。它先将汽车在制动或减速过程中的动能转换成液压能,并将液压能储存在液压储能器中;当汽车再次起动或加速时,储能系统又将储能器中的液压能以机械能的形式反作用于汽车,以增加汽车的驱动力。

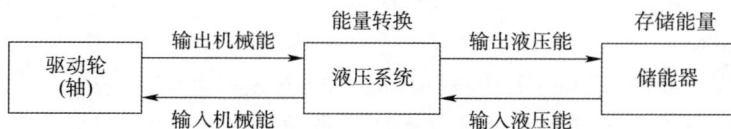

图 5-14　液压储能式制动能量回收系统原理图

如图 5-15 所示为液压储能式制动能量回收系统示意图。系统由发动机、液压泵/电动机、液压储能器、变速器、驱动桥、液控离合器和液压控制系统组成。汽车起动、加速或爬坡时,液控离合器接合,液压储能器与连动变速器连接,液压储能器中的液压能通过液压泵/电动机转化为驱动汽车的动能,用来辅助发动机满足驱动汽车所需要的峰值功率。减速时,电控元件发出信号,使系统处于储能状态,将动能转换为压力能储存在液压储能器内,这时汽车行驶阻力增大,车速降低直至停车。在紧急制动或初始车速较高时,制动能量回收系统不工作,不影响原车制动系统正常工作。

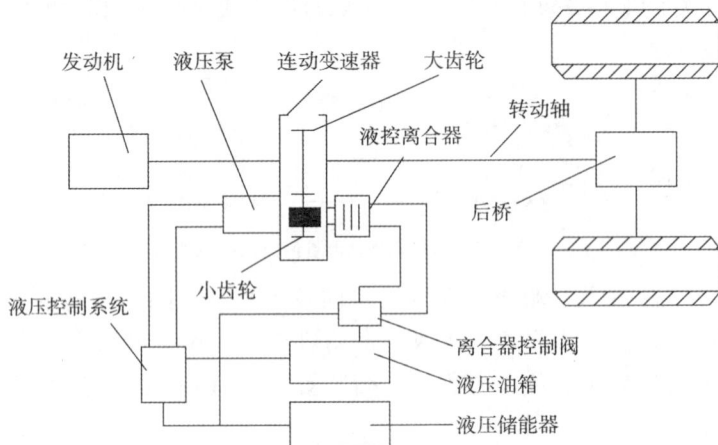

图 5-15   液压储能式制动能量回收系统示意图

(3)电化学储能。

电化学储能式制动能量回收系统原理图如图 5-16 所示。它先将汽车在制动或减速过程中的动能,通过发电机转化为电能并以化学能的形式储存在储能器中;当汽车再次起动或加速时,再将储能器中的化学能通过电动机转化为汽车行驶的动能。储能器可采用动力蓄电池或超级电容,由发电机/电动机实现机械能和电能之间的转换。系统还包括一个控制单元,用来控制动力蓄电池或超级电容的充放电状态,并保证动力蓄电池的剩余电量在规定的范围内。

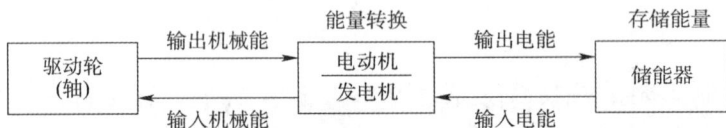

图 5-16   电化学储能式制动能量回收系统原理图

如图 5-17 所示为一种用于前轮驱动汽车的电化学储能式制动能量回收系统示意图。当汽车以恒定速度或加速度行驶时,电磁离合器脱开。当汽车制动时,行车制动系统开始工作,汽车减速制动,电磁离合器接合,从而接通驱动轴和变速器的输出轴。这样,汽车的动能由输出轴、离合器、驱动轴、驱动轮和从动轮传到发动机和飞轮上。制动时的机械能由电动机转换为电能,存入动力蓄电池。当离合器再分离时,传到飞轮上的制动能驱动发电机产生电能,存入动力蓄电池。在发电机和飞轮回收能量的同时,产生负载作用,作为前轮驱动的制动力。当汽车再次起动时,动力蓄电池的化学能被转换成机械能用来加速汽车。

纯电动汽车一般采用这种形式实现再生制动能量回收,采用的办法是在制动或减速时将驱动电动机转化为发电机,各种储能方法的比较见表 5-1。

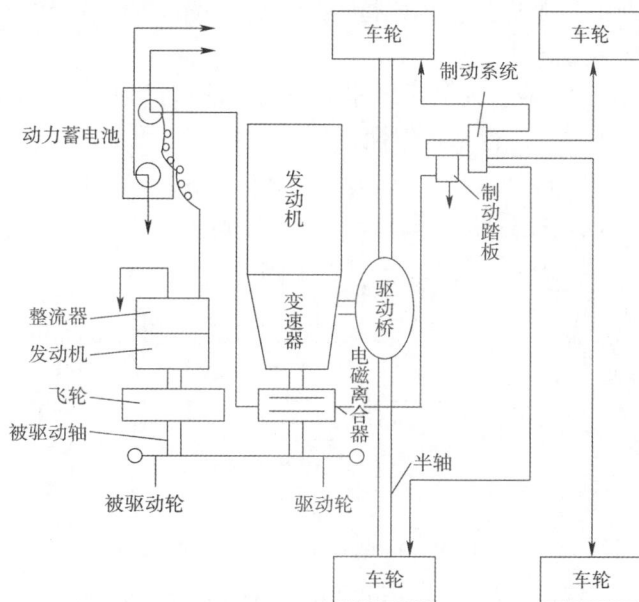

图 5-17 电化学储能式制动能量回收系统示意图

各种储能方法比较表 表 5-1

比较项	飞轮储能	液压储能	电化学储能
能量密度	+	–	+ +
功率密度	+ +	+ +	–
储能效率(短时间)	+	+	+ +
储能效率(长时间)	– –	+	0
能量转换效率	+	–	–
寿命	+ +	+ +	– –
过负荷容量	+	+	– –
可靠性	+	+	–
维护性	+	+	–
噪声	+	+	+ +
成本	+	–	– –

注:表中符号为 + +(优秀)、+(良好)、0(中等)、–(差)、– –(较差)。

3. 电动汽车制动能量回收系统的作用

制动能量回收问题对于提高电动汽车的能量利用率具有重要意义。在汽车制动过程中,汽车的动能通过摩擦转化为热能耗散掉,浪费了大量的能量。有关研究数据表明,车辆在城市中行驶,会有大量的驱动能量被转化为制动能量而消散掉。

在电动汽车上采取制动能量回收的主要作用有以下几点:

(1)提高电动汽车的能量利用率;

（2）延长电动汽车的行驶里程，使电制动与传统制动相结合，减轻传统制动器的磨损，增长其使用周期，降低成本；

（3）减少汽车制动器在制动，尤其是缓速下长坡及滑行过程中产生的热量，降低汽车制动器的热衰退，提高汽车的安全性和可靠性。

再生制动系统的结构与原理如图5-18所示，由驱动轮、主减速器、变速器、电动机、AC/DC转换器、DC/DC转换器、能量储存系统及控制器组成。

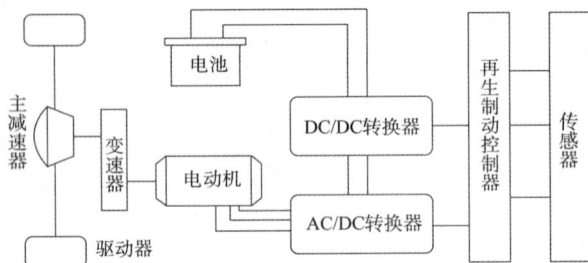

图 5-18 再生制动系统结构与原理

汽车在制动或滑行过程中，根据驾驶员的制动意图，由制动控制器计算得到汽车需要的总制动力，再根据一定的制动力分配控制策略得到电动机应该提供的电动机再生制动力，电动机控制器计算需要的电动机电枢中的制动电流，通过一定的控制方法使电动机跟踪需要的制动电流，从而较准确地提供再生制动力矩，在电动机的电枢中产生的电流经 AC/DC 转换器整流再经 DC/DC 转换器反充到储能装置中保存起来。

在城市循环工况下，汽车的平均车速较低，负荷率起伏变化大，需要频繁地起动和制动，汽车制动过程中以热能方式消耗到空气中的能量约占驱动总能量的50%左右。如果可以将该部分损失的能量加以回收利用，汽车的续驶里程将会得到很大提高，具有制动能量回收系统的电动汽车，一次充电续驶里程至少可以增加10%～30%。

（二）制动能量回收系统的工作原理和能量回收模式

1. 制动能量回收系统的工作原理

制动能量回收是纯电动汽车与混合动力电动汽车重要技术之一，也是它们的重要特点。在普通内燃机汽车上，当车辆减速、制动时，车辆的运动能量通过制动系统转变为热能，并向大气中释放。而在纯电动汽车与混合动力电动汽车上，这种被浪费掉的运动能量已可通过制动能量回收技术转变为电能并储存于动力蓄电池中（图5-19），并进一步转化为驱动能量。例如，当车辆起步或加速，需要增大驱动力时，电机驱动力成为发动机的辅助动力，使电能获得有效应用。

一般情况下，在车辆非紧急制动的普通制动场合，约1/5的能量可以通过制动回收。制动能量回收按照混合动力的工作方式不同而有所不同。

在发动机节气门不停止工作的场合，减速时能够回收的能量约是车辆运动能量的1/3。通过智能气门正时与升程控制系统使节气门停止工作，发动机本身的机械摩擦（含泵气损失）能够减少约70%，回收能量可增加到车辆运动能量的2/3。

制动能量回收系统包括与车型相适配的发电机、蓄电池以及可以监视电池电量的智能电池管理系统。制动能量回收系统回收车辆在制动或惯性滑行中释放出的多余能量，并通过发电机将其转化为电能,再储存在蓄电池中,用于之后的加速行驶。这个蓄电池还可为车内耗电设备供电,降低对发动机的依赖、燃耗及二氧化碳排放。

图 5-19　制动能量回收

混合动力电动汽车在车辆减速时,可以通过在发动机与电机之间设置离合器,使发动机停止输出功率而进行减速。但制动能量回收还涉及混合动力电动汽车液压制动与制动能量回收的复杂平衡或条件优化的协调控制。那么,为什么可以通过驱动电机回收车辆的运动能量呢?概要地说,其原因就是电机工作的逆过程就是发电机工作状态。

电学基础理论表明,电机驱动的工作原理是左手定则,而电机发电的工作原理则是右手定则。由于电机运转,线圈在阻碍磁通变化的方向上发生电动势,该方向与使电机旋转而流动的电流方向相反,因此称为逆电动势。逆电动势随着转速的增加而上升。由于转速增加,原来使电机旋转而流动的电流,其流动阻力加大,最后达到某一转速后,转速不再增加。当制动时,通过电机的电流被切断,代之而发生逆电动势。这就是使电机起到发电机作用的制动能量回收工作原理。上述这种电机称为"电动机发电机"。

重要的是,不论发生或不发生制动能量回收,与传统车辆一样,制动踏板的作用依然存在,为此,开发应用了一种称为行程模拟器(Stroke Simulator)的装置。

2. 制动能量回收系统的能量回收模式

根据车辆运行状况,制动能量回收系统的能量回收具备不同的模式。

(1)发动机关闭时滑行/制动状态下的能量回收模式。

在发动机关闭时滑行/制动状态下,能量回收模式如图 5-20 所示。

在发动机关闭时滑行/制动状态下,发动机与电机离合器打开,电机/发电机离合器闭合,能量仅通过电机/发电机回收。

(2)发动机倒拖时滑行/制动状态下的能量回收模式。

在发动机倒拖时滑行/制动状态下的能量回收模式如图 5-21 所示。

在发动机倒拖时滑行/制动状态下,发动机与电机离合器闭合,电机/发电机离合器闭合,能量除了通过电机/发电机回收外,另一部分用于发动机制动(此时发动机切断燃油供给)。

(3)发动机起动时滑行/制动状态下的能量回收模式。

在发动机起动时滑行/制动状态下的能量回收模式如图 5-22 所示。

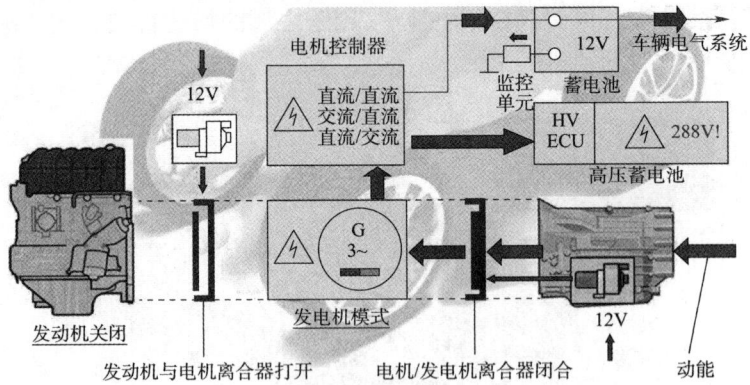

图 5-20　发动机关闭时滑行/制动状态下的能量回收模式

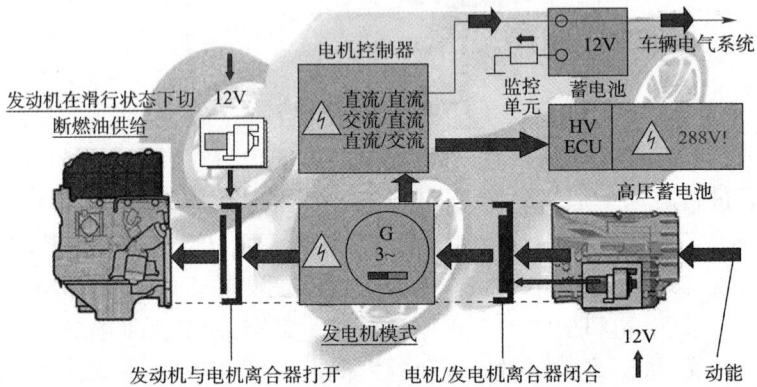

图 5-21　发动机倒拖时滑行/制动状态下的能量回收模式

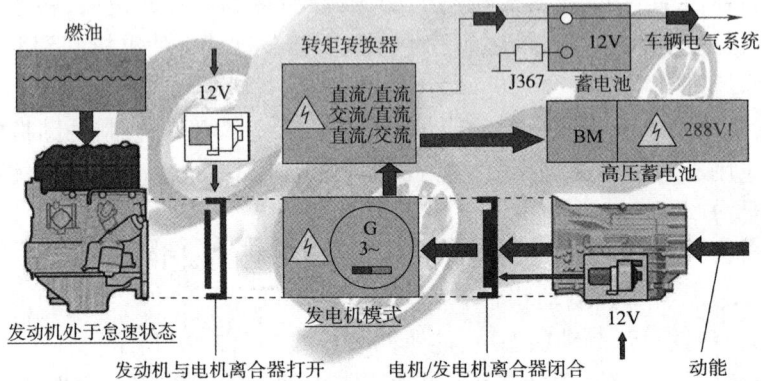

图 5-22　发动机起动时滑行/制动状态下的能量回收模式

在发动机起动时滑行/制动状态下,发动机离合器打开,电机/发电机离合器闭合,能量仅通过电机/发电机回收。

(三)新能源汽车上典型的制动能量回收系统

1.丰田混合动力电动汽车的制动能量回收系统

丰田混合动力电动汽车制动能量回收系统是由原发动机车型的液压制动器(包括液压

传感器、液压阀)与电机(减速、制动时起发电机作用,即转变为能量回收发电工况)、逆变器、电控单元(包括动力蓄电池电控单元、电机电控单元和能量回收电控单元)组成。

丰田车型制动能量回收制动系统的特点是采用制动能量回收与液压制动的协调控制,其协调制动的原理是在不同路况和工况条件下首先确保车辆制动稳定性和安全性,同时考虑到动力蓄电池再生制动的能力(由动力蓄电池电控单元控制),使车轮制动转矩与电机能量回收制动转矩之间达到优化目标的协调控制,并由整车电控单元实施集中控制。

当驾驶员踩制动踏板时,则按照制动踏板力大小,通过行程模拟器(Stroke Simulator)等部分,液压制动器(液压伺服制动系统)实时进入相应工作,紧接着制动能量回收系统也将进入工作状态。如果动力蓄电池的电控单元判断动力蓄电池有相应的荷电量(SOC)回收能力,则制动能量回收制动力占整个制动力的相应部分。当车辆接近停止时,制动能量回收系统制动力变为零。

制动能量回收控制收到行车制动踏板力信号,经过制动主缸与行程模拟器输入部,再进入液压控制部(包括液压泵电机、蓄压器)的液压机构,再经过制动液压调节传递到车轮制动轮缸,同时该液压信号如果在系统发生故障停止时,液压紧急启动,电磁切换阀开启,即又通过电磁阀切换,传递到车轮制动轮缸。

2. 本田第四代一体化电机辅助系统(IMA)混合动力系统的制动能量回收系统

本田第四代 IMA 混合动力系统应用在 2010 款 Insight 混合动力电动汽车上。其制动能量回收系统采用执行器和电控单元组成一体化模块形式,包括 IMA 系统电机控制模块、动力蓄电池监控模块和电机驱动模块。

本田第四代 IMA 混合动力系统的制动能量回收系统工作过程如下。

IMA 电机在制动、缓慢减速时,通过混合动力整车电控单元发出相应指令,使电机转为发电机再生发电工况,通过制动能量回收控制系统以电能形式向动力蓄电池充电。其基本工作过程是:当制动时,制动踏板传感器使 IMA 电控单元激活制动主缸伺服装置,通过动力蓄电池电控单元、能量回收电控单元、电机电控单元等电控单元发出相应指令,使液压机械制动和电机能量回收之间制动力协调均衡,以实现最优能量回收。第四代 IMA 系统采用了可变制动能量分配比率,比上一代的制动能量回收能力提升70%。

IMA 电机、动力蓄电池电控单元、能量回收电控单元、电机电控单元等,都属于本田第四代 IMA 混合动力系统的"智能动力单元(Intelligent Power Unit,IPU)"组成部分。它是由动力控制单元(Power Control Unit,PCU)、高性能镍氢蓄电池和制冷系统组成。PCU 是 IPU 的核心部分,控制电机助力(即进入电动工况)。PCU 通过接收节气门开度传感器输入的开度信号,按照发动机的有关运行参数和动力蓄电池荷电状态等信号决定电能辅助量,并同时决定蓄电池能量回收能力。PCU 主要组成部分有蓄电池监控模块——蓄电池状态检测(Battery Condition Monitor,BCM)、电机控制模块(Motor Control Module,MCM)、电机驱动模块(Motor Driver Module,MDM)。

纵观现有实际应用中的不同混合动力系统,制动能量回收控制在细节上有所不同。一般都采用电子控制的液压制动与制动能量回收的组合方式,也称为电液制动伺服控制系统。

二、任务实施

(一)工作准备

(1)防护装备:无。

(2)车辆、台架、总成:制动能量回收系统的教学台架或模型。

(3)专用工具、设备:无。

(4)手工工具:无。

(5)辅助材料:无。

(二)实施步骤

制动能量回收系统的认识。

根据实训室的配置,利用教学台架、模型、挂图,认识并理解新能源汽车制动能量回收系统的结构组成(图5-23)。

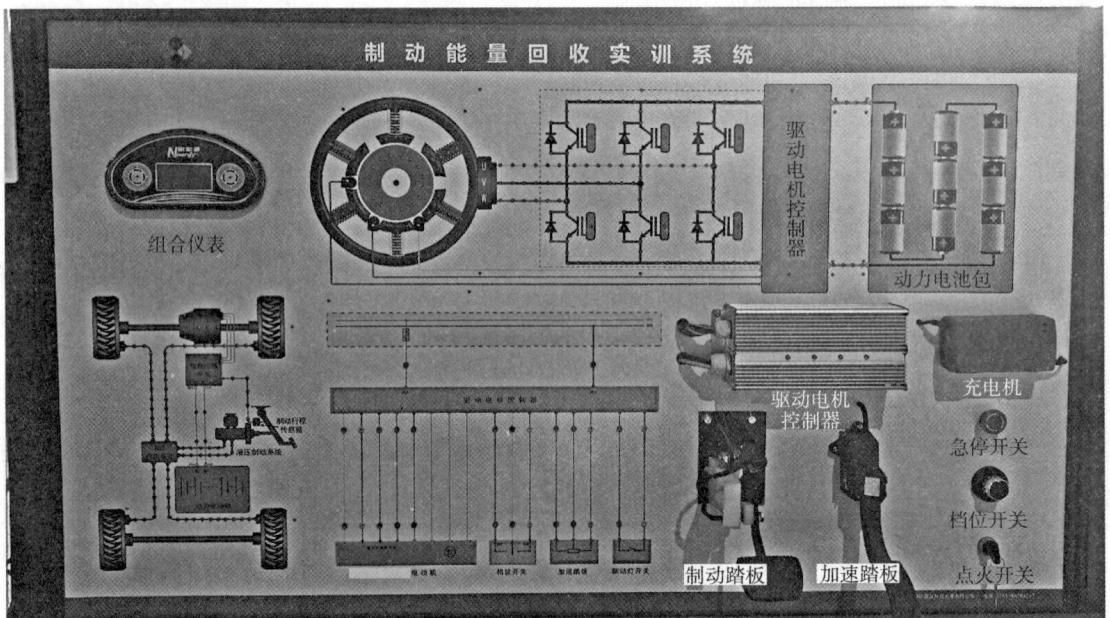

图5-23　制动能量回收实训系统

习题

一、填空题

1.丰田普锐斯采用丰田混合动力系统利用_____和_____两种动力系统,通过串联和并联相结合的形式进行工作。

2.丰田混合动力电动汽车制动能量回收系统是由原发动机车型的_____与_____、_____和_____组成。

二、判断题

1. 与纯电动汽车能量管理系统相比,混合动力电动汽车的能量管理系统更为复杂,并且随系统组成的不同而呈现很大的差异。 (   )

2. 在纯电动汽车与混合动力电动汽车上,汽车减速、制动时车辆的运动能量可通过制动能量回收技术转变为电能并储存于动力蓄电池中,并进一步转化为驱动能量。 (   )

3. 混合动力系统制动能量回收一般都采用电子控制的液压制动与制动能量回收的组合方式,也称为电液制动伺服控制系统。 (   )

三、选择题

1. (单选)动力蓄电池的作用类似于燃油车中的(   )。

　　A. 发动机　　　　　B. 变速器　　　　　C. 燃油箱　　　　　D. 以上都不对

2. (单选)(   )系统的作用是检测单个蓄电池或蓄电池组的荷电状态,并根据各种信号,如加减速命令、行驶路况、蓄电池工况、环境温度等,合理地调配和使用有限的车载能量。

　　A. 车身稳定　　　　B. 防抱死　　　　　C. 能量管理　　　　D. 发动机电控

3. (单选)并联式混合动力电动汽车主要有(   )种基本工作模式。

　　A. 4　　　　　　　　B. 5　　　　　　　　C. 2　　　　　　　　D. 3

4. (单选)根据储能机理不同,电动汽车制动能量回收的方法也不同,主要有(   )种。

　　A. 5　　　　　　　　B. 4　　　　　　　　C. 3　　　　　　　　D. 2

5. (单选)一般情况下,在车辆非紧急制动的普通制动场合,约(   )的能量可以通过制动回收。制动能量回收按照混合动力的工作方式不同而有所不同。

　　A. 1/6　　　　　　　B. 1/5　　　　　　　C. 1/4　　　　　　　D. 1/3

6. (单选)根据车辆运行状况,制动能量回收系统的能量回收具备(   )种模式。

　　A. 2　　　　　　　　B. 3　　　　　　　　C. 4　　　　　　　　D. 5

7. (多选)以丰田普锐斯为例,下面描述正确的是:(   )。

　　A. 当车辆处于起步或中低速运转时,内燃机不用于驱动车辆,而由蓄电池供电给电动机,电动机直接驱动车辆,此时车辆不排放废气

　　B. 当车辆处于普通行驶状态时,车辆的行驶动力由内燃机为主,内燃机驱动车轮,同时也带动电动机工作

　　C. 当车辆减速、制动时,车轮驱动电动机,电动机起到发电机作用,再生制动将动能转变为电能,并储存于镍氢蓄电池

　　D. 当系统检测到蓄电池电量低时,内燃机可以在驱动车辆的同时,随时带动发电机运转给蓄电池充电

8. (多选)在电动汽车上采取制动能量回收方法的主要作用有:(   )。

　　A. 提高电动汽车的能量利用率

　　B. 延长电动汽车的行驶里程,使电制动与传统制动相结合

　　C. 减轻传统制动器的磨损,增长其使用周期,降低成本

　　D. 减少汽车制动器在制动,尤其是缓速下长坡及滑行过程中产生的热量,降低汽车制动器的热衰退,提高汽车的安全性和可靠性

任 务 工 单

项目一 新能源汽车驱动电机

任务 1 新能源汽车驱动电机的认知

学生姓名		班级		学号	
实训场地		学时		日期	
客户任务	一辆新能源汽车的驱动电机发生故障,经技术总监检查认为需要更换驱动电机总成,将此车交给你进行维修处理,你能完成这个任务吗				
工作准备	(1)防护装备:防护用品一套(工作服、绝缘劳保鞋、护目镜、绝缘头盔、绝缘手套)。 (2)车辆、台架、总成:荣威 Ei5 或其他纯电动汽车一辆。 (3)专用工具、设备:拆装专用工具。 (4)手工工具:新能源汽车维修组合工具。 (5)辅助材料:高压电维修警示牌和设备、绝缘地胶、二氧化碳类型灭火器、清洁剂。				
任务要求	本操作任务是主要完成对纯电动汽车驱动电机总成的拆卸和安装。 (1)纯电动汽车驱动电机总成拆卸。 (2)纯电动汽车驱动电机总成安装。 警告: 不要试图分解电机总成,以免造成人身伤害及损坏电机				

资讯

请阅读教材中的"相关知识"完成以下内容。

(1)驱动电机在新能源汽车上的主要作用是什么?

_____

_____

(2)新能源汽车对驱动电机有哪些性能要求?

_____

_____

（3）新能源汽车上采用有哪些类型的驱动电机？

_____

_____

_____

_____

_____

计划和决策

请根据任务要求，确定所需要的场地和物品，并对小组成员进行合理分工，制订详细的工作计划。

一、制订人员分工

小组编号：_____　　小组组长：_____

小组成员：_____　　你的任务：_____

二、检查场地与物品

检查并记录完成任务需要的场地、设备、工具及材料。

1. 场地

检查工作场地是否清洁及存在安全隐患，如不正常，请向教师汇报并及时处理。

记录：_____

2. 车辆、充电桩及其他

（1）车辆：_____

（2）充电桩：_____

（3）其他：_____

3. 防护装备、设备及工具

（1）防护装备：_____

（2）设备及工具：_____

4. 安全要求及注意事项

（1）实训汽车停在实训工位上，没有经过教师批准不可起动。经教师批准起动前，首先应检查车轮的安全顶块是否放好，驻车制动器操纵杆是否拉好，变速器操纵杆是否放在 P 挡位置上，确认车前是否有人。

（2）禁止触碰任何带安全警示标识的部件。

（3）实训期间禁止嬉戏打闹。

三、制订工作方案

根据任务,小组进行讨论,确定工作方案(流程/工序),并记录。

_____

_____

_____

实施和检查

(1)荣威 Ei5 汽车驱动电机总成拆卸。

操作记录:_____

_____

_____

(2)荣威 Ei5 汽车驱动电机总成安装。

操作记录:_____

_____

_____

本操作任务主要是在掌握新能源汽车驱动电机基本结构的基础上进行的。使学生在学习理论知识基础上,对驱动电机总成进行拆卸和安装,并完成下面的表格(在操作完成项目上打"√")。

实施类别	内容	方法	完成情况	
			项目	使用工具
驱动电机总成拆卸	安全防护	检查并视情况处理		
	12V 蓄电池断电	检查并视情况处理		
	动力蓄电池断电	检查并视情况处理		
	拆卸蓄电池	观察并记录		
	拆卸轮胎	观察并记录		
	齿轮油的排放	观察并记录		
	冷却液的排放	观察并记录		
	拆卸前半轴	观察并记录		
	拆卸驱动电机附属零件	观察并记录		
	拆卸电机控制器	观察并记录		
	拆卸 PDU(电源分配单元)总成	观察并记录		
	拆卸低压蓄电池总成	观察并记录		
	拆卸托架总成	观察并记录		

续上表

实施类别	内容	方法	完成情况	
			项目	使用工具
驱动电机总成安装	安全防护	检查并视情况处理		
	安装驱动电机总成	观察并记录		
	安装托架总成	观察并记录		
	安装辅助蓄电池总成	观察并记录		
	安装 PDU 总成	观察并记录		
	安装驱动电机控制器总成	观察并记录		
	安装前半轴总成	观察并记录		
	安装变速器后扭力支架	观察并记录		
	安装驱动电机附属零件	观察并记录		
	安装动力蓄电池高压线束插接器	观察并记录		
	齿轮箱油的加注	观察并记录		
	安装轮胎	观察并记录		
	冷却液的添加	观察并记录		

🔖 评估

根据任务完成情况学生进行自我评分,教师或指定组长过程巡视/验收检查时若发现问题直接扣分。

基本信息	姓名		学号		班级		组别	
	规定时间		完成时间		考核日期		总评成绩	
	情境模拟	纯电动汽车驱动电机总成拆卸与安装						
	考核方式	分组进行,单人操作,小组成员与教师参与考评						
考核项目		评分标准	教师和同学评判				分数	得分
态度	团队合作	是否和谐	□能和谐共事	□不能			1分	
	拓展发言	是否精彩	□精彩	□不精彩			1分	
	沟通讨论	是否积极	□积极	□不积极			1分	
	设备安全	有无损坏	□无损坏	□有损坏			1分	
	人身安全	有无损伤	□有	□无			2分	
	生产纪律	是否守纪	□能遵守	□不能遵守			2分	
	现场7S	是否做到	□能做到	□不能做到			2分	

续上表

	评估项目 (分值)	自我评估	小组评估	教师评估		
实际 操作	资讯				10分	
	计划和决策				10分	
	实施和检查				40分	
	工具使用	测试工具、检测设备等使用是否正确	完全正确	基本正确	不正确	10分	
	操作过程记录	操作过程记录是否完整	完整	一般	没记录	10分	
自我总结					10分	
老师点评						

签名：_____

任务2 永磁同步电机的结构认知

学生姓名		班级		学号	
实训场地		学时		日期	
客户任务	你的主管让你向其他的机电维修技师介绍永磁同步电机的结构,你能完成这个任务吗				
工作准备	(1)防护装备:防护用品一套(工作服、绝缘劳保鞋、护目镜、绝缘头盔、绝缘手套)。 (2)车辆、台架、总成:荣威 Ei5 纯电动汽车或其他纯电动汽车一辆。 (3)专用工具、设备:拆装专用工具。 (4)手工工具:新能源汽车维修组合工具。 (5)辅助材料:高压电维修警示牌和设备、绝缘地胶、二氧化碳类型灭火器、清洁剂				
任务要求	本操作任务主要是完成对永磁同步电机的结构认知。 (1)永磁同步电机铭牌参数认知。 (2)永磁同步电机零部件认知				

资讯

请阅读教材中的"相关知识"完成以下内容。

(1)永磁同步电动机主要由哪两部分组成?

_____

_____

(2)说出应用永磁同步电机的两种车型。

_____

_____

(3)简述永磁同步电机的基本工作原理。

_____

_____

_____

计划和决策

请根据任务要求,确定所需要的场地和物品,并对小组成员进行合理分工,制订详细的工作计划。

一、制订人员分工

小组编号：_____　　小组组长：_____
小组成员：_____　　你的任务：_____

二、检查场地与物品

检查并记录完成任务需要的场地、设备、工具及材料。

1. 场地

检查工作场地是否清洁及存在安全隐患，如不正常，请向教师汇报并及时处理。

记录：_____

2. 车辆、充电桩及其他

(1) 车辆：_____

(2) 充电桩：_____

(3) 其他：_____

3. 防护装备、设备及工具

(1) 防护装备：_____

(2) 设备及工具：_____

4. 安全要求及注意事项

(1) 实训汽车停在实训工位上，没有经过教师批准不可起动。经教师批准起动前，首先应先检查车轮的安全顶块是否放好，驻车制动器操纵杆是否拉好，变速器操纵杆是否放在 P 挡位置上，确认车前是否有人。

(2) 禁止触碰任何带安全警示标识的部件。

(3) 实训期间禁止嬉戏打闹。

三、制订工作方案

根据任务，小组进行讨论，确定工作方案(流程/工序)，并记录。

_____

_____

_____

实施和检查

(1) 荣威 Ei5 汽车驱动电机主要参数指标。

荣威 Ei5 汽车驱动电机铭牌数据

驱动电机型号			
峰值功率		额定功率	
额定电压		最高转速	
额定转矩		峰值转矩	
工作制		绝缘等级	
冷却方式		防护等级	

（2）荣威 Ei5 汽车驱动电机主要零部件认知。

荣威 Ei5 汽车驱动电机主要零部件认知

零部件	零部件名称

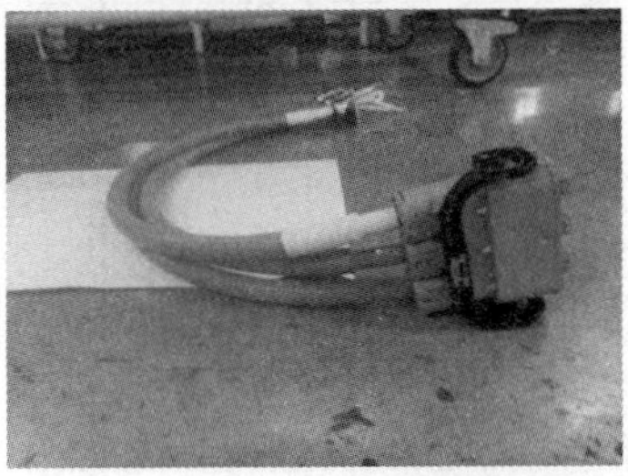	

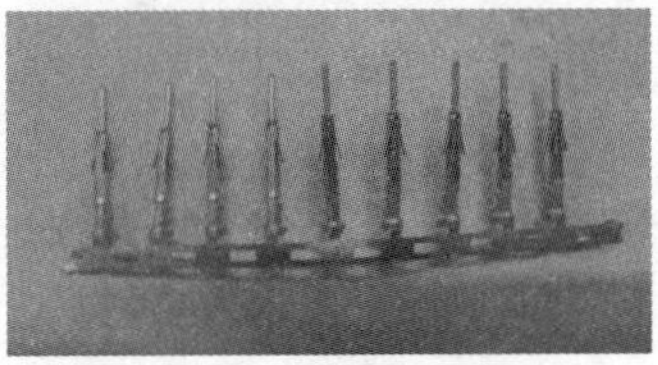	

评估

根据任务完成情况学生进行自我评分,教师或指定组长过程巡视/验收检查时若发现问题直接扣分。

基本信息	姓名		学号		班级		组别	
	规定时间		完成时间		考核日期		总评成绩	
	情境模拟	永磁同步电机铭牌参数认知和零部件识别						
	考核方式	分组进行,单人操作,小组成员与教师参与考评						
考核项目		评分标准	教师和同学评判				分数	得分
态度	团队合作	是否和谐	□能和谐共事	□不能			1分	
	拓展发言	是否精彩	□精彩	□不精彩			1分	
	沟通讨论	是否积极	□积极	□不积极			1分	
	设备安全	有无损坏	□无损坏	□有损坏			1分	
	人身安全	有无损伤	□有	□无			2分	
	生产纪律	是否守纪	□能遵守	□不能遵守			2分	
	现场7S	是否做到	□能做到	□不能做到			2分	
实际操作	评估项目(分值)	自我评估	小组评估		教师评估			
	资讯						10分	
	计划和决策						10分	
	实施和检查						40分	
	工具使用	测试工具、检测设备等使用是否正确	完全正确	基本正确		不正确	10分	
	操作过程记录	操作过程记录是否完整	完整	一般		没记录	10分	
自我总结							10分	
老师点评								

签名:_____

任务3　交流异步电机的结构认知

学生姓名		班级		学号	
实训场地		学时		日期	
客户任务	你的主管让你向其他的机电维修技师介绍交流异步电机的拆装流程,你能完成这个任务吗				
工作准备	(1)防护装备:防护用品一套(工作服、绝缘劳保鞋、护目镜、绝缘头盔、绝缘手套)。 (2)车辆、台架、总成:荣威 Ei5 纯电动汽车或其他纯电动汽车一辆。 (3)专用工具、设备:拆装专用工具。 (4)手工工具:新能源汽车维修组合工具。 (5)辅助材料:高压电维修警示牌和设备、绝缘地胶、二氧化碳类型灭火器、清洁剂				
任务要求	本操作任务主要是完成对交流异步电机的结构认知的认识。 完成交流异步电机的拆装				

📓 资讯

请阅读教材中的"相关知识"完成以下内容。

(1)交流异步电机由哪些部件组成?

_____

_____

(2)简述交流异步电机的工作原理。

_____

_____

_____

(3)总结交流异步电机的优势。

_____

_____

_____

📓 计划和决策

请根据任务要求,确定所需要的场地和物品,并对小组成员进行合理分工,制订详细的工作计划。

一、制订人员分工

小组编号:_____　　小组组长:_____

小组成员:_____　　你的任务:_____

二、检查场地与物品

检查并记录完成任务需要的场地、设备、工具及材料。

1. 场地

检查工作场地是否清洁及存在安全隐患，如不正常，请向教师汇报并及时处理。

记录：_____

2. 车辆、充电桩及其他

(1) 车辆：_____

(2) 充电桩：_____

(3) 其他：_____

3. 防护装备、设备及工具

(1) 防护装备：_____

(2) 设备及工具：_____

4. 安全要求及注意事项

(1) 实训汽车停在实训工位上，没有经过教师批准不可起动。经教师批准起动前，首先应先检查车轮的安全顶块是否放好，驻车制动器操纵杆是否拉好，变速器操纵杆是否放在 P 挡位置上，确认车前是否有人。

(2) 禁止触碰任何带安全警示标识的部件。

(3) 实训期间禁止嬉戏打闹。

三、制订工作方案

根据任务，小组进行讨论，确定工作方案(流程/工序)，并记录。

_____

_____

_____

实施和检查

交流异步电机的拆装。

交流异步电机的拆装步骤

序号	内容	要求	完成情况
1	拆装前准备	(1) 电机转子转动情况检查。 □正常　□异常 (2) 拆卸时是否做好相关标记。 □是　□否	□完成 □部分完成 □未完成

序号	内容	要求	完成情况
2	交流异步电机的拆卸顺序	（1） （2） （3） （4） （5） （6） （7） （8）	□完成 □部分完成 □未完成
3	交流异步电机的安装顺序	（1） （2） （3） （4） （5） （6） （7） （8）	□完成 □部分完成 □未完成

评估

根据任务完成情况学生进行自我评分，教师或指定组长过程巡视/验收检查时若发现问题直接扣分。

基本信息	姓名		学号		班级		组别	
	规定时间		完成时间		考核日期		总评成绩	
	情境模拟	交流异步电机的拆装						
	考核方式	分组进行，单人操作，小组成员与教师参与考评						
考核项目		评分标准	教师和同学评判				分数	得分
态度	团队合作	是否和谐	□能和谐共事	□不能			1分	
	拓展发言	是否精彩	□精彩	□不精彩			1分	
	沟通讨论	是否积极	□积极	□不积极			1分	
	设备安全	有无损坏	□无损坏	□有损坏			1分	
	人身安全	有无损伤	□有	□无			2分	
	生产纪律	是否守纪	□能遵守	□不能遵守			2分	
	现场7S	是否做到	□能做到	□不能做到			2分	
实际操作	评估项目（分值）	自我评估		小组评估		教师评估		
	资讯						10分	

实际操作	计划和决策				10 分	
	实施和检查				40 分	
	工具使用	测试工具、检测设备等使用是否正确	完全正确	基本正确	不正确	10 分	
	操作过程记录	操作过程记录是否完整	完整	一般	没记录	10 分	
自我总结					10 分	
老师点评						

签名：_____

任务4 开关磁阻电机的结构认知

学生姓名		班级		学号	
实训场地		学时		日期	
客户任务	你的主管让你向其他的机电维修技师介绍开关磁阻电机的结构,你能完成这个任务吗				
工作准备	(1)防护装备:防护用品一套(工作服、绝缘劳保鞋、护目镜、绝缘头盔、绝缘手套)。 (2)车辆、台架、总成:荣威Ei5纯电动汽车或其他纯电动汽车一辆。 (3)专用工具、设备:拆装专用工具。 (4)手工工具:新能源汽车维修组合工具。 (5)辅助材料:高压电维修警示牌和设备、绝缘地胶、二氧化碳类型灭火器、清洁剂				
任务要求	本操作任务主要完成对交流异步电机的结构认知的认识。 (1)开关磁阻电机铭牌主要参数识别。 (2)开关磁阻电机结构的认知				

📔 资讯

请阅读教材中的"相关知识"完成以下内容。

(1)开关磁阻电机由哪些部件组成?

_____

_____

(2)简述开关磁阻电机的工作原理。

_____

_____

(3)尝试总结开关磁阻电机的控制模式。

_____

_____

📔 计划和决策

请根据任务要求,确定所需要的场地和物品,并对小组成员进行合理分工,制订详细的工作计划。

一、制订人员分工

小组编号：_____　小组组长：_____

小组成员：_____　你的任务：_____

二、检查场地与物品

检查并记录完成任务需要的场地、设备、工具及材料。

1. 场地

检查工作场地是否清洁及存在安全隐患,如不正常,请向教师汇报并及时处理。

记录：_____

2. 车辆、充电桩及其他

(1)车辆：_____

(2)充电桩：_____

(3)其他：_____

3. 防护装备、设备及工具

(1)防护装备：_____

(2)设备及工具：_____

4. 安全要求及注意事项

(1)实训汽车停在实训工位上,没有经过教师批准不可起动。经教师批准起动前,首先应先检查车轮的安全顶块是否放好,驻车制动器操纵杆是否拉好,变速器操纵杆是否放在 P 挡位置上,确认车前是否有人。

(2)禁止触碰任何带安全警示标识的部件。

(3)实训期间禁止嬉戏打闹。

三、制订工作方案

根据任务,小组进行讨论,确定工作方案(流程/工序),并记录。

实施和检查

(1)开关磁阻电机铭牌主要参数。

开关磁阻电机铭牌数据

驱动电机型号			
额定电压		额定功率	
额定电流		额定转速	

（2）开关磁阻电机主要零部认知。

开关磁阻电机主要零部件认知

零部件	零部件名称

评估

根据任务完成情况学生进行自我评分，教师或指定组长过程巡视/验收检查时若发现问题直接扣分。

基本信息	姓名		学号		班级		组别	
	规定时间		完成时间		考核日期		总评成绩	
	情境模拟	开关磁阻电机铭牌主要参数识别和结构认知						
	考核方式	分组进行，单人操作，小组成员与教师参与考评						
	考核项目	评分标准	教师和同学评判				分数	得分
态度	团队合作	是否和谐	□能和谐共事	□不能			1分	
	拓展发言	是否精彩	□精彩	□不精彩			1分	
	沟通讨论	是否积极	□积极	□不积极			1分	
	设备安全	有无损坏	□无损坏	□有损坏			1分	
	人身安全	有无损伤	□有	□无			2分	
	生产纪律	是否守纪	□能遵守	□不能遵守			2分	
	现场7S	是否做到	□能做到	□不能做到			2分	
实际操作	评估项目（分值）	自我评估	小组评估		教师评估			
	资讯						10分	
	计划和决策						10分	
	实施和检查						40分	
	工具使用	测试工具、检测设备等使用是否正确	完全正确	基本正确		不正确	10分	
	操作过程记录	操作过程记录是否完整	完整	一般		没记录	10分	
自我总结							10分	
老师点评						签名：_____		

项目二　新能源汽车驱动电机控制系统

任务 1　驱动电机控制系统的认知

学生姓名		班级		学号	
实训场地		学时		日期	
客户任务	一辆纯电动汽车无法运行,你的主管初步判断是驱动电机控制器发生故障,让你更换驱动电机控制器总成,你能完成这个任务吗				
工作准备	(1)防护装备:防护用品一套(工作服、绝缘劳保鞋、护目镜、绝缘头盔、绝缘手套)。 (2)车辆、台架、总成:荣威 Ei5 纯电动汽车或其他纯电动汽车一辆。 (3)专用工具、设备:拆装专用工具。 (4)手工工具:新能源汽车维修组合工具。 (5)辅助材料:高压电维修警示牌和设备、绝缘地胶、二氧化碳类型灭火器、清洁剂				
任务要求	本操作任务主要是完成对交流异步电机的结构认知的认识。 完成驱动电机控制器总成的拆装				

📓 资讯

请阅读教材中的"相关知识"完成以下内容。

(1)目前纯电动汽车使用哪两种类型的驱动电机管理模块?

_____

_____

(2)驱动电机控制器由哪些部分组成?

_____

_____

_____

📓 计划和决策

请根据任务要求,确定所需要的场地和物品,并对小组成员进行合理分工,制订详细的工作计划。

一、制订人员分工

小组编号：＿＿＿＿＿＿＿＿＿＿＿　　小组组长：＿＿＿＿＿＿＿＿＿＿＿

小组成员：＿＿＿＿＿＿＿＿＿＿＿　　你的任务：＿＿＿＿＿＿＿＿＿＿＿

二、检查场地与物品

检查并记录完成任务需要的场地、设备、工具及材料。

1. 场地

检查工作场地是否清洁及存在安全隐患，如不正常，请向教师汇报并及时处理。

记录：＿＿＿＿＿＿＿＿＿＿＿＿＿＿＿＿＿＿＿＿＿＿＿＿＿＿＿＿＿＿

2. 车辆、充电桩及其他

（1）车辆：＿＿＿＿＿＿＿＿＿＿＿＿＿＿＿＿＿＿＿＿＿＿＿＿＿＿＿

（2）充电桩：＿＿＿＿＿＿＿＿＿＿＿＿＿＿＿＿＿＿＿＿＿＿＿＿＿＿

（3）其他：＿＿＿＿＿＿＿＿＿＿＿＿＿＿＿＿＿＿＿＿＿＿＿＿＿＿＿

3. 防护装备、设备及工具

（1）防护装备：＿＿＿＿＿＿＿＿＿＿＿＿＿＿＿＿＿＿＿＿＿＿＿＿＿

（2）设备及工具：＿＿＿＿＿＿＿＿＿＿＿＿＿＿＿＿＿＿＿＿＿＿＿＿

4. 安全要求及注意事项

（1）实训汽车停在实训工位上，没有经过教师批准不可起动。经教师批准起动前，首先应先检查车轮的安全顶块是否放好，驻车制动器操纵杆是否拉好，变速器操纵杆是否放在 P 挡位置上，确认车前是否有人。

（2）禁止触碰任何带安全警示标识的部件。

（3）实训期间禁止嬉戏打闹。

三、制订工作方案

根据任务，小组进行讨论，确定工作方案（流程／工序），并记录。

＿＿＿＿＿＿＿＿＿＿＿＿＿＿＿＿＿＿＿＿＿＿＿＿＿＿＿＿＿＿＿＿＿＿＿＿

＿＿＿＿＿＿＿＿＿＿＿＿＿＿＿＿＿＿＿＿＿＿＿＿＿＿＿＿＿＿＿＿＿＿＿＿

＿＿＿＿＿＿＿＿＿＿＿＿＿＿＿＿＿＿＿＿＿＿＿＿＿＿＿＿＿＿＿＿＿＿＿＿

实施和检查

驱动电机控制器总成的拆卸与安装。

驱动电机控制器总成的拆装步骤

序号	内容	要求	完成情况
1	驱动电机控制器的拆卸顺序	(1) (2) (3) (4) (5) (6) (7) (8) (9) (10) (11) (12)	□完成 □部分完成 □未完成
2	驱动电机控制器的安装顺序	(1) (2) (3) (4) (5) (6) (7) (8) (9) (10) (11) (12)	□完成 □部分完成 □未完成

评估

根据任务完成情况学生进行自我评分,教师或指定组长过程巡视/验收检查时若发现问题直接扣分。

基本信息	姓名		学号		班级		组别	
	规定时间		完成时间		考核日期		总评成绩	
	情境模拟	驱动电机控制器总成的拆装						
	考核方式	分组进行,单人操作,小组成员与教师参与考评						

	考核项目	评分标准	教师和同学评判		分数	得分
态度	团队合作	是否和谐	□能和谐共事	□不能	1分	
	拓展发言	是否精彩	□精彩	□不精彩	1分	
	沟通讨论	是否积极	□积极	□不积极	1分	
	设备安全	有无损坏	□无损坏	□有损坏	1分	

态度	人身安全	有无损伤	☐有	☐无		2分	
	生产纪律	是否守纪	☐能遵守	☐不能遵守		2分	
	现场7S	是否做到	☐能做到	☐不能做到		2分	
实际操作	评估项目（分值）	自我评估	小组评估		教师评估		
	资讯					10分	
	计划和决策					10分	
	实施和检查					40分	
	工具使用	测试工具、检测设备等使用是否正确	完全正确	基本正确	不正确	10分	
	操作过程记录	操作过程记录是否完整	完整	一般	没记录	10分	
自我总结						10分	
老师点评					签名：_____		

任务2　驱动电机控制系统的检测

学生姓名		班级		学号	
实训场地		学时		日期	
客户任务	一辆纯电动汽车无法运行,你的主管初步判断是驱动电机控制器发生故障,让你对驱动电机控制器进行检测,你能完成这个任务吗				
工作准备	(1)防护装备:防护用品一套(工作服、绝缘劳保鞋、护目镜、绝缘头盔、绝缘手套)。 (2)车辆、台架、总成:荣威 Ei5 纯电动汽车或其他纯电动汽车一辆。 (3)专用工具、设备:拆装专用工具。 (4)手工工具:新能源汽车维修组合工具。 (5)辅助材料:高压电维修警示牌和设备、绝缘地胶、二氧化碳类型灭火器、清洁剂				
任务要求	本操作任务主要是完成对交流异步电机结构的认知。 完成驱动电机控制器的检测				

资讯

请阅读教材中的"相关知识"完成以下内容。

(1)驱动电机控制器应进行哪几方面的自检?

_____

_____

_____

(2)驱动电机控制器如何进行 IGBT 性能检测?

_____

_____

_____

_____

计划和决策

请根据任务要求,确定所需要的场地和物品,并对小组成员进行合理分工,制订详细的工作计划。

一、制订人员分工

小组编号:_____　　小组组长:_____

小组成员:_____　　你的任务:_____

二、检查场地与物品

检查并记录完成任务需要的场地、设备、工具及材料。

1. 场地

检查工作场地是否清洁及存在安全隐患,如不正常,请向教师汇报并及时处理。

记录:＿＿＿＿＿＿＿＿＿＿＿＿＿＿＿＿＿＿＿＿＿＿＿＿＿＿＿＿＿＿＿＿

2. 车辆、充电桩及其他

(1)车辆:＿＿＿＿＿＿＿＿＿＿＿＿＿＿＿＿＿＿＿＿＿＿＿＿＿＿＿＿＿＿

(2)充电桩:＿＿＿＿＿＿＿＿＿＿＿＿＿＿＿＿＿＿＿＿＿＿＿＿＿＿＿＿

(3)其他:＿＿＿＿＿＿＿＿＿＿＿＿＿＿＿＿＿＿＿＿＿＿＿＿＿＿＿＿＿

3. 防护装备、设备及工具

(1)防护装备:＿＿＿＿＿＿＿＿＿＿＿＿＿＿＿＿＿＿＿＿＿＿＿＿＿＿＿

(2)设备及工具:＿＿＿＿＿＿＿＿＿＿＿＿＿＿＿＿＿＿＿＿＿＿＿＿＿

4. 安全要求及注意事项

(1)实训汽车停在实训工位上,没有经过教师批准不可起动。经教师批准起动前,首先应先检查车轮的安全顶块是否放好,驻车制动器操纵杆是否拉好,变速器操纵杆是否放在 P 挡位置上,确认车前是否有人。

(2)禁止触碰任何带安全警示标识的部件。

(3)实训期间禁止嬉戏打闹。

三、制订工作方案

根据任务,小组进行讨论,确定工作方案(流程/工序),并记录。

＿＿＿＿＿＿＿＿＿＿＿＿＿＿＿＿＿＿＿＿＿＿＿＿＿＿＿＿＿＿＿＿＿＿＿＿＿

＿＿＿＿＿＿＿＿＿＿＿＿＿＿＿＿＿＿＿＿＿＿＿＿＿＿＿＿＿＿＿＿＿＿＿＿＿

＿＿＿＿＿＿＿＿＿＿＿＿＿＿＿＿＿＿＿＿＿＿＿＿＿＿＿＿＿＿＿＿＿＿＿＿＿

实施和检查

比亚迪 E6 电机控制器高压电源电路检测。

操作记录:＿＿＿＿＿＿＿＿＿＿＿＿＿＿＿＿＿＿＿＿＿＿＿＿＿＿＿＿＿＿

＿＿＿＿＿＿＿＿＿＿＿＿＿＿＿＿＿＿＿＿＿＿＿＿＿＿＿＿＿＿＿＿＿＿＿＿＿

＿＿＿＿＿＿＿＿＿＿＿＿＿＿＿＿＿＿＿＿＿＿＿＿＿＿＿＿＿＿＿＿＿＿＿＿＿

评估

根据任务完成情况学生进行自我评分,教师或指定组长过程巡视/验收检查时若发现问题直接扣分。

基本信息	姓名		学号		班级		组别	
	规定时间		完成时间		考核日期		总评成绩	
	情境模拟	电机控制器高压电源电路检测						
	考核方式	分组进行,单人操作,小组成员与教师参与考评						

考核项目		评分标准	教师和同学评判		分数	得分
态度	团队合作	是否和谐	□能和谐共事	□不能	1分	
	拓展发言	是否精彩	□精彩	□不精彩	1分	
	沟通讨论	是否积极	□积极	□不积极	1分	
	设备安全	有无损坏	□无损坏	□有损坏	1分	
	人身安全	有无损伤	□有	□无	2分	
	生产纪律	是否守纪	□能遵守	□不能遵守	2分	
	现场7S	是否做到	□能做到	□不能做到	2分	
实际操作	评估项目(分值)	自我评估	小组评估		教师评估	
	资讯					10分
	计划和决策					10分
	实施和检查					40分
	工具使用	测试工具、检测设备等使用是否正确	完全正确	基本正确	不正确	10分
	操作过程记录	操作过程记录是否完整	完整	一般	没记录	10分

自我总结		10分

老师点评	
	签名:_____

项目三　新能源汽车动力驱动单元

任务1　混合动力电动汽车驱动控制单元认知

学生姓名		班级		学号	
实训场地		学时		日期	
客户任务	作为从事新能源汽车行业的专业人员,你知道混合动力电动汽车有几种驱动形式吗				
工作准备	(1)防护装备:无。 (2)车辆、台架、总成:丰田普锐斯混合动力电动汽车,混合动力电动汽车驱动单元挂图、模型及视频资料。 (3)专用工具、设备:无。 (4)手工工具:无。 (5)辅助材料:无				
任务要求	本操作任务主要是完成对混合动力电动汽车驱动单元类型的认知				

资讯

请阅读教材中的"相关知识"完成以下内容。

(1)混合动力电动汽车有几种驱动类型?

_____

_____

_____

(2)混合动力电动汽车几种不同的驱动类型分别具有哪些特点?

_____

_____

_____

计划和决策

请根据任务要求,确定所需要的场地和物品,并对小组成员进行合理分工,制订详细的工作计划。

一、制订人员分工

小组编号:_____　　　小组组长:_____

小组成员:_____　　　你的任务:_____

二、检查场地与物品

检查并记录完成任务需要的场地、设备、工具及材料。

1. 场地

检查工作场地是否清洁及存在安全隐患,如不正常,请向教师汇报并及时处理。

记录:＿＿＿＿＿＿＿＿＿＿＿＿＿＿＿＿＿＿＿＿＿＿＿＿＿＿＿

2. 车辆、充电桩及其他

(1)车辆:＿＿＿＿＿＿＿＿＿＿＿＿＿＿＿＿＿＿＿＿＿＿＿＿

(2)充电桩:＿＿＿＿＿＿＿＿＿＿＿＿＿＿＿＿＿＿＿＿＿＿＿

(3)其他:＿＿＿＿＿＿＿＿＿＿＿＿＿＿＿＿＿＿＿＿＿＿＿＿

3. 防护装备、设备及工具

(1)防护装备:＿＿＿＿＿＿＿＿＿＿＿＿＿＿＿＿＿＿＿＿＿

(2)设备及工具:＿＿＿＿＿＿＿＿＿＿＿＿＿＿＿＿＿＿＿＿

4. 安全要求及注意事项

(1)实训汽车停在实训工位上,没有经过教师批准不可起动。经教师批准起动前,首先应先检查车轮的安全顶块是否放好,驻车制动器操纵杆是否拉好,变速器操纵杆是否放在 P 挡位置上,确认车前是否有人。

(2)禁止触碰任何带安全警示标识的部件。

(3)实训期间禁止嬉戏打闹。

三、制订工作方案

根据任务,小组进行讨论,确定工作方案(流程/工序),并记录。

＿＿＿＿＿＿＿＿＿＿＿＿＿＿＿＿＿＿＿＿＿＿＿＿＿＿＿＿＿＿＿＿

＿＿＿＿＿＿＿＿＿＿＿＿＿＿＿＿＿＿＿＿＿＿＿＿＿＿＿＿＿＿＿＿

实施和检查

(1)认知混合动力电动汽车驱动单元类型和特点。

操作记录:＿＿＿＿＿＿＿＿＿＿＿＿＿＿＿＿＿＿＿＿＿＿＿

(2)认知丰田普锐斯混联式混合动力驱动单元运行模式。

操作记录:＿＿＿＿＿＿＿＿＿＿＿＿＿＿＿＿＿＿＿＿＿＿＿

📓 评估

根据任务完成情况学生进行自我评分,教师或指定组长过程巡视/验收检查时若发现问题直接扣分。

基本信息	姓名		学号		班级		组别	
	规定时间		完成时间		考核日期		总评成绩	
	情境模拟	混合动力电动汽车驱动单元类型的认知						
	考核方式	分组进行,单人操作,小组成员与教师参与考评						

	考核项目	评分标准	教师和同学评判		分数	得分
态度	团队合作	是否和谐	□能和谐共事	□不能	1分	
	拓展发言	是否精彩	□精彩	□不精彩	1分	
	沟通讨论	是否积极	□积极	□不积极	1分	
	设备安全	有无损坏	□无损坏	□有损坏	1分	
	人身安全	有无损伤	□有	□无	2分	
	生产纪律	是否守纪	□能遵守	□不能遵守	2分	
	现场7S	是否做到	□能做到	□不能做到	2分	
实际操作	评估项目(分值)	自我评估	小组评估	教师评估		
	资讯				10分	
	计划和决策				10分	
	实施和检查				40分	
	工具使用	测试工具、检测设备等使用是否正确	完全正确	基本正确	不正确	10分	
	操作过程记录	操作过程记录是否完整	完整	一般	没记录	10分	
自我总结					10分	
老师点评						

签名:_____

任务2 纯电动汽车驱动控制单元认知

学生姓名		班级		学号	
实训场地		学时		日期	
客户任务	作为从事新能源汽车行业的专业人员,你知道纯电动汽车有几种驱动形式吗				
工作准备	(1)防护装备:无。 (2)车辆、台架、总成:北汽新能源、比亚迪E6纯电动汽车驱动单元总成及部件,纯电动汽车驱动单元挂图、模型及视频资料。 (3)专用工具、设备:无。 (4)手工工具:无。 (5)辅助材料:无				
任务要求	本操作任务主要是完成纯电动汽车驱动单元类型识别和特点分析				

资讯

请阅读教材中的"相关知识"完成以下内容。

(1)纯电动汽车驱动单元有什么功能?

_____

_____

_____

(2)纯电动汽车驱动单元由什么组成?

_____

_____

_____

(3)纯电动汽车有几种驱动类型?

_____

_____

_____

计划和决策

请根据任务要求,确定所需要的场地和物品,并对小组成员进行合理分工,制订详细的工作计划。

一、制订人员分工

小组编号:_____ 小组组长:_____

小组成员:_____ 你的任务:_____

二、检查场地与物品

检查并记录完成任务需要的场地、设备、工具及材料。

1. 场地

检查工作场地是否清洁及存在安全隐患,如不正常,请向教师汇报并及时处理。

记录:_____

2. 车辆、充电桩及其他

(1)车辆:_____

(2)充电桩:_____

(3)其他:_____

3. 防护装备、设备及工具

(1)防护装备:_____

(2)设备及工具:_____

4. 安全要求及注意事项

(1)实训汽车停在实训工位上,没有经过教师批准不可起动。经教师批准起动前,首先应先检查车轮的安全顶块是否放好,驻车制动器操纵杆是否拉好,变速器操纵杆是否放在P挡位置上,确认车前是否有人。

(2)禁止触碰任何带安全警示标识的部件。

(3)实训期间禁止嬉戏打闹。

三、制订工作方案

根据任务,小组进行讨论,确定工作方案(流程/工序),并记录。

_____

_____

_____

实施和检查

(1)认知纯电动汽车驱动单元类型和特点。

操作记录:_____

_____

(2)认知北汽新能源纯电动汽车驱动单元结构。

操作记录:_____

_____

_____

（3）认知比亚迪纯电动汽车驱动单元结构。

操作记录：_____

_____

_____

评估

根据任务完成情况学生进行自我评分，教师或指定组长过程巡视/验收检查时若发现问题直接扣分。

基本信息	姓名		学号		班级		组别	
	规定时间		完成时间		考核日期		总评成绩	
	情境模拟	纯电动汽车驱动控制单元认知						
	考核方式	分组进行，单人操作，小组成员与教师参与考评						

	考核项目	评分标准	教师和同学评判			分数	得分
态度	团队合作	是否和谐	□能和谐共事	□不能		1分	
	拓展发言	是否精彩	□精彩	□不精彩		1分	
	沟通讨论	是否积极	□积极	□不积极		1分	
	设备安全	有无损坏	□无损坏	□有损坏		1分	
	人身安全	有无损伤	□有	□无		2分	
	生产纪律	是否守纪	□能遵守	□不能遵守		2分	
	现场7S	是否做到	□能做到	□不能做到		2分	
实际操作	评估项目（分值）	自我评估	小组评估		教师评估		
	资讯					10分	
	计划和决策					10分	
	实施和检查					40分	
	工具使用	测试工具、检测设备等使用是否正确	完全正确	基本正确	不正确	10分	
	操作过程记录	操作过程记录是否完整	完整	一般	没记录	10分	
自我总结						10分	
老师点评							

签名：_____

项目四　新能源汽车驱动电机冷却系统

任务 1　驱动电机冷却系统的认知

学生姓名		班级		学号	
实训场地		学时		日期	
客户任务	一辆纯电动汽车仪表中电机温度过高的故障指示灯点亮,你的主管初步判断电动冷却水泵发生故障,让你更换总成,你能完成这个任务吗				
工作准备	(1)防护装备:防护用品一套(工作服、绝缘劳保鞋、护目镜、绝缘头盔、绝缘手套)。 (2)车辆、台架、总成:北汽新能源 EV160 或其他纯电动汽车一辆。 (3)专用工具、设备:拆装专用工具。 (4)手工工具:新能源汽车维修组合工具。 (5)辅助材料:高压电维修警示牌和设备、绝缘地胶、二氧化碳类型灭火器、清洁剂				
任务要求	本操作任务主要是完成对纯电动汽车的驱动电机与控制器冷却系统所采用的冷却水泵更换				

资讯

请阅读教材中的"相关知识"完成以下内容。

(1)驱动电机与控制器冷却系统的主要功能是什么?

_____

_____

(2)驱动电机与控制器的冷却系统有哪些类型?

_____

_____

(3)纯电动汽车驱动电机与控制器冷却系统由什么组成?

_____

_____

计划和决策

请根据任务要求,确定所需要的场地和物品,并对小组成员进行合理分工,制订详细的工作计划。

一、制订人员分工

小组编号：_____　　小组组长：_____

小组成员：_____　　你的任务：_____

二、检查场地与物品

检查并记录完成任务需要的场地、设备、工具及材料。

1. 场地

检查工作场地是否清洁及存在安全隐患，如不正常，请向教师汇报并及时处理。

记录：_____

2. 车辆、充电桩及其他

（1）车辆：_____

（2）充电桩：_____

（3）其他：_____

3. 防护装备、设备及工具

（1）防护装备：_____

（2）设备及工具：_____

4. 安全要求及注意事项

（1）实训汽车停在实训工位上，没有经过教师批准不可起动。经教师批准起动前，首先应先检查车轮的安全顶块是否放好，驻车制动器操纵杆是否拉好，变速器操纵杆是否放在 P 挡位置上，确认车前是否有人。

（2）禁止触碰任何带安全警示标识的部件。

（3）实训期间禁止嬉戏打闹。

三、制订工作方案

根据任务，小组进行讨论，确定工作方案（流程/工序），并记录。

_____

_____

_____

实施和检查

（1）冷却水泵拆卸。

操作记录：_____

_____

_____

（2）冷却水泵安装。

操作记录：_____

_____

_____

评估

根据任务完成情况学生进行自我评分,教师或指定组长过程巡视/验收检查时若发现问题直接扣分。

<table>
<tr><td rowspan="4">基本信息</td><td>姓名</td><td colspan="2"></td><td>学号</td><td colspan="2"></td><td>班级</td><td></td><td>组别</td><td></td></tr>
<tr><td>规定时间</td><td colspan="2"></td><td>完成时间</td><td colspan="2"></td><td>考核日期</td><td></td><td>总评成绩</td><td></td></tr>
<tr><td>情境模拟</td><td colspan="9">驱动电机与控制器冷却系统认知</td></tr>
<tr><td>考核方式</td><td colspan="9">分组进行,单人操作,小组成员与教师参与考评</td></tr>
<tr><td colspan="2">考核项目</td><td colspan="2">评分标准</td><td colspan="4">教师和同学评判</td><td>分数</td><td>得分</td></tr>
<tr><td rowspan="7">态度</td><td colspan="2">团队合作</td><td colspan="2">是否和谐</td><td colspan="2">□能和谐共事</td><td colspan="2">□不能</td><td>1分</td><td></td></tr>
<tr><td colspan="2">拓展发言</td><td colspan="2">是否精彩</td><td colspan="2">□精彩</td><td colspan="2">□不精彩</td><td>1分</td><td></td></tr>
<tr><td colspan="2">沟通讨论</td><td colspan="2">是否积极</td><td colspan="2">□积极</td><td colspan="2">□不积极</td><td>1分</td><td></td></tr>
<tr><td colspan="2">设备安全</td><td colspan="2">有无损坏</td><td colspan="2">□无损坏</td><td colspan="2">□有损坏</td><td>1分</td><td></td></tr>
<tr><td colspan="2">人身安全</td><td colspan="2">有无损伤</td><td colspan="2">□有</td><td colspan="2">□无</td><td>2分</td><td></td></tr>
<tr><td colspan="2">生产纪律</td><td colspan="2">是否守纪</td><td colspan="2">□能遵守</td><td colspan="2">□不能遵守</td><td>2分</td><td></td></tr>
<tr><td colspan="2">现场7S</td><td colspan="2">是否做到</td><td colspan="2">□能做到</td><td colspan="2">□不能做到</td><td>2分</td><td></td></tr>
<tr><td rowspan="6">实际操作</td><td colspan="2">评估项目
（分值）</td><td colspan="2">自我评估</td><td colspan="2">小组评估</td><td colspan="2">教师评估</td><td></td><td></td></tr>
<tr><td colspan="2">资讯</td><td colspan="2"></td><td colspan="2"></td><td colspan="2"></td><td>10分</td><td></td></tr>
<tr><td colspan="2">计划和决策</td><td colspan="2"></td><td colspan="2"></td><td colspan="2"></td><td>10分</td><td></td></tr>
<tr><td colspan="2">实施和检查</td><td colspan="2"></td><td colspan="2"></td><td colspan="2"></td><td>40分</td><td></td></tr>
<tr><td colspan="2">工具使用</td><td colspan="2">测试工具、检测设备等使用是否正确</td><td colspan="2">完全正确</td><td>基本正确</td><td>不正确</td><td>10分</td><td></td></tr>
<tr><td colspan="2">操作过程记录</td><td colspan="2">操作过程记录是否完整</td><td colspan="2">完整</td><td>一般</td><td>没记录</td><td>10分</td><td></td></tr>
<tr><td colspan="2">自我总结</td><td colspan="8"></td><td>10分</td><td></td></tr>
<tr><td colspan="2">老师点评</td><td colspan="10">签名：_____</td></tr>
</table>

任务2　驱动电机与控制器冷却系统检修

学生姓名		班级		学号	
实训场地		学时		日期	
客户任务	一辆纯电动汽车仪表中电机温度过高的故障指示灯点亮,你能分析故障可能原因并进行检修吗				
工作准备	(1)防护装备:防护用品一套(工作服、绝缘劳保鞋、护目镜、绝缘头盔、绝缘手套)。 (2)车辆、台架、总成:北汽新能源 EV160 或其他纯电动汽车一辆。 (3)专用工具、设备:拆装专用工具。 (4)手工工具:新能源汽车维修组合工具。 (5)辅助材料:高压电维修警示牌和设备、绝缘地胶、二氧化碳类型灭火器、清洁剂				
任务要求	本操作任务主要是完成对纯电动汽车的驱动电机与控制器冷却系统主要部件进行检修				

资讯

请阅读教材中的"相关知识"完成以下内容。

(1)典型车型中驱动电机与控制器的冷却系统有什么区别?

_____

_____

(2)驱动电机与控制器温度过高故障如何排除?

_____

_____

(3)驱动电机系统过热故障如何排除?

_____

_____

_____

计划和决策

请根据任务要求,确定所需要的场地和物品,并对小组成员进行合理分工,制订详细的工作计划。

一、制订人员分工

小组编号:_____　　小组组长:_____

小组成员:_____　　你的任务:_____

二、检查场地与物品

检查并记录完成任务需要的场地、设备、工具及材料。

1. 场地

检查工作场地是否清洁及存在安全隐患,如不正常,请向教师汇报并及时处理。

记录:＿＿＿＿＿＿＿＿＿＿＿＿＿＿＿＿＿＿＿＿＿＿＿＿＿＿＿＿

2. 车辆、充电桩及其他

(1)车辆:＿＿＿＿＿＿＿＿＿＿＿＿＿＿＿＿＿＿＿＿＿＿＿＿＿＿

(2)充电桩:＿＿＿＿＿＿＿＿＿＿＿＿＿＿＿＿＿＿＿＿＿＿＿＿＿

(3)其他:＿＿＿＿＿＿＿＿＿＿＿＿＿＿＿＿＿＿＿＿＿＿＿＿＿＿

3. 防护装备、设备及工具

(1)防护装备:＿＿＿＿＿＿＿＿＿＿＿＿＿＿＿＿＿＿＿＿＿＿＿＿

(2)设备及工具:＿＿＿＿＿＿＿＿＿＿＿＿＿＿＿＿＿＿＿＿＿＿

4. 安全要求及注意事项

(1)实训汽车停在实训工位上,没有经过教师批准不可起动。经教师批准起动前,首先应先检查车轮的安全顶块是否放好,驻车制动器操纵杆是否拉好,变速器操纵杆是否放在 P 挡位置上,确认车前是否有人。

(2)禁止触碰任何带安全警示标识的部件。

(3)实训期间禁止嬉戏打闹。

三、制订工作方案

根据任务,小组进行讨论,确定工作方案(流程/工序),并记录。

＿＿＿＿＿＿＿＿＿＿＿＿＿＿＿＿＿＿＿＿＿＿＿＿＿＿＿＿＿＿＿＿＿＿＿

＿＿＿＿＿＿＿＿＿＿＿＿＿＿＿＿＿＿＿＿＿＿＿＿＿＿＿＿＿＿＿＿＿＿＿

＿＿＿＿＿＿＿＿＿＿＿＿＿＿＿＿＿＿＿＿＿＿＿＿＿＿＿＿＿＿＿＿＿＿＿

实施和检查

(1)电子扇拆卸。

操作记录:＿＿＿＿＿＿＿＿＿＿＿＿＿＿＿＿＿＿＿＿＿＿＿＿＿＿

＿＿＿＿＿＿＿＿＿＿＿＿＿＿＿＿＿＿＿＿＿＿＿＿＿＿＿＿＿＿＿＿＿＿＿

(2)电子扇安装。

操作记录:＿＿＿＿＿＿＿＿＿＿＿＿＿＿＿＿＿＿＿＿＿＿＿＿＿＿

＿＿＿＿＿＿＿＿＿＿＿＿＿＿＿＿＿＿＿＿＿＿＿＿＿＿＿＿＿＿＿＿＿＿＿

＿＿＿＿＿＿＿＿＿＿＿＿＿＿＿＿＿＿＿＿＿＿＿＿＿＿＿＿＿＿＿＿＿＿＿

评估

根据任务完成情况学生进行自我评分,教师或指定组长过程巡视/验收检查时若发现问题直接扣分。

<table>
<tr><td rowspan="4">基本
信息</td><td>姓名</td><td></td><td>学号</td><td></td><td>班级</td><td></td><td>组别</td><td></td></tr>
<tr><td>规定时间</td><td></td><td>完成时间</td><td></td><td>考核日期</td><td></td><td>总评成绩</td><td></td></tr>
<tr><td>情境模拟</td><td colspan="7">驱动电机与控制器冷却系统检修</td></tr>
<tr><td>考核方式</td><td colspan="7">分组进行,单人操作,小组成员与教师参与考评</td></tr>
<tr><td colspan="2">考核项目</td><td>评分标准</td><td colspan="4">教师和同学评判</td><td>分数</td><td>得分</td></tr>
<tr><td rowspan="7">态度</td><td>团队合作</td><td>是否和谐</td><td colspan="2">□能和谐共事</td><td colspan="2">□不能</td><td>1分</td><td></td></tr>
<tr><td>拓展发言</td><td>是否精彩</td><td colspan="2">□精彩</td><td colspan="2">□不精彩</td><td>1分</td><td></td></tr>
<tr><td>沟通讨论</td><td>是否积极</td><td colspan="2">□积极</td><td colspan="2">□不积极</td><td>1分</td><td></td></tr>
<tr><td>设备安全</td><td>有无损坏</td><td colspan="2">□无损坏</td><td colspan="2">□有损坏</td><td>1分</td><td></td></tr>
<tr><td>人身安全</td><td>有无损伤</td><td colspan="2">□有</td><td colspan="2">□无</td><td>2分</td><td></td></tr>
<tr><td>生产纪律</td><td>是否守纪</td><td colspan="2">□能遵守</td><td colspan="2">□不能遵守</td><td>2分</td><td></td></tr>
<tr><td>现场7S</td><td>是否做到</td><td colspan="2">□能做到</td><td colspan="2">□不能做到</td><td>2分</td><td></td></tr>
<tr><td rowspan="7">实际
操作</td><td>评估项目
(分值)</td><td>自我评估</td><td colspan="2">小组评估</td><td colspan="2">教师评估</td><td></td><td></td></tr>
<tr><td>资讯</td><td></td><td colspan="2"></td><td colspan="2"></td><td>10分</td><td></td></tr>
<tr><td>计划和决策</td><td></td><td colspan="2"></td><td colspan="2"></td><td>10分</td><td></td></tr>
<tr><td>实施和检查</td><td></td><td colspan="2"></td><td colspan="2"></td><td>40分</td><td></td></tr>
<tr><td>工具使用</td><td>测试工具、检测设备等使用是否正确</td><td colspan="2">完全正确</td><td>基本正确</td><td>不正确</td><td>10分</td><td></td></tr>
<tr><td>操作过程记录</td><td>操作过程记录是否完整</td><td colspan="2">完整</td><td>一般</td><td>没记录</td><td>10分</td><td></td></tr>
<tr><td colspan="2">自我总结</td><td colspan="5"></td><td>10分</td><td></td></tr>
<tr><td colspan="2">老师点评</td><td colspan="7">签名:_____</td></tr>
</table>

项目五　新能源汽车能量管理系统

任务1　新能源汽车能量管理系统认知

学生姓名		班级		学号	
实训场地		学时		日期	
客户任务	你的主管让你向客户介绍对能量图的识别,你能完成这个任务吗				
工作准备	(1)防护装备:无。 (2)车辆、台架、总成:丰田普锐斯的教学台架。 (3)专用工具、设备:无。 (4)手工工具:无。 (5)辅助材料:无。				
任务要求	本操作任务主要是完成对新能源汽车能量图的识别				

资讯

请阅读教材中的"相关知识"完成以下内容。

(1)新能源汽车为什么要进行能量管理?

_____

_____

_____

(2)新能源汽车能量管理系统是如何工作的?

_____

_____

_____

计划和决策

请根据任务要求,确定所需要的场地和物品,并对小组成员进行合理分工,制订详细的工作计划。

一、制订人员分工

小组编号:_____　　小组组长:_____

小组成员:_____　　你的任务:_____

二、检查场地与物品

检查并记录完成任务需要的场地、设备、工具及材料。

1. 场地

检查工作场地是否清洁及存在安全隐患,如不正常,请向教师汇报并及时处理。

记录:＿＿＿＿＿＿＿＿＿＿＿＿＿＿＿＿＿＿＿＿＿＿＿

2. 车辆、充电桩及其他

(1)车辆:＿＿＿＿＿＿＿＿＿＿＿＿＿＿＿＿＿＿＿＿

(2)充电桩:＿＿＿＿＿＿＿＿＿＿＿＿＿＿＿＿＿＿＿

(3)其他:＿＿＿＿＿＿＿＿＿＿＿＿＿＿＿＿＿＿＿＿

3. 防护装备、设备及工具

(1)防护装备:＿＿＿＿＿＿＿＿＿＿＿＿＿＿＿＿＿

(2)设备及工具:＿＿＿＿＿＿＿＿＿＿＿＿＿＿＿＿

4. 安全要求及注意事项

(1)实训汽车停在实训工位上,没有经过教师批准不可起动。经教师批准起动前,首先应先检查车轮的安全顶块是否放好,驻车制动器操纵杆是否拉好,变速器操纵杆是否放在 P 挡位置上,确认车前是否有人。

(2)禁止触碰任何带安全警示标识的部件。

(3)实训期间禁止嬉戏打闹。

三、制订工作方案

根据任务,小组进行讨论,确定工作方案(流程/工序),并记录。

＿＿＿＿＿＿＿＿＿＿＿＿＿＿＿＿＿＿＿＿＿＿＿＿＿＿＿＿＿＿＿＿＿＿

＿＿＿＿＿＿＿＿＿＿＿＿＿＿＿＿＿＿＿＿＿＿＿＿＿＿＿＿＿＿＿＿＿＿

＿＿＿＿＿＿＿＿＿＿＿＿＿＿＿＿＿＿＿＿＿＿＿＿＿＿＿＿＿＿＿＿＿＿

实施和检查

混合动力电动汽车能量图的识别。

操作记录:＿＿＿＿＿＿＿＿＿＿＿＿＿＿＿＿＿＿＿＿＿＿＿

＿＿＿＿＿＿＿＿＿＿＿＿＿＿＿＿＿＿＿＿＿＿＿＿＿＿＿＿＿＿＿＿＿＿

＿＿＿＿＿＿＿＿＿＿＿＿＿＿＿＿＿＿＿＿＿＿＿＿＿＿＿＿＿＿＿＿＿＿

评估

根据任务完成情况学生进行自我评分,教师或指定组长过程巡视/验收检查时若发现问题直接扣分。

基本信息	姓名		学号		班级		组别	
	规定时间		完成时间		考核日期		总评成绩	
	情境模拟	新能源汽车能量管理系统认知						
	考核方式	分组进行,单人操作,小组成员与教师参与考评						

考核项目		评分标准	教师和同学评判		分数	得分
态度	团队合作	是否和谐	□能和谐共事	□不能	1分	
	拓展发言	是否精彩	□精彩	□不精彩	1分	
	沟通讨论	是否积极	□积极	□不积极	1分	
	设备安全	有无损坏	□无损坏	□有损坏	1分	
	人身安全	有无损伤	□有	□无	2分	
	生产纪律	是否守纪	□能遵守	□不能遵守	2分	
	现场7S	是否做到	□能做到	□不能做到	2分	
实际操作	评估项目（分值）	自我评估	小组评估	教师评估		
	资讯				10分	
	计划和决策				10分	
	实施和检查				40分	
	工具使用	测试工具、检测设备等使用是否正确	完全正确　　基本正确　　不正确		10分	
	操作过程记录	操作过程记录是否完整	完整　　一般　　没记录		10分	
自我总结					10分	
老师点评				签名:＿＿＿＿＿＿＿＿＿＿		

任务2　新能源汽车制动能量回收系统认知

学生姓名		班级		学号	
实训场地		学时		日期	
客户任务	你的主管让你向客户介绍纯电动汽车能量回收系统的功能,你能完成这个任务吗				
工作准备	(1)防护装备:无。 (2)车辆、台架、总成:制动能量回收系统的教学台架或模型。 (3)专用工具、设备:无。 (4)手工工具:无。 (5)辅助材料:无				
任务要求	本操作任务主要是完成对新能源汽车制动能量回收系统的认识				

📇 **资讯**

请阅读教材中的"相关知识"完成以下内容。

(1)什么是新能源汽车能量回收系统?

_____

_____

(2)制动能量回收方法是什么?

_____

_____

(3)电动汽车制动能量回收系统的作用是什么?

_____

_____

(4)制动能量回收系统的能量回收模式有哪几种?

_____

_____

_____

📇 **计划和决策**

请根据任务要求,确定所需要的场地和物品,并对小组成员进行合理分工,制订详细的工作计划。

一、制订人员分工

小组编号：_____ 小组组长：_____

小组成员：_____ 你的任务：_____

二、检查场地与物品

检查并记录完成任务需要的场地、设备、工具及材料。

1. 场地

检查工作场地是否清洁及存在安全隐患，如不正常，请向教师汇报并及时处理。

记录：_____

2. 车辆、充电桩及其他

（1）车辆：_____

（2）充电桩：_____

（3）其他：_____

3. 防护装备、设备及工具

（1）防护装备：_____

（2）设备及工具：_____

4. 安全要求及注意事项

（1）实训汽车停在实训工位上，没有经过教师批准不可起动。经教师批准起动前，首先应先检查车轮的安全顶块是否放好，驻车制动器操纵杆是否拉好，变速器操纵杆是否放在 P 挡位置上，确认车前是否有人。

（2）禁止触碰任何带安全警示标识的部件。

（3）实训期间禁止嬉戏打闹。

三、制订工作方案

根据任务，小组进行讨论，确定工作方案（流程/工序），并记录。

_____

_____

_____

实施和检查

认识制动能量回收系统组成。

操作记录：_____

_____

_____

评估

根据任务完成情况学生进行自我评分,教师或指定组长过程巡视/验收检查时若发现问题直接扣分。

基本信息	姓名		学号		班级		组别	
	规定时间		完成时间		考核日期		总评成绩	
	情境模拟	新能源汽车制动能量回收系统认知						
	考核方式	分组进行,单人操作,小组成员与教师参与考评						

	考核项目	评分标准	教师和同学评判			分数	得分
态度	团队合作	是否和谐	□能和谐共事	□不能		1分	
	拓展发言	是否精彩	□精彩	□不精彩		1分	
	沟通讨论	是否积极	□积极	□不积极		1分	
	设备安全	有无损坏	□无损坏	□有损坏		1分	
	人身安全	有无损伤	□有	□无		2分	
	生产纪律	是否守纪	□能遵守	□不能遵守		2分	
	现场7S	是否做到	□能做到	□不能做到		2分	
实际操作	评估项目（分值）	自我评估	小组评估		教师评估		
	资讯					10分	
	计划和决策					10分	
	实施和检查					40分	
	工具使用	测试工具、检测设备等使用是否正确	完全正确	基本正确	不正确	10分	
	操作过程记录	操作过程记录是否完整	完整	一般	没记录	10分	
自我总结						10分	
老师点评							

签名：_____

参 考 文 献

［1］何春丽.新能源汽车市场需求与政策导向研究［D］.成都:西南财经大学,2020.
［2］袁中胜.新能源汽车驱动用永磁同步电机的设计［D］.哈尔滨:哈尔滨工业大学,2013.
［3］汤蕴璆.电机学［M］.北京:机械工业出版社,2014.
［4］王秀和.电机学［M］.北京:机械工业出版社,2019.
［5］王志新,罗文广.电机控制技术［M］.北京:机械工业出版社,2019.
［6］王成元.现代电机控制技术［M］.北京:机械工业出版社,2014.
［7］龙明贵.永磁同步电机矢量控制分析［D］.成都:西南交通大学,2012.
［8］高建平.新能源汽车概论［M］.北京:机械工业出版社,2018.